教育部人文社会科学研究基金项目(13YJC720007)
山东大学马克思主义学院(威海)专项经费资助

平等与偏爱：

道德不偏不倚理论与偏爱关系研究

崔 微 著

山东大学出版社
SHANDONG UNIVERSITY PRESS
·济南·

图书在版编目(CIP)数据

平等与偏爱:道德不偏不倚理论与偏爱关系研究/崔微著.—济南:山东大学出版社,2021.8

ISBN 978-7-5607-7151-9

Ⅰ.①平…　Ⅱ.①崔…　Ⅲ.①伦理学—研究　Ⅳ.①B82

中国版本图书馆 CIP 数据核字(2021)第 195440 号

责任编辑　谭学秋
封面设计　张　荔

出版发行　山东大学出版社
社　　址　山东省济南市山大南路 20 号
邮政编码　250100
发行热线　(0531)88363008
经　　销　新华书店
印　　刷　济南华林彩印有限公司
规　　格　720 毫米×1000 毫米　1/16
　　　　　13.25 印张　231 千字
版　　次　2021 年 8 月第 1 版
印　　次　2021 年 8 月第 1 次印刷
定　　价　48.00 元

目 录

绪 论

一、选题意义

（一）理论意义

“如何在基于偏爱的关系中去协调人的道德平等”，这是近年来西方规范伦理学讨论的一个重要问题。这个问题的提出，源于近现代道德理论所受到的一个重要批评——基于偏爱关系的批评。这些批评者认为，近现代的道德理论忽略甚至是贬低了家庭、友谊等偏爱关系的道德价值。

一般认为，家庭、友谊等特殊的个人关系是人类生活的一个重要组成部分。对于人类的幸福或好生活来说，特殊的个人关系不可或缺。家庭、友谊等在人类对好生活的理解中占据重要的地位，是一种重要的价值。人类对这些特殊个人的偏爱在道德上是值得称赞的，甚至是被道德所要求的。人类忠诚于自己的家庭、朋友是一种德性，例如父母就有道德上的义务和责任去照顾自己的孩子。

既然如此，一个合理的道德理论就应该重视这一点，并赋予这些特殊的个人关系一种合适的道德地位。因为，道德既要出于自然又要超越自然。也就是说，一方面，道德建构要超越于人性的局限；另一方面，道德建构又要重视人类自然本性中的一些挥之不去的东西，如家庭、友谊等根深蒂固的个人关系。此外，道德律令的提出与存在是为了人本身，而不是人为了道德。也即是说，任何道德或道德理论的存在都是为了使人生活得更加幸福，而不是相反。道德理论，应该而且需要有能力获得行为主体的认知与认同。反过来，从主体自己的角度来看，他确实有理由按照道德的要求去做。为了实现以上愿景，一个合理的道德理论应该重视人类的自然本性中那些根深蒂固的偏爱性动机。在此前提之下，与这些关系相冲突的道德理论就是不被认可和接受的，不可以得到保持和促进。

近现代以来的主流道德理论可以被称为“道德的不偏不倚”(moral impartiality)理论，因为这些道德理论承诺了一种“不偏不倚”(impartial)的观点。功利主义和义务论是道德不偏不倚理论的典型代表。不偏不倚的观点认为道德就是从这样一种立场出发的观点：承认和尊重所有的人在一种重要的意义上是平等的，以及所有的人同等地享有基本的生存资源、权利和尊重。同时，为了实现人们之间的平等，道德的不偏不倚理论强调一种非个人的观点，即强调一种与个人特殊性的东西如偏爱关系相分离的观点；另外，在主体的道德实践慎思领域中，道德的不偏不倚理论要求主体出于非个人性的理由看待和进入偏爱关系。

批评者认为，家庭、友谊等这些特殊的个人关系是建立在偏爱基础上的。这些关系要求行为主体以一种不同于对其他一般人的方式来对待另一方，要求主体把这种关系看成是与个人特殊性高度相关的。它不仅要求主体从一种个人的观点去看待这些关系，而且要求主体为了所爱之人的自身目的，出于对朋友的爱和关心进入和维系这种偏爱关系。基于这些特征，批评者认为功利主义和义务论忽略甚至是贬低了家庭、友谊等偏爱关系的道德价值并且在某种程度上导致了主体的异化状态。因此，道德的不偏不倚理论与偏爱关系之间存在一种紧张的冲突关系。

为了应对批评，使偏爱关系“合法化”，道德不偏不倚论的辩护者们作过很多形式的尝试，试图把偏爱关系融合进自己的理论体系中，并给予其以合适的理论地位，进而消除来自外界的批评。可是，他们的回应方式并不令人满意。截至目前，道德不偏不倚理论仍然没有给予家庭、友谊等偏爱关系确立起恰当而可靠的道德地位，甚至还没有解决“优先性”这一更深层次的问题。于是我们看到，有些回应在一定程度上能够给予这些偏爱关系一种特有的道德地位，但没有解决冲突和优先性的问题；有些回应虽然解决了冲突中的优先性问题，但是解决的方式是模糊的，是不够清晰、不够有力、理论根基不够牢靠的。

基于如上认识，本书的主要任务乃是围绕“平等”与“偏爱”，考察道德不偏不倚理论的辩护者对于批评者的回应方式，从理论视角出发，探究和评价其成败得失。考察之后，本书尝试对下列问题进行探究，并力求在理论上提供一种解答：第一，道德不偏不倚理论是否能够容纳偏爱关系？第二，如果不能容纳，那么一种合理的道德理论应该是怎样的？

本书的研究有助于缓解“平等”与“偏爱”之间的矛盾张力，界定并理顺其关系，进而推进学界对“道德本质”的理解，为共同建立更趋完善合理的道德理论而努力。

（二）现实意义

平等与偏爱，或曰道德不偏不倚理论与偏爱关系，这是一个在西方文化传统中被广泛争论的问题。接驳国际学术，关注并研究这一话题，有利于我国新时代社会主义道德理论的塑造与建构，对当下中国社会的道德建设也具有相当的现实意义。

中华文化绵延几千年，在主流的文化和道德谱系中，家庭、友谊等偏爱关系（传统术语称为“亲亲”）具有不容忽视的道德价值。传统儒家认为，“孝道”乃道德律令之一，是为仁（人）之本，并主张“亲亲相隐”，以维护血缘亲情。应该说，在家国同构的时代背景下，这一主张兼有家庭与社会的双重意义。而且，一直到21世纪的当代中国，这种道德观念仍然在相当大程度上影响着社会大众的道德意识。一般来说，我们中国人都极其看重家庭、友谊等这些偏爱关系的价值，这甚至可以说是中国文化所独有的特色。但同时我们要看到，在几十年对外开放的背景下，今天中国人的常识道德中还有另外一种日趋清晰的共识——每一个人都是平等的。近现代社会谋求建立一个在各类生活领域中都更加平等的社会，现实的社会进程也体现了这一历史趋势。在这一时势背景下，我们需要解决的时代主题之一，就是如何处理传统偏爱观念与现当代平等观念之间张力的问题。理论的建构必须植根于现实，鉴于西方社会已经有过的经验教训，我们不应在罔顾现实中实存的偏爱观念、忽略现实中国社会人群真实关注的前提下，从纯理论上去发展道德不偏不倚的理论。相反，我们应该充分尊重并建基于既有的那些偏爱关系，在这个基础上去发展不偏不倚理论，协调人与人之间的道德平等。这样建立起来的道德理论才是现实的、合用的，易于被人们接受和实行的。

从建设当代中国特色社会伦理学的角度来说，引入并探究西方学术界关于平等与偏爱的争论，消化并借鉴其研究成果，有助于深入地建设与完善中国特色马克思主义伦理学，有利于继承、发展中国传统道德文化，为解决当代中国社会发展过程中所面临的现实道德问题提供思路，提供助力。

二、研究综述

（一）国外研究现状

道德不偏不倚理论招致了广泛的批评，批评者的阵营包括新亚里士多德主义者①、维特根斯坦主义者②、关怀伦理学支持者③等等；支持道德不偏不倚理论的阵营包括功利主义者或后果主义者④和义务论者⑤。基于偏爱关系的责难是一个重要的批评。批评者的立场可以被分为三种：第一种观点

---

① P. R. Foot, "When is a Principle a Moral Principle?", *Proceedings of the Aristotelian Society* (Supp.), Vol.28, 1954, pp.95-109; G. E. M. Anscombe, "Modern Moral Philosophy", *Philosophy*, Vol.33, No.124, 1958, pp.1-19.

② Marilyn Friedman, "The Impracticality of Impartiality", *The Journal of Philosophy*, Vol.86, No.11, November 1989, pp.645-656; Margaret Urban Walker, "Partial Consideration", *Ethics*, Vol.101, No.4, July 1991, pp.758-774.

③ Carol Gilligan, *In a Different Voice: Psychological Theory and Women's Development*, Cambridge: Harvard University Press, 1982; Nel Noddings, *Caring: A Feminine Approach to Ethics and Moral Education*, Berkeley: University of California Press, 1984; Iris Marion Young, *Justice and the Politics of Difference*, Princeton: Princeton University Press, 1990.

④ John Stuart Mill, *Utilitarianism*, London: Longmans, Green and Co., 1901; Henry Sidgwick, *The Methods of Ethics*, London: Macmillan, 1907; William Godwin, *Enquiry Concerning Political Justice and its Influence on General Virtue and Happiness*, New York: Raymond Preston, 1926; Peter Railton. "Alienation, Consequentialism, and the Demands of Morality", *Philosophy and Public Affairs*, Vol. 13, No. 2, Spring 1984, pp. 134-171; David O. Brink, "Utilitarian Morality and the Personal Point of View", *The Journal of Philosophy*, Vol.83, No.8, 1986, pp.417-438; Shelley Kagan, *The Limits of Morality*, Oxford: Clarendon Press, 1989.

⑤ 参见[德]康德：《道德形而上学原理》，苗力田译，上海人民出版社1986年版；John Rawls, *A Theory of Justice*, Cambridge: Harvard University Press, 1971; Barbara Herman, *The Practice of Moral Judgment*, Cambridge: Harvard University Press, 1993; Brian Barry, *Justice as Impartiality*, New York: Oxford University Press, 1995; H. J. Paton, *The Categorical Imperative: A Study in Kant's Moral Philosophy*, Philadelphia: University of Pennsylvania Press, 1971。

以阿拉斯代尔·麦金太尔(Alasdair Maclntyre)[①]、伯纳德·威廉姆斯(Bernard Williams)[②]为代表,他们认为根本不存在不偏不倚的立场。第二种观点以劳伦斯·布鲁姆(Lawrence Blum)[③]和理查德·黑尔(R. M. Hare)[④]为代表,他们不拒绝不偏不倚的立场,而是质疑采纳这样一种立场是同友谊相关的——不偏不倚的立场很重要,但在友谊方面并不是一个合适的立场。理由是:个人关系迥然异于非个人关系,应用在非个人关系中的道德原则不应该被应用在个人关系中。第三种观点以阿德里安·派佩芮(Adrian M. S. Piper)[⑤]和伯纳德·威廉姆斯[⑥]为代表,他们反对强调与个人相分离的视角,认为从不偏不倚的视角审视自己及偏爱关系会让人产生异化感。

对于这些批评,道德不偏不倚理论的典型代表功利主义和义务论的辩护者进行了积极的回应。这些回应分为以下几种:(1)功利主义和义务论的辩护者都提出了两层次区分(the two-level distinction)的思想[⑦],即区分为作为一种决策程序的不偏不倚(as a decision-procedure impartiality)和作为一

---

① Alasdair MacIntyre, "What Morality Is Not", *Philosophy*, Vol. 32, No. 123, 1957, pp.325-335; Alasdair MacIntyre, *Whose Justice? Which Rationality?* London: Duckworth, 1988.

② Bernard Williams, *Moral Luck*, London: Cambridge University Press, 1981, pp.1-19.

③ Lawrence Blum, *Friendship, Altruism, and Morality*, London: Routledge and Kegan Paul, 1980, pp.46-57.

④ R. M. Hare, *Moral Thinking*, New York: Oxford University Press, 1986, pp.135-140.

⑤ Adrian M. S. Piper, "Moral Theory and Moral Alienation", *The Journal of Philosophy*, Vol.84, No.2, February 1987, pp.102-118.

⑥ Bernard Williams, "Persons, Character, and Morality", "Utilitarianism and Moral Self-indulgence", in Bernard Williams, *Moral Luck*, London: Cambridge University Press, 1981; J. J. C. Smart and Bernard Williams, *Utilitarianism: For and Against*, London: Cambridge University Press, 1973.

⑦ 功利主义与义务论的捍卫者都提出了"两层次区分"的思想。其中,功利主义的代表性文献有:John Stuart Mill, *Utilitarianism*, London: Longmans, Green and Co., 1901; Henry Sidgwick, *The Methods of Ethics*, London: Macmillan, 1907; Peter Railton, "Alienation, Consequentialism, and the Demands of Morality", *Philosophy and Public Affairs*, Vol.13, No.2, Spring 1984, pp.134-171。义务论的代表性文献有:Brian Barry, *Justice as Impartiality*, New York: Oxford University Press, 1995, pp.191-195; Barbara Herman, "Agency, Attachment and Difference", *Ethics*, Vol.101, No.4, July 1991, pp.775-797; Marcia Baron, "Impartiality and Friendship", *Ethics*, Vol.101, No.4, July 1991, pp.836-857。

种行为正确性标准的不偏不倚（as a standard of rightness impartiality）。（2）功利主义的辩护者提出了一种关于“善”的精致化（sophisticated）理解。[①]他们把偏爱关系这种重要的个人善包含进关于“最大善”观念的理解之中。（3）功利主义与偏爱关系的冲突在道德之外，而不是在道德之内。[②]（4）“以主体为中心的特权”（agent-centered prerogative）混合（hybrid）理论。[③]塞缪尔·谢弗勒（Samuel Scheffler）的“以主体为中心的特权”思想在一定程度上赋予了个人观点以一定的独立性，从而使得属于个人观点之内的偏爱关系的价值在一定程度上独立于功利主义的不偏不倚标准。

尽管功利主义和义务论的辩护者试图通过以上四种回应容纳偏爱关系，然而这些回应仍然存在以下问题：（1）两层次区分的方式和对“善”的精致化理解的方式使偏爱关系的辩护基础植根于道德不偏不倚的原则之中，如此一来，偏爱关系只具有工具性的价值，是实现其他目的（快乐或意义的产生，更为普遍的利他主义的发展）的手段。这在批评者看来，仍然是在贬低偏爱关系的价值。此外，这两种区分没有回答一个更深层次的问题，即在不偏不倚要求和偏爱要求发生冲突的情境下，为何前者具有优先性？（2）第三种回应方式是在逃避或者说取消问题——即使这个问题是其他道德理论同样面对的，功利主义和偏爱关系的冲突仍然具有某种独特性。（3）第四种回应方式并没有说明这种主体的特权应该受到什么样的限制，也没有说明为什么功利主义的最大化幸福原则具有实践合理性。

此外，在国外关于道德不偏不倚理论与偏爱关系的讨论中，还有一些根本性问题被关注的较少，需要进一步深入探讨：（1）对基于偏爱关系的批评

---

① Peter Railton, “Alienation, Consequentialism, and the Demands of Morality”, *Philosophy and Public Affairs*, Vol.13, No.2, Spring 1984, pp.134-171；Frank Jackson, “Decision-Theoretic Consequentialism and the Nearest and Dearest Objection”, *Ethics*, Vol.101, No.3, 1991, pp.461-482；David O. Brink, *Moral Realism and the Foundations of Ethics*, Cambridge: Cambridge University Press, 1989；Philip Pettit and Geoffrey Brennan, “Restrictive Consequentialism”, *Australasian Journal of Philosophy*, Vol.64, No.4, 1986, pp.438-455.

② 这个回应主要是戴维·布林克（David O. Brink）提出的。这个回应的相关内容主要是来源于他的这篇文章：David O. Brink, “Utilitarian Morality and the Personal Point of View”, *The Journal of Philosophy*, Vol.83, No.8, August 1986, pp.417-438。

③ Samuel Scheffler, *The Rejection of Consequentialism*, New York: Oxford University Press, 1982.

者来说，他们要想让自己的批评成立，就需要论证偏爱关系为什么是一种重要的道德价值。(2)对于道德不偏不倚理论的支持者——功利主义和义务论者来说，需要论证为什么我们需要一个道德不偏不倚的观点。(3)如果功利主义和义务论都不能恰当地解决与偏爱关系之间的冲突，那么一种能够解决平等与偏爱冲突的合理道德理论是怎样的？(4)道德与非个人观点、个人观点的关系是什么？(5)西方平等与偏爱的争论对于中国特色社会主义伦理学的建设有何启示？

(二)国内研究现状

道德不偏不倚理论与偏爱关系的话题讨论，肇造于西方，目前国内学界的研究相对较少。其实，在中国传统道德文化领域，历史上也存在类似的争论，只不过没有明确地以“平等与偏爱”的范畴与形式对举提出而已，此即儒、墨两家的“仁爱—兼爱”之争，可以在一定程度上表述为“爱有差等”和“爱无差等”之争。

在这场论战中，墨家主张“兼爱”，不加区分(“别”)地爱所有人，要把他人的利益看作自己的一样去关爱，如此就会天下和谐。这样一来，爱就没有了亲疏厚薄的分别。[①] 与之相对，儒家认为一视同仁地对待自己父母与他人父母是违背仁爱精神的，因为爱由亲始，“仁”本身就是从亲子之爱中发展起来的一份情感。取消了爱的差别，也就取消了“仁”的根基。把自身的父母与陌生人等量齐观，相当于目无父母，这是不合适(“义”)的，“无父”“不义”的行为要背负道德上的骂名。[②]

儒墨之争在秦汉以后，随着墨学的没落而趋于消弭，随着儒家意识形态主导地位的确立，“仁爱”占据了思想界的主流，“爱有差等”成为不刊之论，“仁爱—兼爱”之争止息。直到20世纪初，随着西学东渐，中西文化观念间发生了碰撞，中国思想界又开始对“亲亲相隐”问题进行了长达十几年的争鸣。这场争论主要围绕“父子相隐”“窃负而逃”“封象有庳”三个例子[③]展开，

---

① 参见张永祥、肖霞：《墨子译注》，上海古籍出版社2015年版，第107～108页。

② 参见杨伯峻：《孟子译注》，中华书局2008年版，第116～117页。

③ “父子相隐”事例取自《论语》，详见刘宝楠：《论语正义·子路第十三》，中华书局1990年版，第536页。“窃负而逃”“封象有庳”事例取自《孟子》，详见杨伯峻：《孟子译注》，中华书局2008年版，第164、247～248页。

进而深入到对儒家伦理的深层次解读之中。论战双方的文章后来被结集成册，即《儒家伦理争鸣集——以亲亲互隐为中心》[①]、《儒家伦理新批判》[②]、《〈儒家伦理新批判〉之批判》[③]等书。论战一方[④]认为，这三个例子表明儒家伦理是导致腐败的根源，因为儒家伦理强调家庭私德至上，主张只有家庭私德是最高价值，具有至高无上的地位。儒家伦理的血亲情理性特征造成了儒家伦理的深度悖论。论战另一方[⑤]认为，儒家伦理与腐败没有必然联系，儒家的核心概念"仁"具有超越性，它没有局限在血缘亲情内部，而是主张在孝的基础上，推恩于天下，爱天下之人；孝是仁的基础，这并不意味着孝高于仁；当二者发生冲突时，儒家试图平衡二者，但是绝不会用私恩损害公义。

这些已有的成果为本研究提供了某些借鉴和启发，但是这些成果只是局限于中国固有的文化系统内，未能着意研究并纳入西方关于平等与偏爱的讨论。这些既往的成果也没有把偏爱关系放在建立一种道德不偏不倚理论的背景中进行讨论。此外，在一些重要的基础性问题上，学界还需要作出进一步澄清和阐释：第一，传统儒家伦理如何理解和定位偏爱关系的价值？第二，传统儒家伦理中是否包含一种道德不偏不倚的观点？第三，传统儒家伦理思想中的仁爱与平等的关系是什么？第四，传统儒家伦理中关于"差等之爱"与"仁爱"之间的争论和西方传统中平等与偏爱之间的争论是相同性质的吗？第五，在我们建立一种合理的、能够同时容纳平等和偏爱的道德理论的过程中，儒家伦理的作用是什么？

三、研究思路和基本结构

（一）本书思路

本书的研究目标是：聚焦于西方学术史上有关道德不偏不倚理论与偏爱关系的理论，通过细致研究道德不偏不倚理论的支持者（功利主义者和义

① 参见郭齐勇编：《儒家伦理争鸣集——以亲亲互隐为中心》，湖北教育出版社 2004 年版。

② 参见邓晓芒：《儒家伦理新批判》，重庆大学出版社 2010 年版。

③ 参见郭齐勇：《〈儒家伦理新批判〉之批判》，武汉大学出版社 2011 年版。

④ 此方以刘清平、邓晓芒等为代表，详见郭齐勇编：《儒家伦理争鸣集——以亲亲互隐为中心》，湖北教育出版社 2004 年版；邓晓芒：《儒家伦理新批判》，重庆大学出版社 2010 年版。

⑤ 此方以郭齐勇等为代表，详见郭齐勇编：《儒家伦理争鸣集——以亲亲互隐为中心》，湖北教育出版社 2004 年版；郭齐勇：《〈儒家伦理新批判〉之批判》，武汉大学出版社 2011 年版。

务论者)的回应方式,探讨其观点的利弊得失,尝试建构一种能够在平等与偏爱之间保持恰当平衡的道德理论,成就一家之言。

第一,我们需要从正面确立偏爱关系在人类生活中的道德价值与地位:对于个人的好生活来说,偏爱关系是一种重要的善和道德价值。对于偏爱关系的正确认识与恰当理解建立起来以后,下一步,合理的道德理论需接纳被恰当理解的偏爱关系,并给予其一席之地。

第二,研究道德不偏不倚观点,探求其根本特征;研究功利主义和义务论,探求其与不偏不倚观点的关系。根据本研究现在所得到的结果来看,这些根本特征似乎都导致了与偏爱关系的冲突。

第三,具体分析道德不偏不倚理论与偏爱关系的冲突,归纳冲突的表现类型。

第四,考察功利主义和义务论的辩护者对上述冲突的各种回应方式,分析探讨其合理与不足。

第五,提出一种更恰当、更合理的道德理论。这个理论致力于追求在个人观点与非个人观点之间达成一种平衡。一方面,在某些基本的层面,合理的道德要坚持平等的非个人观点;在另一些层面,合理的道德要保证个人观点的优先性和道德地位。

第六,关怀现实,阐发关于道德不偏不倚理论与偏爱关系的争论以及建基于其上的本书结论的现实意义,学术上则阐明其对中国特色社会主义伦理学建设的启示,包括我国传统儒家伦理的现代化转型及当前道德建设的意义。

(二)基本结构

第一章正面论证偏爱关系的地位和价值。从四个角度论证偏爱关系在好生活中的重要地位,是一项有正向价值的个人善和道德价值。因此,合理的道德理论需要在非个人观点与个人观点之间寻求某种恰当的平衡。

第二章讨论道德不偏不倚观点的历史脉络、含义、特征,论证功利主义和义务论是道德不偏不倚理论的主要代表。至少从表象特征来看,道德不偏不倚理论与偏爱关系是存在冲突的。

第三章具体分析道德不偏不倚理论与偏爱关系的冲突,归纳其类型表现。这些冲突主要体现在三个层面:一是道德不偏不倚理论忽视或否定友谊等偏爱关系的道德价值;二是道德不偏不倚理论导致了行为主体的异化;

三是两者在具体情境中存在冲突，冲突的焦点在于争论何者优先。

第四章辨析并讨论道德不偏不倚理论的辩护者对上述冲突的四种回应方式。第一种是两层次区分的思想。这一区分对偏爱关系的辩护是外在的，没有解决异化问题和优先性问题。第二种是精致后果主义，即对“善”的精致化理解。精致后果主义把偏爱关系这种重要的个人善包含进关于“最大善”观念的理解之中。这种方式没有解决异化和优先性问题。第三种主张功利主义与偏爱关系的冲突在道德之外，而非道德之内。这种处理方式是在逃避问题。以上三种回应方式都没有给予偏爱关系这种个人观点以合适的道德地位。其中两层次区分的思想向我们表明，道德不偏不倚的原则一般不能直接应用在人们的日常行为中，而是在理论辩护的层面和意义上使用的，这也为我们走向一种义务论式的人权理论作了某种间接的理论准备。第四种是谢弗勒的混合理论。这种混合理论一方面坚持最大化一般幸福的非个人观点，另一方面试图容纳某种个人观点，即“以主体为中心的特权”。谢弗勒的混合理论在一定程度上赋予了个人观点以一定的独立性，从而使得属于个人观点之内的偏爱关系的价值在一定程度上独立于功利主义的不偏不倚标准。可是，他的处理方式也是有问题的。在某种程度上，谢弗勒的方式向我们暗示了，合理道德理论的道德正确性标准或原则应该不是唯一的，而是多样且有层级性的。

第五章尝试建构起一项更恰当的道德理论。合理的道德理论，应在个人观点与非个人观点之间寻求恰当的平衡。一方面，在某些基本的层面，合理的道德要坚持平等的非个人观点；另一方面，在某些层面，合理的道德要保证个人观点的优先性和道德地位。总之，这种合理的道德理论所坚持的原则或标准不是只有一个，而是一个有着内在次序的层级式原则。这种道德理论的一种可能形式就是某种人权理论。

第六章试图阐明这场关于道德不偏不倚理论与偏爱关系的争论对中国特色社会主义道德建设的启示。在汲取西方优秀道德思想资源的基础上，当前的道德建设应着重挖掘马克思主义伦理学关注个人、关注平等的相关思想；重新解读和诠释传统儒家伦理的“仁爱”思想，为解决平等与偏爱冲突的问题贡献中国思路；慎重对待公德私德之区分，重视道德规则，强调对公共精神的培育。

第一章　偏爱关系与好生活的关系[①]

偏倚论者[②]认为道德不偏不倚的观念与我们的日常道德直觉是相冲突的。一般认为，家庭、友谊等特殊的个人关系是人类生活中的重要组成部分。对于人类的幸福生活或好生活来说，特殊的个人关系是不可或缺的。家庭、友谊在人类对好生活的理解中占据一个重要的地位，是一种重要的价

---

① 偏爱关系有三种：一是对自己的偏爱；二是对家庭、朋友的偏爱；三是一个人对一个种族、国家的偏爱。这里主要指的是第二种偏爱关系。约翰·科廷汉姆（John Cottingham）在《偏爱、偏袒与道德》（John Cottingham，"Partiality，Favoritism，and Morality"，*Philosophical Quarterly*，Vol.36，No.144，July 1986，pp.357-373）一文中给出了关于偏爱的八种形式：家庭内的、亲属间的、部落主义的、国家主义的、种族主义的、性别主义的、星球主义的。此外，这里的"好生活"主要对应于英文单词"well-being"。"well-being"既包含主观的感受，又包含外在的目标，因此本书用"好生活"来翻译"Well-being"。行文中，有时也会用"幸福"替换"好生活"，因为幸福也包括主体内在状态与外在客观目标。本章目的不是探讨偏爱关系的本质，也不是探讨"好生活"或"幸福"的本质，而是偏爱关系与好生活二者之间的关系，即人类的好生活或幸福生活为什么需要偏爱关系。

② 代表者有劳伦斯·布鲁姆、约翰·科廷汉姆、约翰·科科斯（John Kekes）、特洛伊·乔利莫尔等。详见 Lawrence Blum，*Friendship，Altruism，and Morality*，London：Routledge and Kegan Paul，1980；John Cottingham，"Partiality，Favoritism，and Morality"，*Philosophical Quarterly*，Vol.36，No.144，July 1986，pp.357-373；John Cottingham，"Ethics and Impartiality"，*Philosophical Studies*，Vol. 43，No. 1，January 1983，pp. 83-99；John Kekes，"Morality and Impartiality"，*American Philosophical Quarterly*，Vol. 18，No. 4，1981，pp. 295-303；Troy A. Jollimore，*Friendship and Agent-Relative Morality*，New York：Garland Publishing，2001.其实偏倚论并不是一个明确清晰的阵营。大致说来，在偏倚论阵营内部，分为严格的或极端的偏倚论（a strict partialist）与温和的偏倚论（a moderate partialist）。极端的偏倚论认为任何种类的不偏不倚在道德理论中不起任何作用。温和的偏倚论承认不偏不倚在道德中起一定的作用，但是拒绝认为不偏不倚涵盖了道德的所有内容或者道德的基础；尤其是不偏不倚必须承诺至少在某些内容中存在着不可还原的道德上可赞赏的偏爱。如在美德伦理学中，与其他植根于偏倚性之中的美德一样，不偏不倚也是一种美德，但是在发生冲突时，必须让位于偏倚性的美德。

值。对这些特殊个人的偏爱似乎是道德上值得称赞的，甚至是被道德所要求的。忠诚于自己的家庭、朋友是一种德性，如父母有道德上的义务和责任去照顾自己的孩子。另外，家庭、友谊等这些特殊的个人关系建立在偏爱基础之上。这些关系要求行为主体以一种不同于对待其他一般人的方式来对待另一方，要求主体把这种关系看成是高度与个人特殊性相关的。它不仅要求主体从一种个人的观点去看待这些关系，而且要求主体为了所爱之人的自身目的、出于对所爱之人的爱和关心，进入和维系偏爱关系。既然偏爱关系具有如此重要的价值，那么与保持和促进这些关系相冲突的道德理论就是不被认可和接受的。正如劳伦斯·贝克(Lawrence C. Becker)所说，偏爱似乎是亲密个人关系的一个构成性特征。很难想象一个好的生活会缺少这样的关系，很难想象创造并维持这样的关系对我们来说不是一种德性。如果一个生活完全缺少一种个人的沉溺，完全被道德要求充满，那么这样的生活是不值得羡慕的，更别提去追求了。如果这就是不偏不倚的道德理由所要求的，那么它将不会有什么追随者。[1]

第一节　偏爱关系

偏爱关系主要指家人、友谊等特殊的、亲密性个人关系。此处目的不是探讨偏爱关系的本质和含义，只是指出与当前讨论相关的偏爱关系的重要特征。

一般认为，家人之爱具有特殊性、偏爱性。家人是特殊的、不可替代的，个体强烈地爱和关心自己的家人等，为了家人的利益及其幸福生活，个体愿意牺牲自己的任何利益。在很多情况下，个体会优先照顾自己孩子、父母的需要。尽管个体会关心陌生人，但这种关心无论从程度上还是范围上，都不及个体对家人的关心。真正的友谊之爱同样具有独特性与偏爱性。个体真正地关心朋友，这种关心不是因一己之私，而是因朋友自己之利益。按照亚里士多德的看法，友爱大致分为三种：基于有用的友爱、基于快乐的友爱、基

---

① Lawrence C. Becker, "Impartiality and Ethical Theory", *Ethics*, Vol.101, No.4, July 1991, pp.698-700.

于德性的友爱。在前两种友爱中,个体的目的是为了从对方获得好处或快乐,因而不是真正意义上的友爱。这两种友爱都带有某种偶然性,那个朋友不是因他自身之故,而是因为他能提供某种好处或快乐才被爱的,他们相互之间并不存在爱。真正的友谊建立在德性基础之上。在真正的友谊中,双方都因朋友自身之故而希望对方好。真正友谊的特征是:希望对方的善、希望对方的存在、希望与对方共同生活、旨趣一致、悲欢与共。[①] 概括来说,偏爱关系有四个方面的特征:

第一,家人、朋友等是特殊的、不可替代的个体。

家人具有不可选择性,且是特殊的、不可替代的个体。基于共同的生活经历,家人之间的情感异常深厚,互为对方着想,以对方为目的。对个人来说,朋友具有可选择性。我们不是与任何人都能成为朋友,只是与某些特定的人成为朋友。朋友可能与我们自身在某方面具有类似性,也可能在某方面令我们钦佩。每个朋友都是独特的。之所以独特是因为他们可能具有某些内在的特征或秉性。作为朋友的个体是不可替代的。工具性的事物具有某种可替代性;朋友不是工具,他们自身就是目的。通过爱自己的家人、朋友,个人赋予了他们一种内在的价值。

第二,偏爱关系的目的是为了家人、朋友自身。

为了家人、朋友自身是指为了家人、朋友的利益,不是为了自己的私利。如果一个人希望家人、朋友过得好是期望自己能从他们那里得到好处,那就不是对别人的善意,而是对自己的善意。"为了朋友自身"又被表达为"因为朋友自身的缘故",这个说法来源于亚里士多德。"一个朋友是因另一个人自身之故而希望并促进那个人的善或显得是善的事情的人,或因另一个人自身之故而希望他存在着、活着的人。"[②]"因为朋友自身的缘故"是指对朋友的特殊关注和关心。这种特殊的关注和关心不是出于自我利益的需要或者其他什么理由,而只是因为"这是我的朋友"。假设你的妻子或朋友同时落水,且你只能救一个人。此时,如果你再应用其他什么道德原则来决定应不应该救妻子或朋友时,可能你就会陷入威廉姆斯所说过的这样一种境地:你

① 参见[古希腊]亚里士多德:《尼各马可伦理学》,廖申白译,商务印书馆2003年版,第232~234、266页。

② [古希腊]亚里士多德:《尼各马可伦理学》,廖申白译,商务印书馆2003年版,第266页。

想得太多了。此时，你应该只想到“这是我的妻子或朋友”。[①]

为了让所爱之人过上好生活，个人会主动关心询问家人、朋友需要什么帮助，并尽自己最大能力提供帮助。当然，家人、朋友有各种需要，因为家人、朋友自身的缘故，关心和帮助对方并不意味着个人要满足他们的所有需要。戴安娜·杰西卡（Diane Jeske）指出，一个真正的家人、朋友应该帮助对方实现正确目的、纠正错误目的。[②] 这也是出于家人、朋友自身的缘故去关心他们，个人希望促进对于家人、朋友来说真正好的目的。对于家人、朋友选择的正确目的，我们鼎力相助，助其实现；对于家人、朋友选择的错误目的，我们尽力劝导，使他们及时修正或放弃这些目的。总之，我们真正关心家人、朋友的利益。

第三，偏爱关系中的双方存在强烈的偏爱情感。

一般来说，个人对家人、朋友有一种强烈的爱和关心之情。个人进入和维系偏爱关系是出于对对方的爱和关心。家人、朋友的快乐和痛苦都深深牵动着我们的心。如果没有爱的情感，真正的友谊不会存在。即使一个人为另一个人做了一些类似家人、朋友之间的事情，如果没有爱和关心之情，这仍然不是友谊。爱之情感在偏爱关系中起了决定性的作用。这些情感从本质上来说是偏爱性的。个人只是对家人、朋友拥有这样的情感。当然，个人也会关心一般关系中的他人或者陌生人，如对弱势群体的关爱。可是，这种爱不是特殊的偏爱，而是一般的恻隐之心和普遍之爱。偏爱与普遍之爱在程度上是不同的。个人对家人、朋友的关爱情感是强烈的，对陌生人的情感可能相对稀薄。

第四，偏爱关系本质上涉及偏爱对待行为。

“我希望家人、朋友过得好”不能仅仅作为承诺停留在口头上，它需要付诸行动。偏爱情感不能单独形成偏爱关系，这种情感必然要通过行为体现出来。“没有善意两个人就不会成为朋友，但有了善意也不一定因此成为朋

① 威廉姆斯在《个人、品格与完整性》（Person，Character and Integrity）一文中讨论了这个例子。详见 Bernard Williams，“Person，Character and Integrity”，in Bernard Williams，*Moral Luck*，London：Cambridge University Press，1981.

② Diane Jeske，“Friendship，Virtue，and Impartiality”，*Philosophy and Phenomenological Research*，Vol.57，No.1，March 1997，pp.51-72.

友。因为，他们可能只是希望对方好，不打算实际地做什么，也不因此去找麻烦。”[①]作为朋友，个人必然要对对方做出相应的行为。一个人可能不会为陌生人做这些事情，这些事情是专属于家人、朋友的。可见，偏爱关系本质地包含了一种偏爱对待的行为方式。没有实际做出的偏爱对待行为，真正的偏爱关系不会存在。

第二节　好生活

每个人都希望过上好生活，它是个人追求的自然目的。在哲学上，存在着三种关于好生活（well-being）的不同理解：快乐主义、欲望或偏好满足理论、客观目标理论。[②] 快乐主义的主要观点是：幸福是享受快乐和没有痛苦，不幸福就是痛苦和快乐的缺失。这里的快乐和痛苦主要是主体内心的内在体验。这种观点抓住了好生活的内在方面。可是，好生活不仅仅是个人主观的心理状态，它还包括与这种内在快乐状态相对应的客观事实。诺齐克曾经设想过一个称为“经验体验机”的机器。只要身处这个机器中，个人就可以获得想要拥有的任何内在体验。如果一个人想成为伟大的科学家，那么他会体验到成为伟大科学家的巨大快乐；一旦个人脱离经验体验机，回归现实世界，他发现自己的梦想并没有真正实现。此时，个人不会觉得自己是真正幸福的。欲望或偏好满足理论的主要观点是：一个人的欲望或偏好在现实中被真正满足。好生活离不开欲望的满足，可是个人的欲望或偏好可能是不道德的或损害他人的，也可能是损害他自己的。一个人想抽烟的欲望很强烈，他认为这种欲望的满足就是他的幸福所在。然而，由于吸烟有害健康，这个欲望的满足会损害他的好生活。客观目标理论主张存在着一些对人来说真正好的或善的事物，这些才是值得个人追求的。目标的实现会给一个人带来满足和快乐。这些真正好的或善的事物可能是经过人类社会检验的、不断反思和修正之后获得的一些共识性的价值。

---

① ［古希腊］亚里士多德：《尼各马可伦理学》，廖申白译，商务印书馆 2003 年版，第 270 页。

② 以上三种关于好生活的理解参考 Roger Crisp，“Well-Being”，*The Stanford Encyclopedia of Philosophy*（Fall 2017 edition），https://plato.stanford.edu/archives/fall2017/entries/well-being/。

客观目标理论对好生活的解读相对全面，它既包括好生活的客观方面，也包括好生活的主观方面。亚里士多德指出，我们实际上把幸福定义为“生活得好”和“做得好”。[①] 幸福既包括某些外在的善或条件，又包括某些内在的善。幸福需要外在的善，因为外在的善是做高尚之事的基础。许多高尚的活动都需要借助朋友、财富、权力、运气等外在的善。这些外在的客观目标是好生活的必要条件。好生活的真正本质在于实现活动。实现活动是指人类特有的、运用理性功能的活动，即实践活动。人的实践活动完成得好或出色是幸福的内在目的和善。“实现活动显然是生成的，而不是像拥有财产那样地据有的。”[②]所以，幸福不仅要过得好，还要做得好。

确实，好生活需要某些外在的客观目标。一般认为，一个身体或精神有严重疾病的人不可能拥有一种好生活，一个贫困的人也不可能拥有一种好生活，一个缺少朋友和家人的人不可能拥有一种好生活，一个受人奴役或遭受不平等待遇的人不可能拥有一种好生活。身体健康、财富、家人或友谊之爱、自由、平等等都是一个好生活的构成性目标。这些众多的客观目标是有层次区分的。其中有些目标或手段是开展一个好生活的必要条件，是必须优先满足的条件。在这些必要条件中，占据首要地位的是生命的存在和健康。如果个体的生命不存在，那么好生活也就无法开展，因此我们应该尊重和保障每个人所拥有的生命权。占据次要地位的是自由。如果一个人是被奴役、被控制的，那么他就只是活着而已，拥有好生活的可能性已被剥夺。再次是平等。这几个条件是个体开展活动的必要条件，获得这些必要条件需要道德介入。另外，好生活还需要个人在自己的实践活动中发现生活的内在意义和价值。为了过上好生活，一个人不应仅仅着眼于获得财富、权力等外在目标。即使一个人拥有物质的富裕和巨大的权力等，他也不一定幸福。幸福或好生活更在于：个人要在各种活动中做得好或出色。比如，一个画家并不是为了成为画家而画画，他从画画这种活动中体会到了内在的满足和愉悦。画画活动本身就是令人愉悦的。他在画画中努力提高自己的技能、努力使自己做得出色，这本身就是好的或善的。

---

① 参见[古希腊]亚里士多德：《尼各马可伦理学》，廖申白译，商务印书馆2003年版，第22～24页。

② [古希腊]亚里士多德：《尼各马可伦理学》，廖申白译，商务印书馆2003年版，第279页。

此外，好生活的内在方面还包括主体动机与理由的和谐一致。尽管好生活包含很多具有客观价值的事物，但是这些价值要能得到个体的真正认同。即使好生活具有普遍性，它仍是属于每个人自己的，它需要得到个人的认同，才会是真正的好生活。实现认同状态需要从客观与主观两方面着手。就客观方面而言，好生活的含义需涵盖个人所看重的重要价值；就主观方面而言，客观价值需转化为个人的内在动机，驱使个人行动，个人真正地向往和追求这些客观价值。对于被实现的价值来说，个人动机与理由的和谐是必需的。迈克尔·斯托克（Michael Stocker）指出，个人不被他认为有价值的事物（一个人相信是好的、善的、正确的、美的等等）驱使行动表明了一种精神的弊病，忽视激发主体行为的动机也表明了一种精神上的缺陷。因为这种精神上的缺陷或弊病表明了主体动机和理由的分离。好生活的标志之一是主体动机与理由的和谐，任何忽视这种和谐的理论都是在冒险。[①]

第三节　偏爱关系的重要价值

家人、友谊等偏爱关系具有工具性的价值。偏爱关系使个人获得某些外在的善，比如快乐、相互的物质或精神帮助等。朋友似乎是最大的外在善。一个幸福的人不可能拥有所有其他的善而唯独缺少这种重要的善；如果家人、朋友的重要特征就在于给予而不是接受，那么一个好人就需要一个承受其善举的人。[②] 除此之外，偏爱关系自身是有道德价值的。这体现为以下几个方面：

首先，偏爱关系是一种必要和重要的实践活动形式。

---

① 参见 Michael Stocker, "The Schizophrenia of Modern Ethical Theories", *The Journal of Philosophy*, Vol.73, No.14, August 1976, pp.453-466。在上述内容之后，斯托克接着指出，这并不是说在所有的情形中都要有这种和谐。这也不是说，在所有努力的领域，那种和谐都是必需的以及这种和谐有助于实现我们所看重的东西。在很多例子中，并不是这样。这甚至不是说，在所有道德上重要的领域，这种和谐都是必要的或者说尤其有助于实现所看重的东西。很多道德上重要的工作，比如给病人喂饭，可以在忽略动机的情况下做得很好。对于伦理学的大部分内容来说，并不存在动机与理由之间的和谐或不和谐的哲学问题：不管你的动机是什么，你都能够做那些正确的、有责任的行为。如果你有守约的承诺，那么不管你的动机是出于对责任的重视、对失去名誉的恐惧或者其他什么，你都必须履行这个责任。就正确性、责任性和义务而言，动机是不相关的。

② 参见［古希腊］亚里士多德：《尼各马可伦理学》，廖申白译，商务印书馆2003年版，第278页。

人是在各种关系和活动中存在的。孤立的个人是不能存在的，正如亚里士多德所说，人是政治的存在者，必定要过共同的生活，没有人愿意过孤独的生活。[①] 从一出生，个人就被投放到了人类世界的关系网络之中。个人最先被置于家庭关系之中，即与父母、兄弟姐妹的关系网络中。在成长的过程中，个人逐渐被动和主动地不断编织新的关系网络，如与朋友、与老师之间的关系等。与其他关系不同，家人、友谊等关系可能是个人的一生中存在时间最长、最为亲密的关系。凭借与家人、朋友结为一体，偏爱关系导致了一种存在方式和行为方式。这种存在方式是不可逃避的，与父母等家人的关系是不可选择的。孤儿即使不可能与父母产生关系，他仍然会与养育他的人产生某种亲密性的关系。一个人即使可能不会与家人产生亲密性关系，只要他仍然是一个社会人，那么他就可能会与其他人产生某种偏爱关系。偏爱关系对于一个正常的社会人来说是无可逃遁的。

其次，偏爱关系是自我完善的一个构成性成分。

家人、朋友是认识自我的一面镜子，通过与他们的互动，个人反思和认识自己。亚里士多德认为，我们需要朋友和我们一同进行沉思活动。因为，相比于沉思自己的活动，我们更能够沉思邻人的实践活动。一个孤独的人的生活是艰难的。因为，只靠自身很难进行持续的实践活动，只有和他人一道才容易些。[②] 亚里士多德理解的"朋友"是好人朋友，所以与这样的朋友相处以及共同沉思会使主体变得更有德性。尽管一个人与自己的朋友都不是拥有完美德性的人，但是这并不妨碍在一种类比的意义上理解亚里士多德的思想。由于自身的局限性，个人需要一个参照物去反观自己。一个人和自己的朋友在某些方面是类似的，在另外一些方面又是不同的。个人可以通过与朋友的交往，发现自己的不足和短处。如果一个人的朋友是很好的人，那么通过与他们相处，主体也可能会变成一个更好的人。在共同生活和相处中，个人与对方不断沟通和交流，从而更加清晰地反思自己的思想和行为，使个人臻于完善。

尽管一个人可能会通过陌生人或者非亲密关系的人认识到自己某方面

---

① 参见[古希腊]亚里士多德：《尼各马可伦理学》，廖申白译，商务印书馆 2003 年版，第 278 页。

② 参见[古希腊]亚里士多德：《尼各马可伦理学》，廖申白译，商务印书馆 2003 年版，第 279～283 页。

的不足，但这只是偶然的。因为，这种交往没有进入到彼此灵魂和思想的深处。只有通过长期共同相处的家人、朋友，一个人才能深刻地反省和认识自己。个人更倾向于接受他们的建议，追求真正的善。个人与陌生人之间缺乏长期共处的共同经历，不易产生心无芥蒂、深层次的灵魂交流，不易从这种交往中获得深刻的反省和认知。此外，爱他人意味着一个人自己的价值需要他人进行确证，这种确证是自尊的源泉。在深层次上，爱与生命的意义之间就具有了一种联系。当一个人发现没有什么东西有价值、似乎对个人来说"一切都是虚空"的时候，他就会质疑生命本身的意义。爱的关系赋予个体有价值的东西，赋予生命意义。个人能从对家人、朋友的爱中发现生命意义。①

再次，偏爱关系满足了个人亲密情感的需要。

个人不是自足的，他有各种情感的需要，如安全感、亲密感、依赖感、孤独感、脆弱感等等。家人、朋友等偏爱关系的实质不是利益的交换，而是情感的交流、共鸣和慰藉等等。家人、朋友会互相关注对方的善，并为了对方的善而努力。在此前提下，家人、朋友之间发展出了互相信任感。一个人觉得在家人、朋友这里是安全的，因而会敞开自己的心扉，向家人、朋友倾诉。"无论是在好运中还是在不幸中，朋友的在场都令人愉悦。"②当一个人快乐时，他会希望与家人、朋友分享这种快乐，让快乐增加；当一个人痛苦时，他也会找家人、朋友倾诉，家人、朋友的同情和安慰会使他的痛苦有所减轻。家人、朋友是个人心灵停靠的港湾。即使没有家人、友谊，也会存在其他的反映这种亲密情感的交往形式。一个人需要其他人来分享他的快乐或痛苦情感，但无可置疑的是一个人不可能与很多人共同生活，不可能让许多人分享其生命，因而不可能与很多人拥有亲密关系。"在完善友爱的意义上，一个人不可能是许多人的朋友，正如一个人不能同时与许多人相爱……再者，你必须彻底了解一个人，与之相处亲密，而这件事做起来是很难的。"③

最后，偏爱关系是个人观点向非个人观点或社会观点过渡的必要环节。

① 参见詹姆斯·雷切尔斯的《道德、父母和孩子》一文中的思想。详见[美]詹姆斯·P.斯特巴：《实践中的道德》，李曦等译，北京大学出版社2006年版，第140～152页。

② [古希腊]亚里士多德：《尼各马可伦理学》，廖申白译，商务印书馆2003年版，第286页。

③ [古希腊]亚里士多德：《尼各马可伦理学》，廖申白译，商务印书馆2003年版，第239页。

人是社会关系的总和。除了亲密的偏爱关系之外,个人也与陌生人处于各种关系之中,如公民关系。尽管偏爱关系与非偏爱关系的性质是不同的,但是二者有相通之处。因为,在偏爱关系中,个人与家人、朋友的相处也要遵守道德准则,这为个人与陌生人的相处提供了基础。

对于个人来说,家人、友谊是重要的关系。通过家人、友谊,一个人可以获得尊重、关爱他人的情感和行为模式。如果缺少偏爱关系,或者偏爱关系不大健康、健全,那么一个人可能不会习得与他人交往的正确方式。以独生子女为例,与兄弟姐妹众多的个人相较而言,独生子女较多地以自我为中心,因为他们身边缺乏与之长期共处的同龄人,他对处理这种亲密关系没有直接的切身体验。尽管其父母可能经常告诫他要关注他人利益,但是他并没有获得感性认知和体会。在处理与父母、朋友、他人的关系时,他可能不会用恰当的方式关心他人的需要,可能会出现把自己的意愿强加于人的情况。

中国传统儒家伦理认为,亲亲之情是爱人之情的基础和开端。儒家主张在亲亲之情的基础上,超越这种情感,推己及人,达到对他人的仁爱。爱亲是仁的起点或行仁的第一步。一个人要成为仁人,就应该从身边做起,从爱父母做起。在这个层面上,孔子认为孝是为仁之本。"其为人也孝弟,而好犯上者,鲜矣;不好犯上,而好作乱者,未之有也。君子务本,本立而道生。孝弟也者,其为仁之本与!"①孝是仁德实践的开端。吴根友指出,孔子强调孝在培养仁德过程中的始基地位和作用。② 以家庭为基本单位的社会结构强调个人首先培养起对亲人之爱,然后再培养起对他人之爱,所以人们重视孝道。一个人如果对自己的亲人都没有爱,怎么可能去爱他人呢?从成仁路径来说,孝是为仁之本,在西方文化传统中,家庭在培养爱、平等、尊重、诚信等基本道德要求方面也起了至关重要的作用。个人在家庭中习得道德规范。可见,偏爱关系是个人观点向非个人观点过渡的必要环节。

综上,偏爱关系是一种重要的价值,是个人好生活的重要组成部分。

---

① 刘宝楠:《论语正义·学而第一》,中华书局1990年版,第7页。

② 参见郭齐勇编:《儒家伦理争鸣集——以亲亲互隐为中心》,湖北教育出版社2004年版,第559页。

第四节　偏爱关系与好生活

偏爱关系是好生活的重要组成部分。一种合理的道德理论需要承认偏爱关系的道德价值，体现道德的非个人观点与个人观点的统一。这需要以道德与好生活之间的关系为理论基础。

托马斯·内格尔（Thomas Nagel）指出，道德与好生活之间的关系分为五种：第一，道德生活是按照好生活来定义的；第二，好生活是按照道德生活来定义的；第三，在发生冲突的情况下，好生活必须推翻道德生活；第四，在发生冲突的情况下，道德生活必须推翻好生活；第五，好生活和道德生活不能总是一致地推翻对方。[①]

第一种观点以亚里士多德为代表。[②] 这个观点并不意味着“道德生活”与“好生活”这两个概念是等价的，但它确实意味着，就好生活取决于个人行为的某些方面而论，道德的内容是按照一个好生活的必要条件来定义的。个人行为的某些方面是指他与其他人的关系、他的社会角色的完成、个人感情的控制和表现等等。因此，不管这种贡献是工具性的还是构成性的，我们都可以按照“道德原则是否对作为一个整体的好生活作出了贡献”这个问题来检验道德原则的合理性。内格尔认为，这个观点是错误的。因为，道德要求的源泉是对其他人的承诺，这些要求的道德力量并不是来源于这些要求是否有助于个人的好生活。[③] 第二种观点是柏拉图的观点。[④] 这个观点允许好生活具有比道德更加广泛的内容，但却赋予道德绝对的优先性，也就是说，不管一个非道德生活在其他方面多么好，一个道德的生活总是要好于这个非道德的生活。

---

① 这五种看法是内格尔提出的。以上对道德与好生活之间五种关系的论述内容参考 Thomas Nagel, *The View from Nowhere*, New York: Oxford University Press, 1986, pp.195-200。同时，参考了徐向东的说法，详见徐向东编：《美德伦理与道德要求》，江苏人民出版社 2007 年版，第 8 页。

② 详见[古希腊]亚里士多德：《尼各马可伦理学》，廖申白译，商务印书馆 2003 年版。

③ Thomas Nagel, *The View from Nowhere*, New York: Oxford University Press, 1986, pp.195-200.

④ 参见[古希腊]柏拉图：《柏拉图全集》，王晓朝译，人民出版社 2002 年版。

以上两种见解意味着，由于道德生活与好生活的内在联系，二者在逻辑上不可能发生冲突。然而，倘若这两种生活之间的关系其实不是一个可以通过定义来解决的问题，那么我们就得到了另外三种可能性。第三种观点以尼采为代表，第四种观点是康德伦理学和功利主义持有的观点。第五种观点认为这两种生活之间不能互相定义。这两种生活被在力量上不断变化的理由所支持。我们有理由想要生活得好和做得好。这两个方面可能会重叠，但是支持这两个方面的理由不仅在种类上是不同的，而且在来源上是不同的。①

内格尔认为，前三种观点都是错误的。在后两种观点中，他倾向于支持第四种，即在发生冲突的情况下，道德生活必须推翻好生活。做道德上正确的事是好生活的一部分，而不是全部，甚至不是最主要的部分。因为，非个人观点只是个人生活中的一个方面。如果这两种生活的一些成分发生了冲突，而道德要求又被认为必须占据优先地位，那么就会出现这种可能性——道德对我们提出了过分严厉的要求。② 现代道德哲学如功利主义就是第四种观点的代表。密尔认为，好的生活分为三种：道德的生活、审慎的生活、审美的生活。道德的生活是相关于他人之间关系的，审慎的生活是与自己利益相关的。③ 当道德生活与偏爱关系发生冲突时，功利主义认为道德生活应该占据优先地位。可是，偏爱关系在个人对好生活的理解中占据重要地位，且偏爱关系是一种重要的道德价值。特洛伊·乔利莫尔（Troy A. Jollimore）指出，偏爱关系如友谊的相关要求与义务是道德要求与道德义务。他说：

> 关于友谊的要求至少部分地是一种道德要求。一个人不能成为他人好朋友的原因有很多，其中很多原因都涉及某些道德上的恶，或者道德德性的缺乏。这些原因可能是缺乏慷慨、同情或者仁慈，也可能是他

① Thomas Nagel, *The View from Nowhere*, New York: Oxford University Press, 1986, pp.195-200.

② Thomas Nagel, *The View from Nowhere*, New York: Oxford University Press, 1986, pp.195-200.

③ 参见[英]约翰·密尔：《精神科学的逻辑》，李涤非译，浙江大学出版社 2009 年版，第 143～147 页。

不诚实或不值得信任，或者可能因为他太懦弱以致不能帮助处于困难中的朋友，甚至可能因为他如此龌龊以至于为了自己的利益利用友谊。更进一步说，在这些原因适用的场合，我们至少往往是根据一个人对他朋友的行为，根据他不能对朋友做出一个朋友应该做出的行为，进而对这个人的道德品格作出否定判断的。这些事实至少强有力地表明了友谊的义务在部分上是一种道德义务。①

确实如此，当一个人的家人、朋友没有对其展现出应有的情感和行为时，他可能会觉得家人、朋友道德上有所欠缺。在一部名为《晚秋》的电影中，因为不堪忍受家庭暴力，女主人公安娜失手把自己的丈夫打死了，所以安娜被捕入狱。在服刑期间，由于安娜的母亲病逝，监狱方允许她回去奔丧。当安娜到家后，她的哥哥、姐姐等亲戚表面上对她非常客气，实际上已经把她看成异类，全都借故躲开。她的哥哥姐姐之所以告诉安娜让她一定回来是因为需要安娜的签字以变卖母亲的遗产。安娜回来后，哥哥对她说的第一句话也是："本不想通知你了，但是需要你的签字，没办法。"另外一个亲戚竟然说："让杀人犯出来奔丧还是头一次呢。"从以上描述可以看出，安娜的这些家人对她非常冷淡。按照常理说，安娜这样一个命运多舛的女子本应该得到家人更多的关心和爱护。可是她的家人却很淡漠甚至排斥她，在家人的眼里，安娜就是一个杀人犯。当看到家人的冷漠时，观众觉得安娜的家人不是道德上的好人，而是自私狭隘的小人。即使安娜是一个杀人犯，作为家人也应该通过各种方式安慰安娜，她的家人有道德上的义务关心安娜。斯密也持有这种观点，他认为那些对自己的亲生儿女显得毫无感情、在一切场合持有不应有的严厉和苛刻态度对待他们的人，是所有残暴的人当中最令人憎恶的人。② 此外，友谊是道德的一个重要来源，因为它本质上涉及出于朋友自身目的的行为，所以是一种具有重大道德价值的行为。③

---

① Troy A. Jollimore, *Friendship and Agent-Relative Morality*, New York: Garland Publishing, 2001, p.11。另外，乔利莫尔指出，关于友谊是一种排他性道德现象的承诺是假的。建立友谊并不是道德要求，个人承诺友谊的理由也不是道德理由。

② 参见[英]亚当·斯密：《道德情操论》，蒋自强等译，商务印书馆 1997 年版，第 171 页。

③ Lawrence Blum, *Friendship, Altruism, and Morality*, London: Routledge and Kegan Paul, 1980, pp.67-83.

与古代美德伦理学相较而言，西方近现代道德不偏不倚理论对道德的看法是狭隘的。“古代伦理学并不认为道德仅仅在于对我们提出了某些要求，就好像道德生活是从外面强加给我们的。相反，古代的伦理学认为，道德与人性的完善具有本质的联系，而且是一个人幸福的构成要素。按照亚里士多德等人的看法，一个成熟的、具有理性的人会很自然地对道德的观点产生兴趣，因为这样做就是一个人的幸福或者完善的自然要求。”[①]近现代主流的道德理论认为，道德仅仅是维护社会生活的最小条件和最低要求。这些最低要求是一个人必须服从的。在服从最低要求的条件下，一个人可以自由地追求所认同的好生活理想。因为道德要求已经被看作人类生活的最小条件，与此相关的义务或责任也被认为在道德慎思中占有最高的分量，所以，当道德理由与偏爱关系的理由发生冲突时，前者会胜出。

但是，道德不偏不倚的要求是过高的，损害了对于个人的好生活来说具有重要意义的部分，如偏爱关系。道德是为好生活服务的，一旦一种道德要求不是有助于好生活，而是开始破坏好生活时，它就是不合理的。为了解决这个问题，我们需要扩展对“道德”的理解。也就是说，我们不能仅仅把道德看成人类生活的最小条件或最低要求，正如内格尔所指出的：“道德理论的任务不仅仅是告诉我们在道德上应该做什么，而且还要告诉我们应该如何过一种好生活。”[②]所以，我们还需要把某些构成好生活的重要价值如偏爱关系纳入道德范围之中。

如果一种伦理学理论告诉人们应该如何生活，它就必须处理非个人观点与个人观点冲突和协调的问题。[③] 道德不偏不倚理论是一种从社会视角或非个人视角来研究人与人之间关系的，所以这种理论注重的是社会生活得以可能的条件。偏爱关系则是从个人视角或观点来看的一种关系。道德不偏不倚理论认为，非个人观点排斥个人观点。鉴于偏爱关系在好生活中的重要地位，一种合理的道德理论应该在非个人观点与个人观点之间寻求一种恰当的平衡。

---

① 徐向东编：《美德伦理与道德要求》，江苏人民出版社 2007 年版，第 12 页。

② Thomas Nagel, *The View from Nowhere*, New York: Oxford University Press, 1986, p.195.

③ Thomas Nagel, *Equality and Partiality*, New York: Oxford University Press, 1991, p.14.

第二章　道德不偏不倚理论

德性伦理学和规范伦理学是伦理学的两大传统。古典社会和中世纪时期的伦理学主流传统是德性伦理学，近代社会以来伦理学的探讨一般以规范伦理学为主。[①] 德性伦理学的主要特点是以行为主体为中心（agent-centered），探讨行为主体的品质、动机等，同时从行为主体的角度重新理解日常道德观念中的德性与恶等等。[②] 规范伦理学又被称为“行为伦理学”，与德性伦理学关注行为主体不同，它主要关注外在的行为规范或道德正确性标准[③]，也就是说，它关注人们在道德上应该怎样做、道德上正确或者错误的行为标准是什么。行为主体按照道德正确性标准行动是他的义务或者责任。可见，德性伦理学体现的是以行为主体为中心理解道德的视域，这样一种视域是与行动主体相关的（agent-relative），而不是无关的；相反，规范伦理学体现的则是另外一种理解道德的视域——以行为或规范为中心。更进一步说，这种视域是主体中立的（agent-neutral），与任何特殊主体无关的，体现了一种非个人（impersonal）或不偏不倚的视角。

---

① 当然，面对规范伦理学自身的缺陷，现代社会中又重新兴起或试图复兴德性伦理学的传统。

② 伦理学家的一项重要工作就是对人们的日常道德观念进行反思，从而建立自己的伦理思想体系。这一工作主要包含两个方面：一是澄清日常道德概念或规范的含义，二是使日常道德规范体系化。

③ 规范伦理学的主要代表功利主义和康德式的义务论都在寻求最高的道德正确性标准。功利主义的代表密尔（穆勒）认为，道德上正确与错误的标准问题是一个最重要的问题，它是伦理学或道德学的第一原理；这个第一原理是道德的根基和基础，是道德上义务的来源；这个道德正确性标准就是功用原理，即最大化幸福原理。义务论的代表康德也在寻求道德上的最高原则，这个原则就是可普遍化原则。

从20世纪中期以来,不偏不倚已经成为道德的一个决定性和核心性特征。一些哲学家认为“道德观点”(moral point of view)与“不偏不倚观点”(impartial point of view)可以互换使用。科特·贝尔(Kurt Baier)首次提出“道德观点”概念。他认为,道德观点是指一种独立的、不偏不倚的、客观的、公正的、上帝之眼的观点(a God's-eye point of view)。① 保罗·泰勒(Paul W. Taylor)最为详尽地描述了“什么是采纳一种道德观点”。道德观点是与其他描述性的观点和规范性的观点如审慎、法律、宗教、艺术等不同的观点。② 另外一位有影响的支持道德观点的学者是威廉·弗兰克纳(William K. Frankena)。他认为,道德观点不仅与其他规范性的观点如审慎(自利)、法律和宗教不同,而且超越了传统的道德观念和要求。道德观点是理性的、批判的、普遍的。有许多种道德,但是只有一种道德观点。③ 采纳道德观点意味着愿意使自己的行为受如下原则的指导——有理性的和具备完备信息的人所要求或所接受的原则。有理性的和具备完备信息的人是拥有特殊态度的人,例如不偏不倚或客观性。道德的观点和不偏不倚观点具有密切关系。一般认为,近现代以来的道德理论都承诺了不偏不倚的观点。④ 近现代道德理论认为不偏不倚是道德的决定性特征,也就是说,道德是从这样一种立场出发的观点:承认和尊重所有的人在一种重要的意义上是平等的,以及

---

① Kurt Baier, *The Moral Point of View: A Rational Basis of Ethics*, New York: Cornell University Press, 1958, p.201.

② Albert W. Musschenga, “The Debate on Impartiality: An Introduction”, *Ethical Theory and Moral Practice*, Vol.8, No.1/2, April 2005, pp.1-10.

③ W. K. Frankena, “Moral-Point-of-View Theories”, in C. L. Stevenson et al.(edited and introduced by N. E. Bowie), *Ethical Theory in the Last Quarter of the Twentieth Century*, Indianapolis: Hackett, 1983, pp.39-79.

④ 存在两种道德的不偏不倚:极端的不偏不倚(extreme impartiality)和温和的不偏不倚(moderate impartiality)。极端的不偏倚论者要求所有的道德主体在任何时候和任何情境下的行为都要遵循一阶的不偏不倚,如威廉·葛德文。威廉·葛德文等极端功利主义的不可接受的结论,部分来源于他这样的信念,即道德理论试图回答“我应该做什么”的问题;部分来源于他这样的信念,即对这个问题的正确回答是通过拒绝把每一个人看作特殊的,因而总是应该不偏不倚地行为。总之,它来源于对道德的不偏不倚任务的误解。相比之下,温和的不偏不倚论允许主体在行为中展现某种一阶的偏倚性,但是坚持认为这种行为必须能够在二阶的不偏不倚的层次上得到辩护。也就是说,一阶的偏倚性是可以还原的,它们被看作实现二阶的不偏不倚要求的手段或方式,如契约主义,康德式的伦理学,规则后果主义,一些允许一阶的偏倚性实践作为促进非个人的善的手段的行为后果主义等。

所有的人同等地享有基本的生存资源、权利和尊重。[①] 因此,近现代道德理论被称为“道德不偏不倚理论”。功利主义和义务论是道德不偏不倚理论的典型代表。

第一节　道德不偏不倚观点的历史梳理

道德不偏不倚观点是在历史发展中逐渐形成的。在西方社会结构的变迁中,在西方基督教文明的文化氛围中,在道德情感学派对公平观察者的探索中,道德不偏不倚观点的主要代表功利主义和康德式的义务论应运而生。

一、上帝:公平的外在立法者观念

之所以发生德性伦理学向规范伦理学的转变,是由多种原因造成的。[②] 其中的主要原因之一就是中世纪基督教伦理思想中立法观念的巨大影响。正如斯托克所指出的:“立法主要与义务、正确性和责任相关联。当从一个立法者的观点去看待道德时以及把这种立法看作是模型时,动机就变得不相关了。立法者想让很多事情做或不做,但是,关于他们为什么做或不做的原因是不重要的。一个人可能关注行为,而不是动机。”[③]基督教的立法观统治了西方几个世纪。即使后来人们对上帝的信仰逐渐式微,“应当”“被允许”“禁止”等关于责任和义务的观念仍然深深地植根于人们的语言和思想之中。[④]

可见,在道德不偏不倚观点产生的过程中,中世纪的上帝立法观念起了

---

① Susan Wolf, “Morality and Partiality”, *Ethics*, Vol.6, 1992, pp.243-259.

② 斯托克指出,一个原因是社会结构的改变。随着地理大发现和资本主义自由经济的发展,商业关系逐步取代家庭关系和群体关系占据了社会的主流,随之古典的熟人社会逐渐被以个人为主的陌生人社会所取代。这就导致建立在熟人社会基础上的德性伦理学逐渐被关注行为的规范伦理学所取代。另一个原因是,基督教的立法观念深刻地影响了人们思想观念。这一点在下文会说明。以上内容参见 Michael Stocker, “The Schizophrenia of Modern Ethical Theories”, *The Journal of Philosophy*, Vol.73, No.14, August 1976, pp.453-466.

③ Michael Stocker, “The Schizophrenia of Modern Ethical Theories”, *The Journal of Philosophy*, Vol.73, No.14, August 1976, pp.453-466.

④ G. E. M. Anscombe, “Modern Moral Philosophy”, *Philosophy*, Vol.33, No.124, 1958, pp.1-19.

巨大的中介作用。托马斯·阿奎那(Thomas Aquinas)[①]的伦理思想明显体现了这一点。尽管他的伦理思想主要被定位为德性伦理学，可是其伦理学体系中包含规范伦理学的因素。在阿奎那的伦理思想中，同时存在着以行为主体为中心和以行为为中心两种视域，后者对近代以来的规范伦理学传统影响巨大。

阿奎那的伦理思想一般被理解为德性伦理学。因为他继承了古希腊的德性伦理学传统。德性伦理学的主要特征是以行为主体为中心探讨和理解道德，且有一套共同的理论架构。阿奎那的伦理思想继承了上述德性伦理学的两个特征。同时，由于上帝的引入，阿奎那的伦理思想中又包含以行为为中心的视域。以行为为中心的伦理学理论不再以行为者的品格、动机为重点，而是主要讨论行为应遵循的道德标准或道德规范是什么，也就是说主要解决人应该如何做的问题。它主要关注外在的行为规范，以及随之而来的义务。阿奎那的伦理思想包含以行为为中心的规范伦理学萌芽。这体现在以下几个方面：

(一)上帝是正义的立法者

阿奎那指出，上帝是全知、全善、全能的。世间万物皆是由上帝所造，上帝是万物产生和存在的根源。人是上帝按照自己的肖像造的，人的理性来源于上帝的理性，是类似上帝的存在，然而，人永远不可能达致上帝的全知、全善、全能。对人而言，上帝是一个超越性的完满存在。所以，对于有限的人类来说，上帝是一个外在的、不同于人的第三方。

上帝是正义的。这里的正义不是给予、接受方面的正义，而是上帝按照自己的理性和智慧在万物中创造一种适合万物自身的秩序。“在这一方面，上帝也履行正义或做他应做者，因为他给予每一物依其自然天性之理和条件所应具备者。然而，这一(针对受造物的)(有所欠)系于那第一个(针对上帝的)(有所欠)，因为所欠于每一受造物者，即是那依照上帝智慧的计划或安排所应归于该物者。虽然上帝在这方面归还一物他所欠者或他所应做者，但上帝并不是欠债者(debitor，欠他人物债者)；因为上帝不是以其他物

① 我国台湾学者翻译为“圣多玛斯·阿奎那”。学术界的通行用法是“托马斯·阿奎那”。本书行文中统一采纳通行译法“托马斯·阿奎那”。

为指归(指归宿——引者注),反而是其他物以上帝为指归。”[①]进一步说,上帝的正义是相称于他自己的自尊或尊位。上帝运用智慧和理性,制定出创造计划,让万物分有自己之美善,且忠实地执行,没有出尔反尔。

按照万物的专有目的,上帝给了人最好的配备,个人身体的质料部分服从于灵魂的理性。在上帝恩宠中被造的人是正义的。也就是说,人类服从自己本身的应得,服从上帝的理性或意志,服从上帝创造的原始正义秩序。“理性服从上帝,低级能力服从理性,身体服从灵魂。第一个服从,是第二及第三个服从之原因。”[②]由于人遵从了上帝所创造的原始正义,故而本应没有死亡和痛苦。然而,由于人类的始祖亚当受到魔鬼的引诱,他运用自己的自由意志选择背离了上帝的理性,选择了恶,所以,其自身的罪过破坏了上帝所创造的原始正义秩序,造成了一种失序和不自然的状态。为了体现正义,上帝对这种破坏原始正义的行为给出惩罚和报应——由此人类始祖丧失了原始状态的正义和谐,身体不服从灵魂,嗜欲妄动,不服从理性的约束,并且亚当的后代从一出生就带有原罪。原罪来源于人类的腐化血统。

上帝也是一个立法者。“上帝按人的情况给人立的法律,是要人按理性行动。在原始状态这法律的效能极强,以致不能有任何逾越理性或不合理性的事发生。但在人离开了上帝以后,遂受感官嗜欲之冲动的支配,而且一人离开理性愈远愈是如此,以致近似受感官嗜欲之冲动支配的禽兽。”[③]上帝创造了人,创造了原始的正义秩序,人类的意志应该服从上帝所创造的这种秩序,应该服从上帝的意志或理性,服从上帝的法律。一旦人类背离了上帝的正义秩序,也就是背离了上帝的理性,背离了上帝的法律,没有给予上帝应得的尊敬,那么就会遭受正义化身的上帝的惩罚,这种惩罚主要是为了照看世界的共同利益。“如果上帝取消他的正义秩序,就等于否认自己,因为他就是正义本身。所以上帝不能豁免人,使人可不以上帝为目的,或不遵守

---

① [意]圣多玛斯·阿奎那:《神学大全第一册:论上帝一体三位》,高旭东等译,(台北)中华道明会、碧岳学社 2008 年版,第 333～334 页。

② [意]圣多玛斯·阿奎那:《神学大全第三册:论创造人类与治理万物》,刘俊余译,(台北)中华道明会、碧岳学社 2008 年版,第 288 页。

③ [意]圣多玛斯·阿奎那:《神学大全第六册:论法律与恩宠》,刘俊余译,(台北)中华道明会、碧岳学社 2008 年版,第 19 页。

他的正义秩序，就连人彼此间之正义秩序也是一样。”[①]

总之，从上帝与人之间的创造与被创造关系、上帝的完满性与人类的有限性、遵从与惩罚的关系中，阿奎那认为，上帝是超越于个人的存在，是不同于人的外在立法者。从根本上来说，上帝是外在于人自身的公平的立法者，是正义的化身。[②]

(二)上帝是道德行为的最高标准

一种伦理学理论应该能够告诉人们道德行为的标准，这样才能给人们提供切实的指导。德性伦理学能够对道德动机和道德情感予以充分说明，但是不能提供道德正确性标准。相反，近现代以来的规范伦理学[③]则弥补了这一缺陷，如功利主义认为最大化幸福原理是道德行为的最高标准，康德义务论认为可普遍化法则是道德正确性标准。

古典美德伦理学的代表亚里士多德并没有探讨道德正确性标准的问题。道德善恶的判定取决于有德性之人的行为，即有德性之人做出的行为就是善的。[④] 当然，亚里士多德也指出，有一些行为或事情自身就是恶的，做这些事情在道德上是错误的。他说：“有一些行为与感情，其名称就意味着恶，例如幸灾乐祸、无耻和嫉妒，以及在行为方面，通奸、偷窃、谋杀。这些以及类似的事情之所以受人谴责，是因为它们(指幸灾乐祸、无耻、嫉妒、通奸、偷窃、谋杀等类似感情和行为——引者注)被视为自身即是恶的，而不是由于对他们的过度或不及。所以他们永远不可能是正确，并永远是错误。”[⑤]可是，这些事情为什么被看成是道德上错误的，亚里士多德并没有进一步解

---

① [意]圣多玛斯·阿奎那：《神学大全第一册：论上帝一体三位》，高旭东等译，(台北)中华道明会、碧岳学社2008年版，第124页。

② 当然，除了上帝是正义的之外，阿奎那也认为上帝还有仁爱的一面。这种仁爱不是体现在情感感受方面，而是体现在他对困苦、不足或短缺的解除。即使上帝在惩罚不义之人时仍能体现出仁慈，因为上帝是在爱人的份上赦免人的罪，而且出于慈悲把爱灌输给人。这个思想详见[意]圣多玛斯·阿奎那：《神学大全第一册：论上帝一体三位》，高旭东等译，(台北)中华道明会、碧岳学社2008年版，第336～339页。

③ 然而，近代以来的规范伦理学也有自身的问题，如缺乏一个动机的成分，忽视了各种具有内在道德价值的情感，过分夸张人的自主性而忽视了我们生活的传统。相反，美德伦理学则具有这些优势。

④ 参见[古希腊]亚里士多德：《尼各马可伦理学》，廖申白译，商务印书馆2003年版，第42页。

⑤ [古希腊]亚里士多德：《尼各马可伦理学》，廖申白译，商务印书馆2003年版，第48页。

释，可能他只是遵从了约定俗成的道德判断而已。

与亚里士多德不同，阿奎那在某种意义上提出了道德正确或错误的最高标准。借助于上帝这个中介，阿奎那的德性伦理学明显不同于古希腊的德性伦理学传统。他指出，尽管人在行为时遵循四种法律规范，但是这四种法律规范存在等级差别。其中永恒之法(of the eternal law)是最高标准。永恒之法是上帝的统治之理，所以，凡受上帝统治的，便受永恒之法之支配。自然法(of the natural law)源于永恒之法，是上帝置于人的心中的。人为法(of human law)源于自然法。“理性的第一条规则是自然法律。故此，人所制订的法律，有多少成分源于自然法律，便具备多少成分的法律之意义。若背离了自然法律，便不是法律，而是法律之腐化。”[①]

神圣法(of divine law)是永恒之法更高形式的体现。它加在自然法之上，比自然法更为明确。人之所以需要神圣法，是因为：第一，人依靠法律使他的行为指向最后目的，但人所追求的目的并不仅仅局限在人的自然能力范围内，人还追求永远之幸福，为了实现这个目的，需要神圣法。第二，人的理性不准确，特别是在关于个别的和偶然的事件上，人们的意见容易产生分歧。为了决定什么是应当做的事，需要以神圣法为标准。第三，人为法只能判断明显的表面行为，不足以管制内心的行为，所以需要神圣法的援助。第四，人为法不能禁止和惩罚一切恶事，需要神圣法的辅助。

最终的标准或规范就是永恒法。“永恒之法律既然是最高统治者的统治之理，则下级统治者的统治之理，必然皆是源自永恒的法律：永恒之法律以外的所有其他法律，皆是下级统治者的统治之理。所以，一切法律就其分有(指具有正理的部分特征——引者注)正理而言，皆是源自永恒之法律。”[②]所以，人性行为，近的尺度是人的理性，最高尺度便是永恒法。人性行动若按理性及永恒法之秩序，这行动便是正当的；若离开这个秩序，便称为“罪”。

综上，尽管阿奎那的伦理思想主要被看成德性伦理学，但其中包含着对后来的规范伦理学有重要影响的思想萌芽。这些萌芽是：上帝是外在于人

---

① [意]圣多玛斯·阿奎那：《神学大全第一册：论上帝一体三位》，高旭东等译，(台北)中华道明会、碧岳学社2008年版，第53页。

② [意]圣多玛斯·阿奎那：《神学大全第一册：论上帝一体三位》，高旭东等译，(台北)中华道明会、碧岳学社2008年版，第30页。

的公平立法者；上帝的理性是道德的最终标准；服从上帝所制定的理性规则是个人义不容辞的责任和义务。上帝的视角是一种非个人的观点或立场，体现了与个人观点相分离的特征。这些思想深刻地影响了近现代以来的道德不偏不倚理论，英国道德情感学派不偏不倚观察者的观点就是对这一思想的继承和发展。

二、不偏不倚的观察者思想

在继承上帝是公平立法者的基础上，英国的道德情感主义学派发展出了不偏不倚的观察者（impartial spectator）思想，以大卫·休谟（ David Hume）和亚当·斯密（Adam Smith）为主要代表。

道德情感主义学派认为，道德判断的基础是观察者的情感。弗朗西斯·哈奇逊（Francis Hutcheson）认为，赞同另一个人行为的判断可以是无兴趣的或无利益的（disinterested），即不受关乎自身利益的想法的任何影响。他把这种赞同的情感归因于道德感（the moral sense）。按照哈奇逊的理解，道德感是一种自然激发出来的无兴趣的同意情感或不同意情感。当我们遇见仁慈的无兴趣动机时，就会被自然激发出同意情感；当我们遇到反对这种仁慈的动机时，就会被激发出不同意的情感。哈奇逊把这种道德感比作看到美的事物时所产生的那种无偏私的爱和崇敬的感情。哈奇逊强调道德同意与不同意的无利益性，用旁观者去解释自己的理论。[①] 休谟和斯密继承并发展了哈奇逊的观察者思想。

（一）休谟的旁观者思想

休谟认为，道德的区别不是来自理性，而是来自情感。这种情感被称为“道德感”。道德感是一种特殊的苦乐感，即旁观者赞同或反对的情感。为了说明这一点，休谟引入同情机制。他认为同情是一种出乎人之本性的强有力的原则，同情是道德感的根源。休谟指出：“一切人的心灵在其感觉和作用方面都是类似的。凡能激动一个人的任何感情，也总是别人在某种程度内所能感到的。……别人的情感都不能直接呈现于我们的心中。我们只

---

① D. D. Raphael, *The Impartial Spectator*, New York: Oxford University Press, 2007, pp.27-28.

是感到它的原因或效果。我们由这些原因和效果才推断出那种情感来，因此，产生我们的同情的，就是这些原因或结果。”①可见，同情在本质上是一种能够体会他人感受的能力。

尽管人人具有同情和感受他人苦乐的能力，但是道德判断不能直接建立在单个人情感赞同的基础之上，而必须建立在旁观者赞同或反对的情感基础上。“只要一个对象具有使它的所有者发生快乐的一种倾向，或者换句话说，只要是快乐的确当的原因，那么它一定借着旁观者对于所有者道德一种微妙的同情，使旁观者也感到愉快。”②“心灵的每一种对自己或他人有用的或令自己或他人愉快的品质都传达给旁观者一种快乐，引起他敬重，并被他冠以德性或价值的美名。”③旁观者并不是对人类的所有快乐和痛苦都表示赞同或反对，他只是对某些快乐或痛苦表示赞许或反对。那么旁观者作出这种取舍的依据是什么呢？休谟认为标准有四个：对他人有用，对自己有用，令他人愉快，令自己愉快。其中效用这个因素是最重要的。“效用这个因素在所有主题中都是称赞和赞许的源泉，它是关于行动的价值或过失的所有道德决定经常诉诸的，它是正义、忠实、正直、忠诚和贞洁所受到的尊重的唯一源泉，它是与其他社会性德性如人道、慷慨、博爱、和蔼、宽大、怜悯和自我克制不可分离的，一言以蔽之，它是道德中关乎人类和我们同胞被造物的那个主要部分的基础。”④

既然人人都具有形成道德感的同情能力，那为什么还要设想一个旁观者，并且以这个旁观者的赞许或反对的情感为道德区别的基础呢？因为每一个特殊个人都是有偏爱的，每一个特殊个人的同情是有差等性的，每一个特殊个人都有自己特殊的利益和环境。但是，道德要求体现了普遍、理性和客观的观点。所以，为了保证道德判断的普遍性和客观性，需要借助于公正的旁观者。

在休谟的理论体系中，他在多处表达了要摒弃或者排除自爱在道德起源中的作用，理由是在道德起源的理论问题上，自爱理论并没有给出适当的

① [英]休谟：《人性论》，关文运译，商务印书馆 1997 年版，第 617 页。

② [英]休谟：《人性论》，关文运译，商务印书馆 1997 年版，第 619 页。

③ [英]休谟：《道德原则研究》，曾小平译，商务印书馆 2004 年版，第 129 页。

④ [英]休谟：《道德原则研究》，曾小平译，商务印书馆 2004 年版，第 82 页。

指引。他主张道德起源于人道的情感："我们必须放弃这种用自爱原则来说明一切道德情感的理论。我们必须采纳一种更公共的感情，并承认社会的利益甚至就它们(指社会的利益——引者注)自身而论也不是与我们完全漠不相关的。……因此，如果有用性是道德情感的一个源泉，如果这种有用性并不总是被关联于自我来考虑，那么结论就是，凡是有助于社会的幸福的东西都使自己直接成为我们的赞许和善意的对象。这是一条在很大程度上说明道德性之起源的原则。"[①]当然，休谟所说的这种"人道情感"是指道德感。这种特殊的感情不是人类直接的情感，而是一种内含普遍观点的情感，是一种理性化了的情感。"道德这一概念蕴含着某种为全人类所共通的情感，这种情感将同一个对象推荐给一般的赞许，使人人或大多数人都赞同关于它的同一个意见或决定。这一概念还蕴含着某种情感，这种情感是如此普遍如此具有综括力，以至于可以扩展至全人类，使甚至最遥远的人们的行动和举止按照它们(指最遥远的人们的行动和举止——引者注)是否符合那条既定的正当原则而成为赞美或责难的对象。唯有这两个不可或缺的因素才属于我们这里所坚持的人道的情感。"[②]

这种人道情感或道德感并不是人类天然的仁爱情感。休谟认为，在人类本性中，关于自爱与仁爱在何种程度上居于支配地位的粗俗争论应该被摒弃，这场争论绝不可能有任何结果。"天然的仁爱情感"在休谟这里被理解为"同情"，即感受他人情感的能力。同情情感植根于人的天性，是人人都具备的。然而，仅仅具有这种同情他人的能力，并不能构成德性或道德。德性或道德，需要包含一个非常重要的因素，即不掺杂任何特殊利益的旁观者。而个人拥有的同情他人的能力，为设想这样一个旁观者提供了前提基础。

由上可见，休谟理解的旁观者是不偏不倚的。尽管未曾使用"不偏不倚"这个词去形容旁观者，但我们考察上述思想，可以说休谟所认为的旁观者就是不偏不倚的。从旁观者无利益或无兴趣的角度而论，休谟的旁观者理论可以认成是后世"不偏不倚理论"的一种特殊表现。

---

① [英]休谟：《道德原则研究》，曾小平译，商务印书馆2004年版，第126页。
② [英]休谟：《道德原则研究》，曾小平译，商务印书馆2004年版，第125页。

（二）亚当·斯密的不偏不倚旁观者理论

斯密发展了观察者理论。与休谟不同，他开始明确地用“impartial”这个词描述观察者的特征，他把观察者称为“不偏不倚的旁观者”。道德判断建立在不偏不倚旁观者情感的基础上。

在斯密这里，“同情”也是我们能够设想不偏不倚旁观者的心理基础。他认为，同情是人的本性中的原始情感，每一个人包括坏人都具备这种情感。同情使个人关心别人的命运、幸福和痛苦。我们借助想象感受他人的感受，从而对他人的悲伤、痛苦等情感抱有同情。同情的基础不是自爱之心。但是，同情自身并不能构成道德判断的基础。因为人是自爱的、有偏私的，所以这种同情也是有差等的。斯密认为，每个人首要关心的是自己。“每个人首要和主要关心的是他自己。无论在哪一方面，每个人当然比其他人更适宜和更能关心自己。每个人对自己快乐和痛苦的感受比对他人快乐和痛苦的感受更为灵敏。前者是原始的感觉，后者是对那些感觉的反射或同情的想象。前者可以说是实体，后者可以说是影子。”[①]其次，人更容易同情家庭成员。“他更习惯于同情他们（指的是孩子、父母、兄弟）。他更清楚地知道每件事情可能如何影响他们，并且对他们的同情比对其他大部分人表示的同情更为贴切和明确。”[②]再次，对其他亲戚如表兄弟姐妹等的同情要更淡一些。随着亲属关系的逐渐疏远，感情也就逐渐淡薄，对陌生人的同情要再淡薄一些。

如果道德建立在特殊的、有所偏爱的同情基础上，便不能形成一般的、普遍的判断和观点，而道德判断必须是普遍的。为了满足后一项要求，个人应超越狭隘和自利，形成一种更加普遍的视角或观点。没有利益关涉的旁观者则代表了这样一种普遍观点。在道德上，我们的感情或行为是否合宜的标准是旁观者的情感。人类的激情和行为只有在得到公正旁观者的充分同情、得到没有利害关系的旁观者的充分理解和赞成的时候，才显得合宜并为他人所赞同。在这一过程中，旁观者尽可能地把自己置身于对方的处境之中，设身处地考虑旁观者的各种境况。“同样，对于人性中的那些自私而

① ［英］亚当·斯密：《道德情操论》，蒋自强等译，商务印书馆1997年版，第282页。

② ［英］亚当·斯密：《道德情操论》，蒋自强等译，商务印书馆1997年版，第283页。

又原始的激情来说，我们自己的毫厘之失会显得比另一个和我们没有特殊关系的人的最高利益重要得多，会激起某种更为激昂的高兴或悲伤，引出某种更为强烈的渴望和嫌恶。只要从这一立场出发，他的那些利益就决不会被看得同我们自己的一样重要，绝不会限制我们去做任何有助于促进我们的利益而给他带来损害的事情。我们要能够对这两种相对立的利益作出公正的比较，必须先改变一下自己的地位。我们必须既不从自己所处的地位也不从他所处的地位、既不用自己的眼光也不用他的眼光，而是从第三者所处的地位和用第三者的眼光来看待它们（指自己的利益与他人的利益——引者注）。这个第三者同我们没有什么特殊的关系，他在我们之间没有偏向地作出判断。"[①]

斯密开始把"不偏不倚"这个概念引入对旁观者的特征描述之中，进而纳入对道德判断和道德的本质性理解之中。不过休谟并没有明确地指出这一点，他只是认为个体在作出道德判断时，需借助于公正的旁观者。拉斐尔(D. D. Raphael)指出："亚当·斯密的原创之处是对于这种不偏不倚观察者观念的发展，这种发展是为了解释由道德主体作出的对自己行为的良心或是非判断。"[②]行为主体也可以把自己想象成一个旁观者，从而用旁观者不偏不倚的眼光去观察自己，使自己的情感降低到别人能够体谅的程度。斯密认为，只有在请教内心这个不偏不倚的旁观者之后，才能真正看清与己有关的事，才能对自己的利益和他人的利益作出合宜的比较。旁观者赞许和反对所依据的标准是什么呢？休谟认为，效用是最主要和最重要的标准之一。斯密反对休谟的这种看法。他说："这个体系同我一直在努力建立的学说体系之间的唯一区别是：它把效用，而不是旁观者的同情或相应的感情，作为这种合宜程度的自然的和根本的尺度。"[③]"但是，我仍然断言，对于这种效用或危害的看法，并不是我们赞同和反对的首要的或主要的原因。"[④]

进一步，斯密首次把平等与不偏不倚联系起来，这也是他超越休谟的地方。休谟认为，设想公正旁观者的目的是形成普遍、客观的道德判断。斯密

① [英]亚当·斯密：《道德情操论》，蒋自强等译，商务印书馆1997年版，第164页。
② D. D. Raphael, *The Impartial Spectator*, New York: Oxford University Press, 2007, p.33.
③ [英]亚当·斯密：《道德情操论》，蒋自强等译，商务印书馆1997年版，第403页。
④ [英]亚当·斯密：《道德情操论》，蒋自强等译，商务印书馆1997年版，第234页。

认为，之所以设想不偏不倚的观察者，乃是为了实现人与人之间的平等。他指出，人与人之间的幸福同样重要。从单个人的观点来看，自己的幸福比其他人重要；但是从不偏不倚观察者的视角来看，任何人都只是所有人当中的一个，没有任何特殊或与众不同之处。

> 毫无疑问，每个人生来首先和主要关心自己；而且他比任何其他人都更适合关心自己，所以他如果这样做的话是恰当和正确的。因此每个人更加深切地关心同自己直接相关的、而不是对任何其他人有关的事情。……虽然对他来说，自己的幸福可能比世界上所有其他人的幸福重要，但对其他任何一个人来说并不比别人的幸福重要。……当他以自己所意识到的别人看待自己的眼光来看待自己时，他明白对他们来说自己只是芸芸众生之中的一员，没有哪一方面比别人高明。[①]
>
> 每当我们将要采取的行动会影响到他人的幸福时，是他，用一种足以震慑我们心中最冲动的激情的声音向我们高呼：我们只是芸芸众生之一，丝毫不比任何人更为重要；并且高呼：如果我们如此可耻和盲目地看重自己，就会成为愤恨、憎恨和咒骂的合宜对象。只有从他那里我们才知道自己以及与己有关的事情是微不足道的，而且只有借助于公正的旁观者的眼力才能纠正自爱之心的天然曲解。[②]

既然每个人的幸福同等重要，就意味着不能为了追求自己的幸福而去损害或践踏他人的利益，否则就是对人人平等的破坏。“个人绝不应当把自己看得比其他任何人更为重要，以致为了私利而伤害或损害他人，即使前者的利益可能比后者的伤害或损害大得多。”[③]可见，平等意味着不偏不倚，意味着公正无私。

综上，上帝是公平立法者的思想和道德情感学派的不偏不倚观察者思想为道德不偏不倚理论的形成和发展作了理论准备和铺垫。

---

① ［英］亚当・斯密：《道德情操论》，蒋自强等译，商务印书馆 1997 年版，第 102 页。

② ［英］亚当・斯密：《道德情操论》，蒋自强等译，商务印书馆 1997 年版，第 165 页。

③ ［英］亚当・斯密：《道德情操论》，蒋自强等译，商务印书馆 1997 年版，第 166 页。

第二节　道德不偏不倚观点[①]的基本特征

为了在严格意义上使用概念，我们需要区分“不偏不倚”(impartiality)与“道德的不偏不倚”(moral impartiality)。许多人在观念上潜在地把“不偏不倚”等同于“道德的不偏不倚”，认为“不偏不倚”本身就具有道德含义，不加区分地混用。特洛伊·乔利莫尔指出，这两个概念并不等同：“不偏不倚”是个一般的形式概念，而“道德的不偏不倚”则是个实质性的概念。不偏不倚包含许多种类，许多行为都可以被描述为不偏不倚的。可是，并不是所有的行为都与道德相关，其中有一些是不道德的或道德上值得质疑的。举个例子，假如有一个连环杀手，他依据受害人与某些名人在职业和宗教信仰等方面的相似性来选择受害者，那么我们可以说，这个杀手在受害人的“相似性”方面是不偏不倚的，但这种不偏不倚是不道德的。再比如，一个足球教练可以公平地对待每一个队员——像对待狗那样，这样的对待能说是道德的吗？再如，贯彻一种坏的法律时，采取的也可说是不偏不倚的方式，但能说是道德地执法吗？一个人可以冷漠地对待任何一个人的痛苦，包括他自己的，这可以说是不偏不倚，但道德吗？所以，道德的不偏不倚只是不偏不倚的殊相，是外延，是包含与被包含关系。甚至我们可以说，“不偏不倚”在词性上是中性的，它不是一个道德术语，不具备道德属性，与道德无关。[②]

纵观批评者和支持者对道德不偏不倚思想的理解，道德不偏不倚观点具有三个基本特征：平等、无偏私性或非个人性以及道德正确性标准。

一、平等

一般认为，平等是道德不偏不倚观点的核心观念。各种形式的道德不偏不倚理论都是为了贯彻和实现某种平等。功利主义的最大化幸福原则建

---

① 本书的研究并不是试图穷尽对不偏不倚(impartiality)观念的考察，而是整理那些偏倚论者关注的不偏不倚特征，为理解平等与偏爱之间的冲突作理论准备。

② Troy Jollimore，“Impartiality”，*The Stanford Encyclopedia of Philosophy* (Summer 2020 edition)，https://plato.stanford.edu/archives/sum2020/entries/impartiality/.

立在“每一个人的幸福都不比其他人更为重要”的平等原则基础上；康德伦理学从“人性赋予每一个人同样的无条件价值”出发得到了普遍法则公式(universal law)或绝对命令公式(the categorical imperative)；罗尔斯通过赋予原初状态中的个人以同样的道德身份，提出了建立在平等原则基础上的正义原则。罗尔斯认为，不偏不倚要求个人没有偏见、没有歧视地作出判断，在平等的原初状态中一劳永逸地选择一种正义的观念。[①] 布莱恩·巴里(Brian Barry)把不偏不倚与平等联系起来，论证作为不偏不倚正义的整个观念“取决于对人类平等的一个基本承诺。这种平等就是法国人权宣言和美国独立宣言中所诉诸的那种平等。只有在这个基础上，我们才能辩护关于任何一个相关者的利益和观点必须被容纳的承诺”[②]。从这个意义上来说，平等是道德不偏不倚的根本特征，是其他特征的前提和基础。

18 世纪之前，人在自然上是不平等的，存在等级差异。随着经济的发展、个人主义的兴起，人类不平等的观念开始消解，人人平等的观念逐渐变为社会的共识，即每一个人拥有同等的尊严、应该得到同等的尊重成为社会共识。这一观念发端于斯多亚学派，它强调所有理性存在者的自然平等。从 17 世纪开始，占主导地位的观点就是在自然法和社会契约论传统中体现出来的自然平等的观念。康德的绝对命令公式表达了个体价值的平等。经过法国大革命和其他的各种社会运动，国家开始用法律和制度保障人类的平等权利。到现在为止，人们拥有平等尊严的观念已经成为西方主流文化的最低标准。

同时，“平等”也是一个具有高度争议性的概念。斯蒂芬·戈泽帕特(Stefan Gosepath)指出，平等本质上包含了一种三角关系：在两个(或更多个)物或人与一种(或几种)数量之间的关系。平等代表了被比较事物之间的关系。每一种比较都预设了一个第三者标准，即一个具体的、体现某方面平等的标准。这个相关的、可比较的标准是“平等”概念的一个变量。这些不同的标准或方面之间会产生冲突，因而“平等”是一个高度争议的概念。尽管如此，这个概念中暗含着一种根本的道德关注。尤其是它提醒我们注

① John Rawls, *A Theory of Justice*, Cambridge: Harvard University Press, 1971, p.190.

② Brian Barry, *Justice as Impartiality*, New York: Oxford University Press, 1995, p.8.

意，尽管人类有各种各样的差异，但是我们拥有共同的人性。这些关于“平等”的不同理解方式对道德平等理想的实现程度是不同的。① 即使关于平等的不同方面有争论，但是个人的道德平等已经深入人心，成为时代共识。②

那么，如何理解道德的不偏不倚所涉及的平等呢？劳伦斯·布鲁姆指出：“道德的观点涉及不偏不倚，这种不偏不倚相关于每一个人的利益，包括一个人自身的。成为道德的就是尊重其他人，认为他们具有与一个人自己同样的价值，认为他们具有追求自己利益的同样权利。”③平等是指每一个道德主体都同等重要，没有任何一个人比其他人具有更多的内在的重要性或能够凭借他是谁拥有更多的关注。这并不意味着所有的人在所有方面、在所有情况下都是平等的，也不意味着每一个人必须得到平等的对待。内格尔说：“不偏不倚的要求可以采取很多形式，但不偏不倚的要求主要是指在某些方面平等地对待每个人。这些方面包括每个人有同等的权利，每个人的善或福利需得到同样的考虑等。”④一般而言，道德不偏不倚观点中的平等主要是内在尊严的平等、道德价值的平等、权利的平等。

所以，科廷汉姆说：“不偏不倚的论点是：第一，如果一个人是道德的，他必须在行动之前考虑到其他人的利益；第二，如果一个人是道德的，他必须给予其他人的利益与自己的利益同等的重要性。但是这两点之间的区别是

---

① Stefan Gosepath, “Equality”, *The Stanford Encyclopedia of Philosophy* (Summer 2021 edition), https://plato.stanford.edu/archives/sum2021/entries/equality/.

② 尽管道德不偏不倚观点包含某种平等的观念已经成为共识，但关于什么是实现平等的最好方式却存在广泛分歧。约翰·罗尔斯(John Rawls)认为功利主义削弱了个人的分离性并且把不偏不倚的观点降为非个人的观点，使得功利主义能以最大整体福利的名义牺牲一部分人的利益。被牺牲的这部分人事实上并没有被看作独立的个人。由于同样的原因，布莱恩·巴里反对对于不偏不倚概念观察者的解释。他追随托马斯·斯坎伦(Thomas Scanlon)，认为应该用一种强调理性的一致同意或合理的一致同意的解释来替代它。满足了理性的一致同意条件的正义原则是不偏不倚的，因为它们抓住了一种特定种类的平等，即所有受到影响的个人都能够感知，且做他们合理地期望的事情。对于布莱恩·巴里和约翰·罗尔斯而言，理解人是平等承诺的最好方式是通过“理性一致同意”概念。因为在这样一种理智同意情境下的被牺牲者不能够再合理地期望比这更好的任何其他安排，正义的原则可以把每一个人的利益考虑在内。

③ Lawrence Blum, *Friendship, Altruism, and Morality*, London: Routledge and Kegan Paul, 1980, p.3.

④ Thomas Nagel, “Moral Conflict and Political Legitimacy”, *Philosophy and Public Affairs*, Vol.16, No.3, Summer 1987, pp.215-240.

至关重要的。因为第一点仅仅是一个分析性的真理，即如果一个人是道德的就意味着他必须考虑到他人的利益；第二点是一个更为冒险和富有争议的关于道德的解释，即如果一个人是道德的就意味着接受辛格的话语：'我自己的利益并不能仅仅因为它们是我的利益而比任何其他人的利益更为重要。'"①

二、无偏私性

在贯彻和实现道德平等的时候，我们首先得面对或者说不得不面对一个关于人的自然本性的基本事实。这个基本事实是：人们更倾向于关注和在意与自己利益有关的事物。对自我的关注在个人的生活中具有一种持续而强大的力量。对自我的关注也可以被表达为对自我的偏爱。人们往往更加倾向于关心与自己有关的人和事物，所以人的情感是有偏爱的。可是，一般认为，道德的本质特点就是它要超越自我情感和认知的局限，关心他人的利益。成为道德的人就意味着尊重其他人，认为其他人与自己具有相同的价值，拥有相同的追求个人利益的权利。劳伦斯·布鲁姆指出，如果一个人仅仅因为这是自己的或者这是朋友的就去偏爱自己的利益或者偏爱自己所爱人的利益，那么这个人就是在与道德背道而驰。② 为了作出正确的道德判断、实现人的道德平等，我们需要从个人的特殊情感和特殊关系中抽象出来，我们不应当给予自己的欲望和利益以任何特殊的重要性，我们应当采取一种中立的观点，尽量远离个人的特殊欲望和关系，这样就会得出道德不偏不倚观点的第二个特征，即无偏私性(absence of bias)。

概括来说，无偏私性是指在作出道德判断时，主体不应受到他自己或任何个人的特殊利益或欲望的影响。这一要求类似于法官的角色所要体现的不偏不倚。玛丽莲·弗里德曼(Marilyn Friedman)认为，不偏不倚主要是

---

① John Cottingham, "Ethics and Impartiality", *Philosophical Studies*, Vol.43, No.1, January 1983, pp.83-99.

② Lawrence Blum, *Friendship, Altruism, and Morality*, London: Routledge and Kegan Paul, 1980, p.3.

“无偏见或无偏私”(absence of bias or prejudice[①])意义上的。[②] 威廉姆斯很好地表述了这种道德不偏不倚的无偏私性或非个人特征。他认为，道德观点根本上不同于非道德的观点，尤其是不同于一个自我利益的观点，而且是在种类上不同；道德观点是特别由“不偏不倚”来表征的，即由对特殊的人所处的任何特殊关系的冷漠来表征的。道德思维就要求从特殊情境和各方的特征中进行抽象，包括从行动者中进行抽象。[③] 无偏私超越个人的狭隘性，是非个人观点的体现。

“非个人观点”(the impersonal point of view)是与“个人观点”(the personal point of view)相对而言的。[④] 个人观点是指：每一个人都有自己的关注、欲望和利益。个体对这个世界的大部分经验、自己的大部分欲望都属于个体的观点。也就是说，个体是“从这儿或此处”(from here)来看待事物的。个人观点是事物具有重要性的独立来源。个人观点涉及个人的偏爱关系如家庭、友谊等。从个人观点来看，他的特殊关注和关系是极端重要的，处于一个与他人认同度不断递减的同心圆的中心位置。相反，非个人的观点是这样的：它代表了一种集体性的要求或承诺。个体从自己的特殊位置中即从他是谁中抽离出来去看待这个世界，考虑到他人。通过这种抽象活动，我们占据了被称为“非个人的观点”。对每个人来说，这种要求都是有力量的。如果这种观点不存在的话，道德也不会存在，就只有个人观点之间的冲突、妥协和偶然的和谐。

在最宽泛的意义上，无偏私或非个人观点是指超越个人情感、认知局限，考虑、关心他人的观点。在这个意义上，除了利己主义之外，古往今来的道德理论都涉及这种无偏私或非个人观点。无偏私或非个人观点的表现形式是多种多样的。慈善、正义、爱人、同情、尊重等道德要求都体现了无偏私

---

① “bias”是指不合适地偏爱冲突中的一方，“prejudice”是指没有经过合适的考虑就作出判断。

② Marilyn Friedman, “The Impracticality of Impartiality”, *Journal of Philosophy*, Vol.86, No.11, November 1989, pp.645-656.

③ 参见伯纳德·威廉姆斯的《个人、品格和完整性》一文。此处采纳的是下面这本书中的译文，即徐向东编：《美德伦理与道德要求》，江苏人民出版社 2007 年版，第 167 页。

④ 对非个人观点和个人观点的理解主要参考内格尔在《平等与偏爱》中的相关思想。详见 Thomas Nagel, *Equality and Partiality*, New York: Oxford University Press, 1991, pp.3-15.

或非个人观点。近现代道德理论所理解的无偏私或非个人观点包含平等的理念。内格尔认为，非个人观点并不突出任何一个特殊的个人，对于你和其他人来说都是一样。从一种非个人的观点来看，每一个人的生活都是同样重要的，没有任何一个人的比其他人的重要。[①]

三、道德正确性标准

为了真正地做到无偏私，一般会设想一个第三方立场，即从无兴趣的、中立观察者的立场来看待这个世界。此立场外在于每一个涉及的个人，从此立场出发，个体能够无偏私地作出判断，保持中立性。道德正确性标准或最高的道德原则是平等和无偏私的根本保障，它本身也是平等和无偏私的体现。为了实现平等，道德正确性标准或者道德最高原则是非个人性的，体现了与个人观点相分离的特征。对于实现平等和无偏私性来说，道德正确性标准是必要的。没有道德正确性标准，人们就不知道如何真正尊重和考虑到他人。在不同的近现代道德理论那里，道德正确性标准是不同的。道德正确性标准是区分这些不同的道德不偏不倚理论的关键特征。休谟和斯密都认为公正的旁观者在作出道德判断时依据的标准有四个。功利主义的标准是最大化幸福原理。康德式义务论的正确性标准是可普遍化原则。罗尔斯契约论的标准是两个正义原则等。

道德不偏不倚要求也会体现在个体实践慎思领域之中：主体在考虑道德上正确的行为时，采纳的不是一种个人的观点，而是一种非个人的立场。也就是说，当主体考虑什么是道德上最好的行为时，道德要求他们把自己的利益、计划、承诺、家庭和友谊关系看作并不比其他人的重要。此外，从行为的动机或理由来看，道德行动者的动机只是对不偏不倚原则的理性运用。斯塔克(Cynthia A. Stark)指出，不偏不倚原则要求主体只能出于不偏不倚的理由或动机去行动。这一要求使得对特殊他人关注、关爱的动机成为道德上有问题的。[②]

---

① Thomas Nagel, *Equality and Partiality*, New York: Oxford University Press, 1991, p.11.

② Cynthia A. Stark, "Decision Procedures, Standards of Rightness and Impartiality", *Noûs*, Vol.31, No.4, December 1997, pp.478-495.

综上，道德不偏不倚观点的三个主要特征是平等、无偏私或非个人、道德正确性标准。其中，平等是前提或基础，无偏私或非个人是为了实现平等所采纳的一种立场或态度。需要注意的是，这种立场体现在道德最高原则或道德正确性标准之中。对于作为个体的主体来说，道德不偏不倚理论从两个层面影响主体的实践慎思：第一，主体被要求从一种非个人的立场去看待一切事物，包括与己有关的那些偏爱关系和情感；第二，主体被要求出于不偏不倚的理由或动机去行为，包括进入和维系家庭、友谊等偏爱关系。

道德的不偏不倚理论有很多形式，为了讨论的确定性，本书主要考察道德不偏不倚理论的主要代表功利主义和康德的义务论与偏爱关系的问题。在下面的内容中，我们需要讨论功利主义和义务论是如何与道德的不偏不倚观点相关的，或者说为什么二者可以被称为“道德的不偏不倚理论”。

第三节　道德不偏不倚理论的主要代表——功利主义

功利主义是道德不偏不倚观点的典型代表，它也具备上文所提到的道德不偏不倚观点的三个重要特征：平等、无偏私、道德正确性标准。在一般意义上，前两个特征是所有道德不偏不倚理论的共同特征，道德正确性标准是不同的道德不偏不倚理论的分野所在。功利主义是一个寻求道德第一原理或道德正确性标准的学说。

一、功利主义对平等与无偏私的承诺

功利主义认为每一个人的利益或者说幸福都同等重要。每一个人只能算作一个，而不能算作更多。密尔说：

> 功利主义要求，行为者在他自己的幸福与他人的幸福之间，应当像一个公正无私的仁慈的旁观者那样，做到严格的不偏不倚。[①]

① ［英］约翰·穆勒：《功利主义》，徐大建译，商务印书馆2014年版，第21页。

一个人的幸福，如果程度与别人相同（种类可恰当地容有不同），那么就与别人的幸福具有完全相同的价值。一旦这些条件得到了满足，边沁的名言“每个人都只能算作一个，没有人可以算作一个以上”，便可写作功利原则的一个注释。在伦理学家和立法家看来，每个人对幸福拥有平等的权利。[①]

平等待人是最大化幸福原理的理论基础。[②] 效用最大化的要求完全派生于在先的平等待人的要求。每一个人的幸福或利益都同等重要，应该同等程度地对待每个人的利益，道德上正当的行为将使效用最大化。功利主义的理论体现了对于个人的平等关注。那么对平等的承诺是如何与功利主义的最大化原则联系起来的呢？既然每一个人的幸福都同等重要，个人应该从自身的特殊幸福、特殊利益中抽象出来，从一种中立的、仁慈的旁观者角度看待自己和他人的幸福。既然每个人有同等的权利追求幸福，功利主义认为应该最大化最大多数人的最大幸福。这个正确性标准是从一个中立的、非个人的、第三人称的立场推导出来的。通过给予每一个人的利益以同等的重要性，直接导致了边沁的公式和功利主义自身。按照功利主义的看

① ［英］约翰·穆勒：《功利主义》，徐大建译，商务印书馆2014年版，第77～78页。

② 威尔·金里卡（Will Kymlicka）在《当代政治哲学》（［加］威尔·金里卡：《当代政治哲学》，刘莘译，上海三联书店2004年版）一书中指出，关于平等与最大化幸福原理之间的关系，有两派不同的观点。一派认为：平等待人是最大化原理的理论基础。效用最大化的要求完全派生于在先的平等待人的要求。用金里卡的话来说就是：每一个人的幸福或利益都同等重要，应该同等程度地对待每个人的利益，道德上正当的行为将使效用最大化。功利主义的理论是对人表达平等关注的理论。另一派认为，使效用最大化是首要目的，而不是派生目的：我们之所以平等待人仅仅是因为，平等待人是实现价值最大化的途径。我们的首要义务不是平等待人，而是创造出有价值的事态。金里卡持有第一种观点，他认为如果把功利主义视为一种平等主义学说，就不可能单独支持福利最大化的理论。功利主义者必须承认，只有当效用最大化的标准成为对平等待人原则的最好解释时，我们才应该使用这个标准。笔者也同意金里卡的这一观点。

法，最大化幸福原则最好地认识到了每一个人利益的同等重要性。[①]

二、功利主义的道德正确性标准

道德正确性标准是无偏私或非个人立场的具体操作者和体现者。功利主义的道德正确性标准是最大化一般幸福原理。“行为的对错，与它们增进幸福或造成不幸的倾向成正比。所谓幸福，是指快乐和免除痛苦；所谓不幸，是指痛苦和丧失快乐。”[②]无论是涉及具体利益的活动还是精神性的活动，这些活动的归宿都是为了获得快乐，避免痛苦。功利主义肯定个体的各种欲望，肯定个体追求幸福的平等权利。对幸福的追求是人类行为的目的，这个目的构成了道德正确性标准的建构基础。另外，这里的幸福不是行为者自身的最大幸福，而是最大量之一般幸福。尽管一个人的高尚并不使自己受益，但会使他人幸福。只有一般人都养成高尚品格，功利主义的目的才能达到。“真正说来人们欲求的唯有幸福。……倘若如此，幸福便是人类行为的唯一目的，而促进幸福便是判定一切人类行为的检验标准了；由此必然

---

① 这种直接从对每一个人的利益是同等重要的承诺得到最大化原则的做法是值得质疑和反驳的。个体的不同善不能被相加起来形成一个总体善，这样做的后果是不能充分尊重个体之间的分离性的善。在威廉·葛德文（William Godwin）的“火灾例子”中，根据功利主义的最大化标准，牧师对社会具有更大的贡献，因此应该优先选择救牧师而不是侍女（详见 William Godwin, *Enquiry Concerning Political Justice and its Influence on General Virtue and Happiness*, New York: Raymond Preston, 1926, p.85）。约翰·陶雷克（John Taurek）认为，这个例子体现了功利主义或后果主义的道德正确性标准的概念即最大化总体善是内在不一致的，这个例子中的决定事实上没有展现出对所涉及的所有人的同等尊重。为了总体的善牺牲侍女的生命的做法至少表明了侍女作为一个独立的道德主体没有被真正地得到考虑，即侍女没有真正被看作平等的个体。因此，这种对道德不偏不倚的理解是不充分的（详见 John Taurek, “Should the Numbers Count?” *Philosophy and Public Affairs*, Vol.6, No.4, Summer 1977, pp.293-316）。另外，关于是不是道德不偏不倚的要求，或者把人们看作平等个体的要求，迫使我们认为牧师具有被救的更大权利是有争议的。玛西亚·巴蓉（Marcia Baron）指出：“威廉·葛德文的极端观点并不主要以不偏不倚的观念或那些驱动不偏不倚的观念如公平或平等为基础，而是建立在他的这样一种信念的基础上，即我们有义务去做任何可能促进整体福利的事情。作为他例子基础的信念并不是不偏不倚可以接受的信念。”这两者是不同的动机，正是威廉·葛德文对后者的承诺导致了他的荒谬结论（详见 Marcia Baron, “Impartiality and Friendship”, *Ethics*, Vol.101, No.4, July 1991, pp.836-857）。笔者比较同意这一点。

② ［英］约翰·穆勒：《功利主义》，徐大建译，商务印书馆 2014 年版，第 8 页。

可以得出，促进幸福必定也是道德的标准，因为部分总是包含在全体之内的。”①

具体来说，最大化幸福原理包含以下几个要素：首先，存在着一个共同的目的即大多数人的幸福；其次，这个一般的幸福是能够按照好坏进行排列的；再次，它要求个体或主体总是做那些能够最大化这个一般幸福的行为。这个原理体现了一种极端的非个人性，没有给予个人的特殊善等个人观点应有的地位。最大化幸福原理的非个人性体现在以下几个方面：第一，后果或幸福的非个人性。幸福或后果是一切行为的最终目的，它是唯一具有内在价值的东西。这个被最大化的后果不是相关于某一个特殊个人的，而是从非个人的立场或中立的旁观者立场来看的后果。第二，后果排列和计算的非个人性。总体幸福或后果的排列和计算是独立于特殊个人的，是由第三方即不偏不倚的旁观者排列出后果的好坏次序的。第三，后果分配的非个人性。功利主义只关心结果的最大化，而不关心谁去享有这个最大化的结果。第四，后果实现的非个人性。功利主义不关心产生最大化后果的主体是谁。正如伯纳德·威廉姆斯所指出的，对于功利主义来说，所有的因果联系都是处在同一水平上，一个结果或事态是由我促成的还是由其他某个人促成的是没有什么区别的。这就导致了负面责任(negative duty)学说：不管我作为一个特殊的个体具有什么个人的欲望、计划等，作为一个功利主义的道德行动者，我的行为都必须是影响我所处状况的一切因果要素的输出。这些因果要素是指包括在因果范围内的一切计划或欲望，不管这些计划或欲望是我自己的还是其他人的。作为一个功利主义者，如果我正好处于一个实现最大化后果的因果系统中，那么我就应该或者说有责任和义务促进这一事态的实现，不管这一因果系统是我自己选择进入的还是偶然进入的。在这一过程中，主体的特殊欲望、情感等等都是道德上不相关的。② 也就是说，功利主义提出了这样一个要求：当把一切因果相关的考虑都算在内的话，一个人应该作为一个非个人的效用最大化者来行动。

这种非个人性还体现在主体的实践慎思领域中。一方面，功利主义认

---

① [英]约翰·穆勒：《功利主义》，徐大建译，商务印书馆 2014 年版，第 46～47 页。

② Bernard Williams, *Moral Luck*, London: Cambridge University Press, 1981, pp.1-19.

为主体应该从最大化后果的观点或立场去看待和评判一切事物。这是非个人的观点或立场，主体被要求从非个人的观点或立场去看待一切事物。主体与他人的特殊关系是道德上不相关的。主体被要求把家人、朋友等看成与别人一样的、没有任何特殊性的个人。另一方面，功利主义认为主体的行为动机或理由应该是最大化后果。如此理解的行为动机或理由是非个人性的，主体被要求出于非个人性的动机或理由进入偏爱关系。

三、主体中立性与主体相对性

为了进一步地理解功利主义的非个人性以及偏爱关系的个人性，我们可以引入一对概念："主体中立性"(agent-neutral)或"中立于行动者"与"主体相对性"(agent-relative)或"相对于行动者"。[①] 内格尔说："如果一个理由能够被给出一个一般的形式，其中并不包括对具有这个理由的那个人的本质指称，那么它就是一个中立于行动者的理由……另一方面，如果一个理由的一般形式确实包含了对具有这个理由的那个人的本质指称，那么它就是一个相对于行动者的理由。"[②]其中，"本质指称"指的是在对一个行动理由的表述中必须提到行动者自己。比如，利己主义者认为每个人都有理由仅仅促进自己的福利。也就是说，你有理由追求你自己的福利，我也有理由追求我自己的福利。可见，这些理由涉及一个特殊的行动者，利己主义的理由就是主体相对性的理由。功利主义则相信每个人都有理由促进一般福利。这个理由并不涉及任何特殊的行动者，因而功利主义的理由是主体中立性的理由。无论是主体相对性的理由还是主体中立性的理由，都是适用于所有人的。

我们还可以引入另外一个因素来对这两种理由进行说明。这个因素就是行为所促进目的的性质。此性质有两种：共同性与分离性。中立于行动者的理由所要促进的目的是一个共同的、可以被大家分享的目的。功利主

---

① 这两个概念是内格尔在利他主义的可能性提出来的。后来德里克·帕菲特(Derek Parfit)采用了他的这一想法，并改变了这两个术语的提法。内格尔在他后来的《无源之见》一书中沿用了帕菲特的术语。

② Thomas Nagel, *The View from Nowhere*, New York: Oxford University Press, 1986, pp.152-153. 本书采用了徐向东在《后果主义与义务论》的翻译(参见徐向东编：《后果主义与义务论》，浙江大学出版社2011年版，第24页)。

义认为我们每个人都有理由促进一般福利。"一般福利"就是被大家分享的共同目的。主体相对性的理由所要促进的目的是分离的而不是共同的。利己主义认为每个人都有理由追求自己的福利。"自己的福利"是自己的特殊目的,其他人不分享你的这个目的。也就是说,你有理由追求你自己的福利,我有理由追求我自己的福利,但你没有理由促进我的福利,正如我没有理由促进你的福利。可见,这个目的都是各个行为者自己的,不是被大家共同追求的目的。偏爱关系中所产生的理由就是主体相对性的理由。它所要实现的目的也不是共同的,而是属于每个特殊的个人。我们每一个人都有理由照顾和帮助自己的孩子或朋友。我有理由帮助和照顾自己的孩子或朋友;你也有理由帮助和照顾自己的孩子或朋友。然而,我可能没有理由照顾你的孩子或朋友,你也没有理由照顾我的孩子或朋友。[①]

尽管偏爱关系的理由和目的是相对于行动者的,但是,偏爱价值却是客观的、普遍的。一种价值是客观的是指它具有中立于行动者的价值。[②] 说某个东西具有中立于行动者的价值,大概就是说它并不依赖于任何行动者的特定兴趣、态度或偏好而具有价值,例如友谊、爱情、自由、平等,或者甚至某种意义上的个人福利。我们似乎无法否认每个父母对其孩子的爱有客观的价值。一个人可能因为认识到家人之爱、友谊、爱情、自由、平等和个人福利等事物的价值而承诺要追求或实现它们。一种价值是普遍的意味着它能够被每一个人所追求,而不是专属于某些人。科廷汉姆说:"在救自己孩子的例子中,我之所以救自己的孩子只是因为他与我的特殊关系,而不是由于这个孩子所具有的任何可普遍化特征。尽管如此,这个偏爱性的原则仍是可以被普遍化的,因为任何一个父母在相似的情境中都应该偏爱自己的孩子。在偏倚论者的立场之中,没有任何内在的反理性的东西。它没有赋予自己任何特权,而是认为他人也有同样的权利。"[③]当然,功利主义所追求的那个共同目的同样是客观和普遍的价值。

尽管二者都是客观和普遍的价值,但问题是:这种偏爱关系的价值如何

---

① 参见徐向东编:《后果主义与义务论》,浙江大学出版社2011年版,第24页。

② 参见徐向东编:《后果主义与义务论》,浙江大学出版社2011年版,第16页。

③ John Cottingham, "Partiality, Favoritism, and Morality", *Philosophical Quarterly*, Vol.36, No.144, July 1986, pp.357-373.

产生了主体相对性的理由？或者说，由此产生的理由在什么意义上是相对于行动者的？如果任何人对自己的爱是有价值的，因此这种爱可以被理解为一个客观的价值，那么，当我有理由促进我自己孩子的福利时，为什么我没有同样（或者同样分量）的理由促进你的孩子的福利呢？[①] 功利主义要求我们把自己的孩子和他人的孩子看成是道德上平等的，并且认为我们有义务去最大化一般福利。也就是说，在某种程度上，功利主义认为，只要这么做符合最大化福利的共同目的，我们就有义务帮助别人的朋友和孩子。

综上，通过区分“主体中立性”和“主体相对性”两个概念，可以得出如下结论：功利主义与偏爱关系存在着内在的不一致甚至是相互冲突的地方。

第四节　道德不偏不倚理论的主要代表——义务论

义务论是道德不偏不倚理论的另一个典型代表。正如劳伦斯·布鲁姆所说，在康德对道德观念的理解中，“不偏不倚”和“非个人性”是核心的概念，是道德观点的决定性特征。道德原则具有这样一种视角：不排除任何一个人，把每一个人的善都考虑在内。每一个人仅仅因为他是人而值得同等的考虑，他的善应该得到同等的促进。道德原则和规则必须体现这一事实。[②] 因而，在一个人的行为和判断中，采纳道德观点意味着主体从不偏不倚的观点看待自己的偏好和利益，不能仅仅因为这些偏好和利益是自己的就赋予其重要性，而是应该赋予所有人的利益以同样的重要性。这种视角或观点是非个人的，它给予所有人以适当的考虑，不凭借个人的偏好而偏爱谁，只是根据不偏不倚的原则来决定。

一、义务论对平等与无偏私的承诺

以义务论的创始者康德的伦理思想为例。康德伦理学致力于寻找道德的最高原则，而这一原则只能在人的理性中寻找。康德的一个基本预设是：道德并不是实现幸福的工具，否则会贬低人类作为理性存在者的价值。道

---

① 参见徐向东编：《后果主义与义务论》，浙江大学出版社 2011 年版，第 25 页。

② Lawrence Blum, *Friendship, Altruism, and Morality*, London: Routledge and Kegan Paul, 1980, p.44.

德的最高原则要体现人是目的这一理想，作为目的的个体是平等的，因而道德的最高原则也是不偏不倚的原则。

义务论赋予了作为个体的道德主体以适当的重要性和意义。每一个理性存在者都作为目的自身而存在，是价值的最终源泉。每一个人都具有无条件的价值，因此他们具有同等的道德主体地位。相应地，每一个人的权利和要求都应该得到同等的尊重和关注。"人，一般说来，每个有理性的东西，都自在地作为目的而实存着，他不单纯是这个或那个意志所随意使用的工具。在他的一切行为中，无论对于自己还是对于其他有理性的东西，任何时候都必须被当作目的。"①

由于依赖其他条件，一切爱好和利益所具有的价值只具有相对性。一旦相应条件消失，这些爱好和利益也就再无价值可言。个人作为有理性的个人具有绝对的价值，一切其他事物都作为手段为其服务。个人是客观目的、最终目的和自在目的。作为目的的个人，其价值是先天的，而不为任何外在因素所给予。作为目的的个人，"构成了人们意志的客观原则，成为普遍的实践规律"②。作为实践的最高根据，从个人是目的这一点可以推导出道德的最高原则。

二、义务论的道德正确性标准

在个人是目的的基础上，康德提出了可普遍化原则，以保证或体现这种平等。可普遍化原则摆脱了特殊性的经验和情感，体现了一种非个人的视角或观点。相应地，可普遍化原则也是不偏不倚的原则。人类生活的各个方面都要被可普遍化原则检验，符合的便是道德的，反之则是不道德的。特洛伊·乔利莫尔认为，在许多义务论者看来，尤其是康德的理论认为，道德不偏不倚的重要性来源于这一事实，即赋予了可普遍化观念一种核心性的作用。道德判断是可普遍化的要求是指，道德判断必须独立于任何特殊的观点。在决定道德判断是否正确时，主体的特殊身份是完全不相关的。可普遍化的要求至少意味着一种不偏不倚：一个作出可普遍化判断的主体是

① ［德］康德：《道德形而上学原理》，苗力田译，上海人民出版社 1986 年版，第 80 页。
② ［德］康德：《道德形而上学原理》，苗力田译，上海人民出版社 1986 年版，第 81 页。

道德上一致的。这意味着可普遍化的道德标准适用于包括主体自身在内的每一个个体，没有例外。[①]

康德的伦理学试图寻找道德的最高原则及其基础。康德认为经验原则不是道德原则的基础。以往的经验主义派别从人性的感性经验角度入手，以幸福原则为出发点，把道德的基础以及评价标准置于同情心或道德情感之中。康德否定经验性或特殊性的东西在道德原则中的作用。因为经验的东西是个别的、偶然的，没有普遍的有效性和必然的约束性，当然更无法从中引出适于一切有理性个体的道德原则。同时，同情或道德感这些情感本身具有天然的无限差别，是难以给道德提供统一标准的，也不能作出正确和可靠的评价。

康德认为不是任何外在之物为人自身立法，而是人的理性为自身的实践行为立法。尽管康德认为人是感性欲望和理性合于一体的存在物，但是，他认为，人之为人的所在却不是感性欲望，而是人所独具的理性。理性是人存在的本质。理性本身有其特有的作用。由于人的感性易于犯各种各样的错误，所以人需要理性给感性确立一个准则，去辖制感性。在道德领域，理性的更高用途就是为自己立法。人只有服从自己所立的道德法则时才是具有道德价值的。这种立法体现了人的自由，可以说道德就是自由的体现。而且"道德就是一个有理性东西能够作为自在目的而存在的唯一条件，因为只有通过道德，他才能成为目的王国的一个立法成员。于是，只有道德以及与道德相适应的人性，才是具有尊严的东西"[②]。

所以，道德自身普遍性和必然性的要求只能从对理性的探讨中得到满足。康德认为，"一条规律被认为是道德的，也就是作为约束性的根据，它自身一定要具有绝对的必然性"[③]。这样的要求在经验世界和人的感性欲望中是寻求不到的，因为经验是个别的、偶然的、相对的，不会对一切理性个体都有普遍一致的有效性和必然的约束性。

那么，理性本身是如何使得道德可能的呢？康德首先从行为的动机入

---

① Troy Jollimore, "Impartiality", *The Stanford Encyclopedia of Philosophy* (Summer 2020 edition), https://plato.stanford.edu/archives/sum2020/entries/impartiality/.

② ［德］康德：《道德形而上学原理》，苗力田译，上海人民出版社 1986 年版，第 55 页。

③ ［德］康德：《道德形而上学原理》，苗力田译，上海人民出版社 1986 年版，第 37 页。

手。“在自然界中，每一物件都是按照规律在起作用。唯独有理性的东西有能力按照对规律的观念，也就是按照原则而行动。或者说，具有意志。既然使规律见之于行动必然需要理性，所以意志也就是实践理性。”[①]“理性作为实践能力是一种能够给我们的意志以影响的能力。它的真正使命是产生善良意志。”[②]可见，意志和实践理性都是有理性个体的一种按规律而行动的能力。

康德认为，一个行为是否具有道德价值，关键在于行为的意志是不是善良的，是不是出于纯粹的善良意志。因为在世界上，除了善良意志之外，再也找不到一个无条件的、绝对完善的东西了。它自身的善是自足的、无所凭借的、完满的。“善良意志，并不因为它所促成的万物而善，并不因它期望的万物而善，也不因它善于达到预定的目标而善，而仅仅由于意志而善，它是自在的善。”[③]而其他的任何善，无论是个人才能和精神上的内在善，还是权利、荣誉等相关于幸福的外在善，则不是这样。尽管从很多方面、在很多时候都是善的，但是他们的善是有条件的，即需要以善良意志为出发点和前提。缺乏了善良意志的指导，他们就有可能是极大的恶。可见善良意志是一切其他善的必要条件，是一切道德价值得以成立的前提。“这一概念，在对我们行为的全部评价中，居于首要地位并且是一切其他东西的条件。”[④]

可见，康德把出于理性自身的善良意志作为道德价值的源泉所在。但由于意志是内在的、不可视的，人们只能看到行为的外在效果而不知其意志是否善良。因为合乎责任的行为不一定是出于善良意志的，而可能是出于功利性动机或情感性的动机。为避免善良意志的形式化、空洞化，康德指出，判定意志是否为善良的需要有一个客观的原则作为标准，那就是看其是否出于可普遍化原则或绝对命令。[⑤]

康德认为，客观原则对意志的强制性被称为“命令”，对命令的形式表述称之为“命令式”。命令式包括假言命令和定言命令。假言命令“把可能行

---

① [德]康德：《道德形而上学原理》，苗力田译，上海人民出版社 1986 年版，第 63 页。
② [德]康德：《道德形而上学原理》，苗力田译，上海人民出版社 1986 年版，第 45 页。
③ [德]康德：《道德形而上学原理》，苗力田译，上海人民出版社 1986 年版，第 43 页。
④ [德]康德：《道德形而上学原理》，苗力田译，上海人民出版社 1986 年版，第 46 页。
⑤ 可普遍化原则是绝对命令的另外一种表述方式。

为的实践必然性看作是达到人之所愿望的,至少是可能愿望的另一目的的手段。定言命令则把行为本身看作是自为的客观的必然的,和另外的目的无关"[①]。假言命令就是出于其他而非行为本身的目的而去做某一道德行为,这个行为本身只是手段而已。定言命令就是出于行为本身、出于原则本身的行为,其本身就是目的。只有出于定言命令本身的行为才具有道德价值。这样的定言命令也被称为"绝对命令",表述如下:"要只按照你同时认为也能成为普遍规律的准则去行动。"[②]个体在做一个行为之前首先要考察自己所遵循的准则,是否可能被无矛盾地普遍化,是否可以适用于每一个理性的个体。如果这个准则普遍化的结果会毁灭这个准则自身,那就说明这个准则在逻辑上陷入了矛盾,不能被普遍地一致化。所以,这个准则是不成立的,是不道德的。

为什么要采用这种普遍形式化的道德原则作为善良意志的客观原则?因为善良意志本身是完全符合客观道德规律的,而客观道德规律的根据,则是作为有理性东西都要接受的、对每一个有理性东西都具有普遍效力的根据。可见,善良意志本身就蕴含着形式化、普遍化的要求。

定言命令之所以是无条件的,就在于它从意志普遍立法概念出发,不以任何关切为根据。所有理性个体以意志普遍立法概念为立足点,就构成了一个目的王国。在这个目的王国中,"理性把意志的每个准则都当作普遍规律和其他意志联系起来,同时也和自身的每一行为联系起来"[③],这种联系因理性个体的自身立法观念即尊严观念而发生,而不是由于其他原因。"有理性的东西除了自己的立法之外,不服从任何其他东西。"[④]这种立法自身是人作为自在目的而存在的体现,因而具有绝对的价值和至高的尊严。这样,"道德就是一个有理性东西能够作为自在目的而存在的任一条件"[⑤]。通过道德,人成为目的王国的立法成员之一,享有至高的尊严。这种自己立法约束自己的理性个体服从的是一种意志自律性。

---

① [德]康德:《道德形而上学原理》,苗力田译,上海人民出版社 1986 年版,第 65 页。
② [德]康德:《道德形而上学原理》,苗力田译,上海人民出版社 1986 年版,第 72 页。
③ [德]康德:《道德形而上学原理》,苗力田译,上海人民出版社 1986 年版,第 87 页
④ [德]康德:《道德形而上学原理》,苗力田译,上海人民出版社 1986 年版,第 87 页。
⑤ [德]康德:《道德形而上学原理》,苗力田译,上海人民出版社 1986 年版,第 88 页。

要阐明这种意志自律性，就要借助于自由概念。康德认为，“意志是有生命东西的一种因果性，如若这些东西是有理性的，那么，自由就是这种因果性所固有的性质，它不受外来原因的限制，而独立地起作用”[①]。自由本身也是有规律的，“尽管每一个有理性存在者都有依照其自由观念规定自身去行动的固有性质”[②]，但是行为的主观原则必须同时能够成为一条客观普遍的立法原则。自由是定言命令之所以可能的最高根据，正是通过自由概念，人意识到自己是有理性的东西，能够在行为的动机中排除感性的成分，自己给自己立法。如果人只属于知性世界，那其行为准则就会永远是出于意愿的，永远合于自身的客观原则。主观和客观原则完全合一，也就无所谓“应该”，但事实上并不是这样，人摆脱不了感性世界成员的身份，而且感性世界的爱好和利益经常危害到他们作为理智成员时自己普遍立法的意志。为了实现人之为人的价值和尊严，就必须用绝对命令去约束人的感性的越界，这使得道德上的“应该”得以成立。

综上，可普遍化原则的非个人性或无偏私性体现在：它摆脱了一切特殊经验和情感。这些特殊经验和情感没有道德价值，因而偏爱情感没有道德价值。另外，既然只有出于义务动机的行为才具有道德价值，那么在主体的实践慎思领域中，可普遍化原则就要求主体只能出于义务动机采取行动。出于义务的动机是非个人性的动机。

① [德]康德：《道德形而上学原理》，苗力田译，上海人民出版社 1986 年版，第 100 页。

② [德]康德：《道德形而上学原理》，苗力田译，上海人民出版社 1986 年版，第 103 页。

第三章　道德不偏不倚理论与偏爱关系的冲突

道德不偏不倚理论的重要特征是平等、无偏私性或非个人性、道德正确性标准。其中，平等是基础，无偏私性或非个人性是为了实现平等所采纳的一种立场或态度。道德正确性标准是平等和无偏私性的根本保障。功利主义的正确性标准是最大化一般幸福原理。最大化一般幸福原理包含以下几个要素：首先，存在着一个共同的目的即大多数人的幸福；其次，这个一般的幸福是能够按照好坏进行排列的；再次，它要求主体总是做那些能够最大化这个一般幸福的行为。这个原理体现了一种极端的非个人性，没有给予个人的特殊善等个人观点应有的地位。义务论的正确性标准是可普遍化原则。可普遍化原则的无偏私性或非个人性体现在：它摆脱了一切个人性的特殊经验和情感。就主体而言，道德不偏不倚理论从两个层面影响主体的实践慎思：第一，主体被要求从一种非个人的立场去看待一切事物，包括与己有关的偏爱关系或情感；第二，主体的动机或行为理由包括进入和维系偏爱关系的动机或理由必须是不偏不倚的。

因此，批评者认为道德不偏不倚理论忽略甚至贬低了家庭、友谊等特殊个人关系在人类生活中的道德价值。道德不偏不倚理论与偏爱关系之间是一种紧张的冲突关系。这种冲突主要从三个层面体现出来：第一个层面是道德不偏不倚理论否定了偏爱关系的价值。道德不偏不倚理论的平等和无偏私性特征与偏爱关系相冲突。第二个层面相关于实践慎思领域中的主体。这体现在两个方面：一是道德不偏不倚理论要求主体从最大化一般后果的角度或者从绝对命令的角度去看待偏爱关系；二是道德不偏不倚理论要求主体出于不偏不倚的理由而不是个人特殊的理由进入和拥有偏爱关系。第三个层面相关于两者在具体情境中的冲突。这种冲突涉及优先性问题。这种优先性问题体现在两个方面:一是在道德不偏不倚理论要求和偏爱要求发生冲突的情境下,前者应该胜出。与之相比,偏爱要求或理由非常苍白无力,这无疑贬损或忽视了偏爱关系的价值。假设在你拥有有限资源的前提下,你是应该满足自己孩子或朋友的生存需要还是应该帮助贫困地区挨饿的孩子呢?此时,功利主义总是要求你帮助后者。这就损害了对个人来说具有重要价值的偏爱关系。二是相关于实践慎思主体的。这个主体会质疑为什么他总是应该按照不偏不倚的动机或理由采取行动,而不是按照偏爱的动机或理由去行为。

第一节 冲突之一:否定偏爱关系的道德价值

这个层面的冲突涉及二者的本质特征。前文所述,道德不偏不倚理论从根本上承诺了平等,即把每一个人作为平等的个体去对待,强调道德主体并不把自己的利益或所爱之人的利益看作特殊的。相反,偏爱关系没有承诺平等,而是承诺了偏爱。偏爱要求似乎是与平等的要求背道而驰的。道德不偏不倚论者认为某人是你的亲戚或朋友并不能使得他在道德上比其他人更重要。因而,批评者认为道德不偏不倚理论忽略或者禁止了偏爱关系的道德价值,偏爱关系的地位被低估。巴蓉说:"个人关系,至少在最初看起来,与不偏不倚和公平的理想是相冲突的。因为似乎个人性的关系是偏爱性的和本质上是不公平的。只有当两个人互把对方看作是特殊的,而不是只看作许多人中的一个时,他们之间才拥有一种个人性的关系。如果道德要求不偏不倚以及公平,那么它就没有为亲密的个人关系留下空间,因为亲密的关系要求偏爱性的对待。"①

道德不偏不倚理论要求主体把其他人看作抽象的个人,而不是特殊的个人。道德不偏不倚理论尊重人们的理性主体性,理性主体性是所有个体

① Marcia Baron, "Impartiality and Friendship", *Ethics*, Vol. 101, No. 4, July 1991, pp.836-857.

的共同特征,并不是个人的特殊性。因此,主体对他人的尊重代表了道德不偏不倚的态度,主体把每一个人看作是同样的、可以互换的。然而,在很多情况下,我们因一个人的独特性而尊重他,或者在表示对一个人尊重的时候关注他的独特性是道德上适当的,尤其在偏爱关系中更是如此。可见,对平等的强调损害或者禁止了家庭、友谊等偏爱关系。

第二节　冲突之二:导致主体的"异化"

这个层面的冲突相关于实践慎思主体。在实践慎思领域中,道德不偏不倚理论从以下两个方面要求主体:第一,主体须从非个人的视角看待偏爱关系;第二,个人须以道德不偏不倚的理由而不是个人特殊的理由进入和拥有偏爱关系。

批评者认为,道德不偏不倚理论以一种错误的方式和出于一种错误的理由看待和维系偏爱关系。因为,首先,与非个人观点相反,主体是从个人观点看待这些关系的。这就意味着主体把偏爱关系看成是与个人特殊性高度相关的,主体所爱的人不是抽象的个人,而是活生生的、具有独特性的个人。其次,从主体动机角度来讲,主体是为了所爱之人的自身目的,出于对朋友的爱和关心进入和维系偏爱关系,这些理由都是具有个人特殊性的理由。在这两个前提下,如果按照道德不偏不倚的要求去行动,就会使主体处于一种道德异化(alienation)①状态。道德异化可以被大致描绘为一种疏远、距离或者分离性。这些特征导致了某种失落感。

道德异化有两种形式②:第一,道德不偏不倚理论要求主体从不偏不倚

---

① "异化"(alienation)这个词的创造者是威廉姆斯。近来的追随者有迈克尔·斯托克、劳伦斯·布鲁姆、苏珊·沃尔夫等。详见 Michael Stocker, "The Schizophrenia of Modern Ethical Theories", *The Journal of Philosophy*, Vol. 73, No. 14, August 1976, pp. 453-466; Lawrence Blum, *Friendship, Altruism, and Morality*, London: Routledge and Kegan Paul, 1980; Susan Wolf, "Moral Saints", *The Journal of Philosophy*, Vol.79, No.8, August 1982, pp.419-439。

② 阿德里安·派佩芮在《道德理论与道德异化》(Moral Theory and Moral Alienation)一文中总结道德异化包含以下三种情形:一是从一种非个人的观点即道德观点看待个人基本计划;二是准备牺牲这些计划以满足道德原则的要求;三是为了遵从这些要求,使得这一牺牲具体化和自觉化(Adrian M. S. Piper, "Moral Theory and Moral Alienation", *The Journal of Philosophy*, Vol.84, No.2, February 1987, pp.102-118)。本书这里的总结与他的有所不同。

的立场进行思考。批评者认为这是一种对分离视角的强调。从这样一种分离的、不偏不倚的视角去审视自己的偏爱关系会使得一个人感到被分离了。第二，道德不偏不倚理论要求主体从不偏不倚的动机展开行动。这一点体现为两个方面：一是这会造成主体动机和理由的“精神分裂”（moral schizophrenia）。主体不被他认为有价值的事物激发去行为表明了一种精神的弊病，不看重激发主体行为的动机也表明了一种精神的弊病。二是出于不偏不倚的动机进入和维持偏爱关系，会导致一个人与自己的偏爱关系疏远和背离。这是一种冷漠的和远离朋友的回应方式。对于偏爱关系来说，功利主义的最大化一般幸福的动机和义务论的义务动机是错误的。从异化角度进行的责难主要是与道德不偏不倚理论的无偏私性或非个人性相关。这一点可以从威廉姆斯和斯托克的论证中得到佐证。

威廉姆斯认为，正是道德不偏不倚理论的非个人性导致了基于偏爱关系的指责。现代道德哲学把道德动机和道德观点从与特殊的人所处的特殊关系中分离出来。功利主义从个人的分离性（the separateness of persons）中进行抽象，康德式的伦理学从个人的同一性（the identity of persons）中进行抽象。这两种理论都是非个人的观点。这种非个人的观点要求主体对与自己相关的福利采取一种不偏不倚的态度。一个人必须认为自己的计划并不比其他人的更为重要和有价值。这一点与主体拥有自己的特殊承诺和计划的思想是不一致的。因此，非个人的观点不能容纳个人的观点。[①]

斯托克也指出道德不偏不倚理论的共同缺陷是缺乏那个特殊的人。他说：“这些理论所缺乏的是或不仅仅是那个人（the person）。因为爱、友谊、喜爱、伙伴感情等都要求你所爱的那个人成为你所看重价值的一个本质部分。这个人不只是具有人所具有的一般价值，甚至也不是作为一般价值的生产者或者一般价值的拥有者。这个人本身必须被看重。在相关于爱这个方面，这些理论的缺点不是不能看重爱的价值（尽管他们经常不看重），而是他们不能看重被爱的人。”[②]可见，道德不偏不倚理论的问题并不是不把个人

---

① Bernard Williams, *Moral Luck*, London: Cambridge University Press, 1981, pp.1-19.

② 这段话以及以下关于斯托克相关思想的叙述来源于他的《现代道德哲学的精神分裂》一文。详见 Michael Stocker, “The Schizophrenia of Modern Ethical Theories”, *The Journal of Philosophy*, Vol.73, No.14, August 1976, pp.453-466.

看作有价值的，而是这些理论并不把特殊个人看作有价值的。现代道德理论否定特殊个人的价值，否定对特殊个人的爱和关心的价值；现代道德理论只是看重作为一般价值生产者的个人或拥有一般价值的个人，肯定对作为一般价值生产者和拥有者个人的爱和关心。所以，现代道德理论是外在于特殊个体的道德理论。现代道德理论从外部看待个人，把个人看成本质上是可以替代的，看成仅仅是一般价值或非具体价值的工具或容器。所以，在这些外在性的理论中，自我和他人都是不在场的。

关于异化的批评暗示了一种对道德理论强制性的反感。一般来说，采纳道德观点意味着个体从特殊环境和特殊关系中抽离出来，摆脱所有特殊情感、特殊动机等，只保留不偏不倚的动机。不管个体的独特性是什么，不管个体在世界中处于什么特殊地位，现代道德理论都要求个体仅仅从道德不偏不倚的观点看待世界、看待他人和看待自己。关于异化的批评代表了一种与非个人观点相反的个人观点。所以，这个指责揭示了一个更加深层次的问题，即非个人观点和个人观点的关系问题。

一、第一种异化：从非个人的立场看待偏爱关系导致主体被异化

这种异化批评的代表者是威廉姆斯。[①]“个人完整性”（integrity）概念是其异化批评的理论前提。威廉姆斯认为，一个人所具有的某些自我认同的根本计划（ground project）和绝对欲望构成了他的个人完整性，而这些根本计划、承诺等则给主体的生活提供了意义和存在的理由。[②] 因此，在一个特定情境中，如果某个体的特殊欲望、情感等根本计划与功利主义的要求发生了冲突，而功利主义要求这个人放弃自己的根本计划，在威廉姆斯看来，就是不合理的，因为功利主义的要求侵害了对于个人来说具有根本价值和意义的个人计划，进而侵害了个人的完整性。

---

① 威廉姆斯关于异化的思想体现在以下文章和著作中：《个人、品格与道德》（Persons, Character, and Morality）、《功利主义与道德的自我沉溺》（Utilitarianism and Moral Self-indulgence）、《功利主义：赞成与反对》（*Utilitarianism*: *For and Against*）。其中，前两篇文章被收录于 Bernard Williams, *Moral Luck*, London: Cambridge University Press, 1981；最后的那本著作详见 J. J. C. Smart and Bernard Williams, *Utilitarianism*: *For and Against*, London: Cambridge University Press, 1973。

② Bernard Williams, *Moral Luck*, London: Cambridge University Press, 1981, pp.1-19.

根据被牺牲的基本计划的性质，异化可以有两种形式：一种形式是与自身相异化，如果一个人的根本计划包括构成一个人自身的个人兴趣、信念和欲望，那么一个人自身将会被异化。在这种情形下，一个人对根本计划的承诺变为有条件的，这个条件是根本计划必须符合道德理论。如此一来，个人的根本计划就会外在于个人，变成冷冰冰的承诺。另一种形式是，如果基本计划是一种如友谊、婚姻等的人际关系时，那么一个人将与其他人相异化。在这种情形下，一个人进入这种关系的动机是由道德理论所要求的。这将会阻碍一种对他人的真正和直接的情感反应。对个体来说，偏爱关系是非常重要的深层次承诺和计划。在威廉姆斯看来，友谊要求某种特殊性。“在某人与其他人的个人关系中，差异性肯定以不止一种方式发挥了作用。他认为某个朋友不可以被另一个朋友等价地取代。此外，有益于此观点的另外两个观点是：一是，他自己不可能被取代；二是，他与他的朋友是互不相同的。”[①]道德不偏不倚理论要求我们以一种不偏不倚的立场看待友谊等偏爱关系，这将使得友谊成为外在于我们的东西，从而使得友谊与我们自身相分离，导致主体处于道德异化状态。

在《功利主义：赞成与反对》一书中，威廉姆斯举了两个现在变得非常著名的例子来说明道德异化。[②]

例一：乔治刚刚获得了化学博士学位。他发现工作极其难找。同时他的健康状况不是很好，这就无形中减少了他找到好工作的机会。但是，他有孩子需要照顾和培养；现在只有他妻子一个人挣钱养家，于是他面临着很大的生活压力。一个老化学家了解了乔治的情况后，告诉他可以获得一个待遇很好的工作机会。这个机会是在一个研制生化武器的实验室工作。乔治说自己不能接受这个工作，因为他很反对生化武器。老化学家告诉乔治他的拒绝并不能阻止这个实验室的研究步伐。而且，更为严重的是，老化学家碰巧知道一旦乔治拒绝这个工作，将会有另外一个人获得这个机会，这个人不像乔治那样有良心上的不安和顾虑，而且很可能以极大的热情去推动这

① J. J. C. Smart and Bernard Williams, *Utilitarianism: For and Against*, London: Cambridge University Press, 1973, pp.116-117.

② J. J. C. Smart and Bernard Williams, *Utilitarianism: For and Against*, London: Cambridge University Press, 1973, pp.97-118.

一研究。这个老化学家之所以推荐乔治不仅是因为他关心乔治及其家庭，而且还因为对其他人过分热情的警惕。乔治的妻子认为去生化武器实验室工作并没有什么特殊的错误。此时，乔治应该怎么做呢？

例二：吉姆偶然闯入了一个南美洲的小镇。当地的一些印第安人反抗政府的统治。政府军逮捕了二十个印第安人，并且决定杀死这二十个人以警告其他的反抗者。由于吉姆是一位来自远方的尊贵客人，军官首领决定给予他这样一个机会：如果吉姆杀死二十人中的一个人，那么剩下的十九个人将会被释放；如果吉姆不这样做，那么这二十个人都将被杀死。此时，吉姆并没有其他的方法去解救这二十个人。可是吉姆对杀人有一种天然的反感。被俘虏的这二十个印第安人以及其他的村民都能理解这种状况。此时吉姆应该怎么做呢？

威廉姆斯指出，功利主义认为乔治应该接受工作，吉姆应该杀掉一个印第安人，因为这样可以延缓研究进程、照顾家庭以及拯救十九个人的生命，符合最大化幸福原理的要求。这两个例子中涉及的问题不仅仅是一个选择的问题，而是一个关于从什么样的观点或角度看待主体的根本计划、承诺等的问题。乔治对生化武器的反感、对家人的照顾是他的深层次承诺，吉姆对杀人根深蒂固的反感也是他的深层次承诺和计划，这构成了乔治和吉姆存在意义的一部分。然而，功利主义要求乔治和吉姆从最大化幸福原理这一非个人观点看待自己的这种反感情绪，在这种视角下，乔治和吉姆的情感只是不愉快的情感而已。这在威廉姆斯看来是不可接受的，因为我们和这个世界联系的纽带是由这些情感等深层次承诺提供的。如果仅仅从一种功利主义的观点来看待这些情感，那么就是在把这些情感处理为外在于主体的东西，这就使主体丧失了道德上的同一性或者身份。在这点上，功利主义使一个人从自己的道德感情异化出来。

威廉姆斯进一步指出，不管乔治和吉姆作出何种选择，功利主义的非个人观点已经介入并影响了他们的慎思过程。因为功利主义导致的负面责任观点使得乔治或吉姆需要为别人做的事情负责，只要主体处于实现最大化幸福的因果链条中，不管这种境遇是他自己主动进入还是被动进入的，他都有实现最大化幸福的责任。如果主体选择拒绝这种责任，他将会受到道德谴责。但是，我们一般的常识观念是：我们只需要为自己做的事情负责，不需要为别人做的负责。功利主义的要求与这个常识观点背道而驰。乔治和吉姆的决定不是来源于自己最深层次的承诺，而是由他人的计划决定：“关键之点是主体把自己的行为看成是从自己的计划和态度中自然生发出来的，在某些情形下，主体把这些计划和态度看成是自己的深层次承诺，看成是与自己的生活相关的。……当结果是由处于功利主义框架之内的他人的计划部分决定的时候，要求一个人远离自己的计划和决定并且认同功利主义的要求时，这样的做法是荒谬的。……这就忽略了那些从他自己的计划和态度中自然生发出来的行为和决定，这些计划和态度是这个人深深加以认同并承诺的。因此，在一种直接的意义上，这造成了对他的个人完整性的攻击。”①

在吉姆的例子中，如果被杀的那个人正好是吉姆的家人或好朋友，那么吉姆应该怎么办呢？按照功利主义的观点，为了拯救另外十九个人的生命，吉姆应该杀掉这个家人或好朋友。那么，同样的问题会出现：吉姆与自己的偏爱性情感、偏爱关系产生异化。功利主义要求主体从非个人观点看待偏爱关系，这将使偏爱关系成为外在于主体的东西，与主体自身相分离，导致主体的道德异化。

威廉姆斯认为，义务论同样面临道德异化问题。尽管义务论者如康德的思想含有一种主体相关性的观点，但是康德式的义务论也犯了同样的错误。康德理解的道德主体也是抽象的，而不是具体特殊的个人。在此基础上，道德的最高原则仍然是一个不偏不倚的原则，他所理解的道德仍然是不偏不倚的。从这个立场看待主体的情感和特殊的个人关系，也将导致主体与偏爱关系的疏远和异化。

康德从人的理性本质出发，探寻道德的最高原则。他认为只有出于义务或责任的行为才是道德的。康德的理论有几个不足：其一，只抽取丰富和复杂的人所具有的理性特点作为人的本质，并进而把这种特点纯粹化，上升到本体和实在的高度。这种本体世界中的人是超越于时间和空间的，摆脱了各种具体的感性和欲望，因而就不同于经验和具体的个人。此种对人的

---

① J. J. C. Smart and Bernard Williams, *Utilitarianism*: *For and Against*, London: Cambridge University Press, 1973, pp.116-117.

理解方式是片面的。他忽略了具体个人之间的差异性和多样性。其二，强调每个人都必须服从绝对命令的最高原则。这种独断性使得康德的理论忽略了个人自我的不同反思，妄图用一般的思考取而代之。义务只是各种伦理考虑中的一种，且每个人看重的事物都不同，应该根据个人看重的事物选择和行动。其三，主张一种义务压倒另一种义务。特殊义务必须从一般的义务得到支持。这被威廉姆斯称为"义务出，义务进"理论。[①] 这是一种把道德考虑设想为压倒一切考虑的理论。康德的义务论试图把所有重要的考虑都纳入义务中。如果不是出于义务的，就是出于欲望和爱好的，就是被强制的。康德追求的是道德的纯粹性以及道德价值的至高无上，因而义务论视野中的道德是超越于偶然运气的，是超越于经验世界的考虑和决定的，如此理解的道德要求损害了个人的根本计划，侵害了个人完整性，导致了主体的道德异化。

威廉姆斯批评功利主义导致异化的深层次根据是他对主体行为理由的内在主义(internalism)看法。他认为，道德理由并不能直接让主体产生行为动机，它必须与主体的主观动机集合（subjective motivational set）发生某种关联才可以作为动机。这里的"主观动机集合"包含评价的倾向、情感反应的模式、个人的忠诚、基本的个人计划和承诺、非利己主义的计划等。这种关联是指道德理由必须或者是行为者的主观动机集合中的某个要素，或者是通过与主观动机集合发生慎思上的联系而产生出来的。[②]换言之，威廉姆斯持有这样一种主张：道德生活必须是主体能够从个人观点来过的生活，如果一种道德要求没有满足这一点，那么它会被看成外在的异己力量。如果主体按照这种外在的道德要求进行慎思和行为，那么就会与其已有的承诺或计划发生异化。

威廉姆斯这么理解道德根源于他对个体的原子化理解。他认为，在个人与社会之间的关系中个人是优先于社会的，个人生活等很多东西是具有优先权的，且个人是抽象的、孤立的，缺乏具体的和历史的社会联系的原子式个体。当代表社会观点的道德对个人提出要求时，个人往往认为这种道

---

① Bernard Williams, *Ethics and the Limits of Philosophy*, Cambridge: Harvard University Press, 1985, p.181.

② Thomas Nagel, *Equality and Partiality*, New York: Oxford University Press, 1991, pp.3-15.

德要求具有强制性。

然而，威廉姆斯强调的个人承诺的优先地位在道德层面是含糊的。因为，威廉姆斯认为，个人最深刻的承诺和计划不应该屈从于不偏不倚普遍性原则所设定的要求。他的这种看法没有区分道德上得到辩护的承诺和道德上无法得到辩护的承诺，而且否认了一般性区分标准存在的可能性，甚至否认了其价值。①

二、第二种异化：出于不偏不倚的动机进入和维系偏爱关系导致主体"精神分裂"

功利主义要求主体出于最大化幸福的动机行动，这会造成主体动机和理由的"精神分裂"。因为这是一种冷漠地回应家人、朋友的方式，违背了偏爱关系所要求的心理要素。这种异化反映了道德要求与主体实际关注的疏远和背离。斯托克是这种异化的代表者，其代表作是《现代伦理理论的精神分裂》一文。在这篇文章中，他的批评建立在对"好生活"的理解基础之上。

斯托克认为，好生活的标志之一是主体动机和理由（价值和辩护）的和谐一致。主体的行为动机应该来源于他所看重的事物，且主体的动机在伦理生活中是非常重要的。如果主体不被他看重的事物激发去行动，这表明了一种精神的弊病；同时，忽视激发主体行动的动机也表明了一种精神的弊病。这些精神弊病又被称为"道德的精神分裂"，这种"精神分裂"表明了主体动机和理由（价值和辩护）的分离。

在分析利己主义尤其是享乐主义的利己主义如何对待偏爱关系的基础上，斯托克进一步指出功利主义如何导致主体的"精神分裂"。斯托克认为，享乐主义的利己主义者为了自己的快乐进入偏爱关系，而不是出于家人、朋友自身的目的进入这些关系，所以家人、朋友与他人之间并没有什么不同，并不比他人更重要、更特殊和更有价值，只要家人、朋友能给自己带来快乐，他们本质上是可以被取代和替换的。可见，享乐主义的利己主义认为主体自身的快乐是行为、活动和生活方式的唯一论证基础；同时，他们也看到偏

---

① 参见艾伦·吉沃斯（Alan Gewirth）在《伦理普遍主义与伦理特殊主义》一文中的思想。译文取自《美德伦理与道德要求》一书，详见徐向东编：《美德伦理与道德要求》，江苏人民出版社 2007 年版，第 218 页。

爱关系是个人快乐的最重要来源，因此，他们有充分理由进入偏爱关系。然而，他们的行动理由只是个人的快乐，却不能为了家人、朋友自身的目的行动，因此他们从根本上违背了偏爱关系所要求的心理状态。斯托克指出："对于爱这个概念来说，一个人关心所爱的人以及为了所爱的人的目的而行动是本质性的。……被爱的人以及被爱的人的福利和利益是一个人关注和行动的最终目标。"[①]所以，享乐主义的利己主义者不能爱他人，不能真正拥有偏爱关系。为了真正拥有偏爱关系，他们需要抛弃利己主义的行动理由。可见，利己主义的行动理由不能和偏爱关系所要求的爱人动机兼容，这使得他们的道德生活是"精神分裂"的。

在此基础上，斯托克进一步指出，功利主义也面临精神分裂问题。在功利主义这里，最大化幸福是行为的正确性标准和辩护基础。按照常识来说，偏爱关系是促进幸福的一个重要源泉，因此功利主义也有充分理由进入偏爱关系，可是，如果一个功利主义者出于最大化幸福的理由进入偏爱关系，那么无论他和对方是什么关系，这种关系必然不是爱，因为功利主义者不能按照友谊等偏爱关系所要求的方式行动，即不能出于爱、出于朋友自身的目的行动。对主体而言，这里体现了非个人性：任何一个能够带来这种幸福的人都可以成为被爱的对象，个人只是生产最大幸福的个人。这与偏爱关系的要求是背道而驰的，偏爱关系中的个人是特殊的个人。偏爱是针对特殊个人的，特殊个人是不可被替换和取代的。功利主义理论并不是不看重爱的价值，而是不看重那个被爱的特殊个人，因此，功利主义者不能真正拥有偏爱关系。为了拥有偏爱关系，功利主义者需要抛弃最大化幸福的行动理由。可见，进入及维系偏爱关系的动机和功利主义的最大化幸福的理由是不相容的，这使得主体的道德生活是"精神分裂"的。

彼特·莱尔顿(Peter Railton)也阐释过此种异化或"精神分裂"。他举的例子如下：对很多人来说，约翰是一个模范丈夫。他对自己的妻子总是有求必应。同时，他也很喜欢妻子。一个朋友评价约翰是个好丈夫时，约翰回应道："我一直认为当人们处于特殊的位置和关系时，彼此之间就应该互相

---

① Michael Stocker, "The Schizophrenia of Modern Ethical Theories", *The Journal of Philosophy*, Vol.73, No.14, August 1976, pp.453-466.

帮助。我比其他的人更加了解自己的妻子安妮，因而也比其他人更加了解她的欲望和需求。此外，由于我很喜欢安妮，所以这并不是负担，我从对她的关注中获得了满足感。试想一下，如果人们并不特别关心他们所爱的人，那么这样的婚姻或者生活该是多么糟糕啊?”听了这样的回答，约翰的朋友确信他说的是真话，只不过有点过于谦虚了。约翰的回答体现了一种后果论的图景。虽然约翰并不是自我中心的，并不是没有感情的，但是在他的回答中似乎有某种错误的东西。①

在这个例子中，约翰的妻子安妮希望丈夫对自己的特殊关注是出于对她的爱以及出于她自身的缘故。约翰的理由却是最大化幸福。约翰是从中立的、客观的观点去看待安妮与他之间的关系、看待他对安妮的感情的。这种观点是道德观点。道德观点中的理由具有普遍适用性和非个人性，安妮的理由则体现了个人观点。个人观点要求“这是我的妻子”“这就是安妮”等理由在约翰的行为中具有直接和特殊的相关性。如果不是这样，安妮将会很难过和失落。在这个例子中，约翰的行为体现了“精神分裂”:偏爱关系要求的行动理由是对家人、朋友的爱和关心，约翰的行动理由则是不偏不倚的道德理由，因此偏爱关系被异化。莱尔顿指出，异化并不是缺乏兴趣，只是道德不偏不倚理论的兴趣采取了一种异化的形式。这种异化可能导致他人心理上的痛苦以及使偏爱关系变得不可能。②

总之，功利主义的最大化幸福原则是行为的道德正确性标准和辩护基础。偏爱关系是幸福的一个重要源泉，因此功利主义者有充分理由拥有偏爱关系。但是，如果功利主义者进入偏爱关系的理由只是最大化幸福，那么他们就不能按照友谊等偏爱关系所要求的方式采取行动，即不能出于爱、出于朋友自身的目的采取行动。因此，功利主义者不能真正拥有偏爱关系。最大化幸福的理由与偏爱关系要求的动机是不相容的，造成了主体的“精神分裂”。

义务论也同样面临着“精神分裂”的问题。斯托克认为，在道德动机和

---

① Peter Railton, “Alienation, Consequentialism, and the Demands of Morality”, *Philosophy and Public Affairs*, Vol.13, No.2, Spring 1984, pp.134-171.

② Peter Railton, “Alienation, Consequentialism, and the Demands of Morality”, *Philosophy and Public Affairs*, Vol.13, No.2, Spring 1984, pp.134-171.

动机的评价领域也同样存在着“精神分裂”，义务论的观点就是如此。道德上好的意愿是道德上好的行为的决定性成分。一个道德上好的意愿就是这样一种意愿：出于善或正确本身采取行动的意愿。例如，一个朋友经常看望生病的你，给你安慰和快乐。你觉得他真是一个非常好的朋友。你不禁流露出对他的感激和赞赏之情，但是他却说，他只是在做责任要求的事情。一开始，你还以为这只是他的自谦和礼貌的说法。但是通过进一步的交谈，你了解到他真是这么想的：他来看你并不是因为你，并不是因为你是他的朋友，而是因为他认为这是他的义务，可能他是一个基督教徒，或者仅仅是因为他知道没有其他的人需要安慰以及没有别人能够轻易地安慰和鼓舞你。这里似乎缺少某种东西。这种缺少可以被分解为两个相关的点：一个是缺少合适的动机问题；另一个是本质上的外在性问题。①

综上，在道德不偏不倚理论的非个人性和偏爱关系的个人性特征的基础上，道德不偏不倚理论与偏爱关系是冲突的，这种冲突的具体体现就是道德异化。这种道德异化表现为两种形式：第一，从非个人性视角看待偏爱关系导致主体被分离和异化；第二，出于非个人性动机进入和维系偏爱关系导致主体动机和理由的“精神分裂”。

第三节　冲突之三：具体情境中的冲突

无论在何种冲突的情境中，道德不偏不倚理论总是要求人们遵循不偏不倚的原则。在一些情境中，这种要求将会以牺牲主体的重要承诺和个人关系为代价。这种优先性问题体现在两个方面：一个方面是在道德不偏不倚要求和偏爱要求发生冲突的情境下，前者应该胜出，与之相比，偏爱的理由非常苍白无力，这无疑贬损或忽视了偏爱关系的价值。另一个方面相关于实践慎思主体。主体会质疑为什么他总是应该按照道德不偏不倚的理由采取行动，而不是按照偏爱的理由采取行动。

---

① Michael Stocker, “The Schizophrenia of Modern Ethical Theories”, *The Journal of Philosophy*, Vol.73, No.14, August 1976, pp.453-466.

一、道德不偏不倚要求的至上性损害了偏爱关系

一般来说，个人一方面处于个人性的关系中，另一方面处于非个人性的社会联系中。根据这一点，可能会有两大类的冲突情境：第一类是处于公共角色中的个人面临的与偏爱关系的冲突，第二类是非公共角色中的个人面临的与偏爱关系的冲突。第二类又分为两种情形：一个是严重侵犯他人基本权利与偏爱之间的冲突，另一个是帮助他人与偏爱之间的冲突。

例子一："舜窃负而逃"的例子。舜的父亲杀了人。按照社会正义和不偏不倚的考虑来说，舜的父亲应该被绳之以法；按照偏爱性的考虑来说，舜不想这样做。一方面，作为君主，舜是法律或者社会正义的代表。舜处在一种社会的公共角色中。为了维护社会正义，他应该让父亲接受法律的审判；另一方面，作为儿子，他与父亲处在一种偏爱性的关系中。为了解决这个冲突，儒家建议舜放弃王位，带着他的父亲逃到无人、荒凉的地方。

这个例子也可以被变为：如果你是一个法官，你的亲人或朋友犯了罪，此时你应该怎么做？如果你是一位教师，你会因为这个学生是自己的孩子而给他的考卷打高分吗？道德不偏不倚理论认为主体应该做到不偏不倚，履行你的公共角色所要求的义务。在一些偏倚论者看来，这样的做法似乎不能满足偏爱关系所要求的特殊对待。

例子二：一对相依为命的母子，儿子对于母亲的生活来说具有特别重要的意义和价值。然而，儿子犯了罪。此时，母亲是否应该隐藏儿子以躲避警察的追捕呢？如果她的儿子被捕，那么她将会遭受极大的痛苦；同时，如果他没被逮捕，那么另一个无辜的人将会被误判和监禁。此时，这个母亲应该怎么做呢？

道德不偏不倚理论禁止这个母亲为了保护儿子而损害一个无辜之人的利益，主张这个母亲不应该隐藏自己的儿子，正如在游叙弗伦的例子中游叙弗伦的做法一样。游叙弗伦控告自己的父亲杀了人。苏格拉底认为，他这样做肯定是因为这个死者是他的亲属，他不会因一个非亲非故的人而去控告自己的父亲。游叙弗伦认为是不是亲属并没有任何区别，这里需要注意的只是凶手的行为是否正确。如果不正确，就得起诉他。苏格拉底的想法反映了当时一般人的看法：任何普通人都不会认为控告自己的父亲是正确

的，而只有具有极高智慧的人才会这样想。游叙弗伦的父亲和亲属都对游叙弗伦怀恨在心，并认为儿子控告父亲的行为就像杀人一样是不虔敬和错误的。[①]

对于例子二，一些人也采取了与游叙弗伦例子中常识道德相同的角度来看待这个困境。他们认为，在这个母亲的行为中存在一些积极合理的东西，而不仅仅是可被理解、可被同情的。支持上述看法的理由是：如果一个人的好生活可能与某人密切相关，正像这个母亲的好生活与儿子密切相关，那么由此产生的疑问就是：为什么道德不偏不倚的要求应该被看作是决定性的？这个母亲可能知道或意识到了道德不偏不倚的要求，可能也接受关于她不应该隐藏儿子的判断。这个母亲认为别人有权利不同意她隐藏儿子的做法，甚至因此而惩罚她。即使这样，她仍然觉得这些考虑在她儿子的福利面前是苍白的。此时这个母亲会想：你们愿意对我咋样就咋样吧，与遵守不偏不倚的要求相比，儿子更为重要。对于这个母亲的上述想法，一个人可能不仅仅带着同情，同时也带着一种尊重和钦佩之情。这种尊重和钦佩之情可能与人们对这个母亲交出自己儿子的做法产生的尊重和钦佩之情一样。这个母亲保护自己儿子的做法并没有任何错误。或者说在某些特定情境中，尽管主体已经意识到其他人可能并不同意他的做法，他仍然代表自己所爱之人的利益采取行动，这就是偏倚论道德理论要求的强烈动机。[②]

例子三：一个著名的坎特伯雷大主教和一个仆人被困在一个失火的房间里面。然而，只能救二者之一。此时，你应该救谁呢？或者换一下，这个仆人是你的父母或者亲密的朋友，此时你应该救谁呢？

葛德文认为："尽管一般地看来每个个体都是人，因而都有权受到同样的重视。但是，事实上，很可能二者之一是一个更有价值和更重要的人……因此，最能促进一般福利的人的生命是应该被保全的。"[③]坎特伯雷大主教对社会的贡献比仆人更大，因而功利主义认为应该救大主教。接着，葛德文又把大主教换成了一个著名的文学家来进一步强调自己的观点。如果这个文

① 参见[古希腊]柏拉图：《柏拉图全集》，王晓朝译，人民出版社 2002 年版，第 235 页。

② Susan Wolf, "Morality and Partiality", *Ethics*, Vol.6, 1992, pp.243-259.

③ William Godwin, *Enquiry Concerning Political Justice and its Influence on General Virtue and Happiness*, New York: Raymond Preston, 1926, p.85.

学家在进行一部伟大作品的写作，那这个作家就是增进了千千万万人的利益。因为这些人读了这部书，就纠正了某些错误和恶行，并消除了由之而来的不幸。所以，这个文学家的生命比这个仆人的生命价值要更大，因而文学家应该得救。即使这个仆人换成是我的弟兄、父母等与我具有偏爱关系的人，这也不会改变这个命题中的真理。“那么这个代名词‘我的’有什么神奇的力量应该使我们有理由来推翻根据无私的真理而作出的决定呢？”①

葛德文对建立在偏爱基础上的关系有一种盲目和不理性的歧视。他认为偏爱关系不同于建立在非关系性特征(non-relational characteristics)基础上的关系，非关系性特征是不掺杂个人利益、无关乎个人偏好、中立和客观的特征。科廷汉姆认为这一看法是错误的。从逻辑的观点看来，人们应该偏爱与自己有特殊关系的人的观点具有内在一致性。在关系性的特征(relational characteristic)中没有任何神奇的东西，在关涉到这些关系的原则中也没有任何必然是非理性的东西。因为如同一个人必然对自己的身体有密切的关注，个人对家人、朋友等的偏爱是一个人成为人的不可避免的组成部分。任何忽略或超越偏爱关系的道德都是与人类的本性不相容或不一致的。②

例子四：在有的孩子还不能吃饱穿暖的情况下，你应该为自己的孩子买一个奢侈的玩具吗？应该让他上贵族学校吗？一般来说，功利主义的答案是否定的。

总之，在两种要求发生冲突的情境中，道德不偏不倚理论认为不偏不倚的要求或理由应该胜出。这种要求具有一种绝对优先的地位和一种压倒性的力量。偏爱性的要求或理由则不会得到考虑，在不偏不倚的道德理论面前，这种偏爱性的理由是不重要的，所以这就禁止和贬损了家庭、友谊等偏爱关系的价值。

---

① William Godwin, *Enquiry Concerning Political Justice and its Influence on General Virtue and Happiness*, New York: Raymond Preston, 1926, p.85.

② John Cottingham, "Ethics and Impartiality", *Philosophical Studies*, Vol. 43, No. 1, January 1983, pp.83-99.

二、道德不偏不倚要求至上性的原因

道德不偏不倚理论过分强调道德义务及其至高无上性。道德不偏不倚理论不仅把道德义务看作普遍的，而且认为道德义务应该在个人的行动和选择中占据最重要的分量和优先地位。同时，正因如此，道德不偏不倚理论无视家人、友谊等偏爱关系中的情感表达，无视这些对人们生活来说具有重要意义的情感联系。这使得人们的生活只是被道德充满，使人们的生活片面化和干瘪化。威廉姆斯指出，道德动机与非道德动机迥然不同的特征，加上道德的至尊地位，使个人很难赋予其他的关系和动机以重要意义，或者给予这些关系和动机以一种结构上的重要性，但其中的一些关系和动机确实具有意义或重要性。①

道德不偏不倚要求的至高无上性或者优先性来源于时代变迁引起的道德观念的变化。现代道德理论突出强调义务、正确性和责任。这种突出性自然地与在个人关系式微、联系人们的纽带变得越来越没有感情、商业关系取代家庭关系的时代相适应。② 同时，这种突出性也自然地与哲学家主要关注的立法(legislation)相契合。立法主要与义务、正确性、责任相关联。当从立法者的角度看待道德时，动机就变得不相关了。一个人可能关注和重视行为，而不是动机，这进而引起对情感的贬低。此时，情感可能只是被看成冲动，因为情感缺乏理性的约束和限制。道德不偏不倚理论只把个人看成快乐的追寻者和痛苦的躲避者。道德不偏不倚理论否定爱、同情、友谊、欲望等强烈的情感动机。③

综上，道德不偏不倚理论是平等的非个人观点，偏爱关系则主要体现了个人观点。二者的冲突问题可以被归为一个更深层次的问题：非个人观点和个人观点之间的关系问题。如前所述，道德与非个人观点具有非常紧密的关系。在某种程度上，非个人观点就代表着道德观点，偏爱关系则体现着

---

① Bernard Williams, *Moral Luck*, London: Cambridge University Press, 1981, pp.1-19.

② Michael Stocker, "The Schizophrenia of Modern Ethical Theories", *The Journal of Philosophy*, Vol.73, No.14, August 1976, pp.453-466.

③ Michael Stocker, "The Schizophrenia of Modern Ethical Theories", *The Journal of Philosophy*, Vol.73, No.14, August 1976, pp.453-466.

一种个人观点。对于威廉姆斯和其他批评者来说，功利主义和义务论的不偏不倚特征不能解释个人观点的道德意义和价值。这些批评者赋予了下面这个事实以道德重要性：人们拥有特殊的生活，拥有不同的承诺，追求着不同的事业和计划。威廉姆斯指出了个人关系和道德不可避免的冲突："一旦道德在世界中存在，一旦需要得到严肃考虑的个人关系也在世界中存在，冲突的可能性也就在世界中存在了。"[①]

可见，道德不偏不倚理论与偏爱关系之间的冲突反映了道德观点和个人观点之间的冲突。从道德的观点看，个人生活的完善只具有有限的价值，因为个人只是所有人中的一个；从个人的观点看，道德也只具有有限的价值，因为道德只是代表了个人与世界其他人之间的关系。因此，为了避免任何一种观点在人类生活中占据绝对地位，一个合理的道德理论必须在这两种互相冲突的观点之间寻求一种平衡。[②]

非个人观点和个人观点的关系问题涉及更深层次的问题：如何理解个人与社会之间的关系，如何理解自我与世界之间的关系。对非个人观点和个人观点之间关系的回答有助于我们对一个根本性问题的理解。这个根本性问题是：道德的本质问题。

① Bernard Williams, *Moral Luck*, London: Cambridge University Press, 1981, pp.1-19.

② 参见徐向东：《自我、他人与道德——道德哲学导论》，商务印书馆 2007 年版，第 605 页。

第四章　道德不偏不倚理论的回应

面对与偏爱关系之间的这种冲突，道德不偏不倚理论的辩护者进行了积极的回应。他们认为道德不偏不倚理论有很多种方式容纳个人观点的道德重要性。这种回应主要有以下四种方式：(1)两层次划分的思想；(2)对"善"的精致化理解；(3)二者的冲突在道德之外；(4)"以主体为中心的特权"混合理论。以康德为代表的义务论的非个人性主要体现在可普遍化原则与只有出于责任或义务动机的行为才是具有道德价值的。最大化幸福原理包含以下三个要素：第一，存在着一个共同的目的即大多数人的幸福；第二，这个一般的幸福是能够按照好坏进行排列的；第三，它要求个体总是做那些能够最大化一般幸福的行为。上述两层次划分的思想是对第三个要素和康德义务论的修正，对"善"的精致化理解是对第一个要素的修正，关于二者的冲突在道德之外的思想则是利用了道德不偏不倚理论的共性，"以主体为中心的特权"混合理论是对后果主义道德正确性标准的修正。这四种回应方式各有合理与不合理之处。

第一节　回应之一：两层次划分思想

道德不偏不倚理论的辩护者认为自己的理论确实为偏爱关系留下了空间，道德不偏不倚理论肯定和承认偏爱关系的价值。解决这一问题的关键是他们提出了关于不偏不倚两个层次的区分(the two-level distinction)：作为一种决策程序的(as a decision-procedure)道德不偏不倚和作为一种行为正确性标准的(as a standard of rightness)道德不偏不倚。[①] 前者是一阶意义上的,即道德不偏不倚原则是一种决策程序,能够直接应用在具体行为和人的心理分析中;后者是二阶意义上的,即它是一个最高的辩护原则,直接应用在行为准则上。一阶的道德不偏不倚属于规范伦理学的层面,二阶的道德不偏不倚属于元伦理学层面。二阶的不偏不倚不能直接应用在具体行为中,它是评价和辩护原则、准则、倾向等等的最后基础和最高标准。按照后者,只要偏爱性准则能够从二阶层面上得到辩护,那么依据这些原则行动就是道德上被允许的或道德上的义务。通过这种区分,道德不偏不倚理论并不必然意味着它要承诺每一个行为都被道德不偏不倚的原则所要求。

一、义务论的两个层次划分思想

康德式的义务理论认为对责任的承诺只是作为一个限制性的条件起作用,而不是作为一个主要的动机来源。尽管康德强调只有出于责任动机的行为才是具有道德价值的,但是这并不是为了贬低情感或倾向的作用和意义,而是为了其他目的。康德并不关注行为中的真正动机是什么,例如在遵守童叟无欺原则的商人的例子中[②],如果康德真的关心真正的动机是什么的话,那么他将会询问:是责任还是自我利益真正地驱动了商人?但是,康德并没有询问这个问题,而是直接得出结论说商人并没有出于责任的动机而行动,仅仅因为出于自我利益的动机是在场的,这样道德上的自我约束是不

---

① 功利主义与义务论的捍卫者都提出了"两层次区分"的思想。其中,功利主义的代表性文献有:John Stuart Mill, *Utilitarianism*, London: Longmans, Green and Co., 1901; Henry Sidgwick, *The Methods of Ethics*, London: Macmillan, 1907; Peter Railton, "Alienation, Consequentialism, and the Demands of Morality", *Philosophy and Public Affairs*, Vol.13, No.2, Spring 1984, pp.134-171。义务论的代表性文献有:Brian Barry, *Justice as Impartiality*, New York: Oxford University Press, 1995, pp.191-195; Barbara Herman, "Agency, Attachment and Difference", *Ethics*, Vol.101, No.4, July 1991, pp.775-797; Marcia Baron, "Impartiality and Friendship", *Ethics*, Vol.101, No.4, July 1991, pp.836-857.

② 参见[德]康德:《道德形而上学原理》,苗力田译,上海人民出版社 1986 年版,第 46～47 页:"卖主不向无经验的买主索取过高的价钱,这是合乎责任的。在交易场上,明智的商人不索取过高的价钱,而是对每个人都保持价格的一致,所以一个小孩子也和别人一样,从他那里买得东西。买卖确乎是诚实的,这却远远不能使人相信,商人之所以这样做是出于责任和诚实原则。他之所以这样做,因为这有利于他。此外,人们也不会有一种直接爱好,对买主一视同仁,而不让任何人在价钱上占便宜。所以,这种行为既不是出于责任,也不是出于直接爱好,而单纯是自利的意图。"

可能的。在这个例子中，康德真正关心的是：为了履行责任行为，主体是否通过尊重道德原则而对自身施加约束。[①]

另外，康德强调只有出于责任动机的行为才具有道德价值，这并不意味着他认为出于同情等动机做出的合乎义务行为是错误的。相反，合乎道德义务的行为是值得鼓励的。康德对道德价值的定义只表明道德价值是道德的本质和核心。只有在具有道德价值的行为中，主体才能最恰当地体会道德尊严。尤其值得注意的是，道德尊严最明显地体现在了康德所举的那些处于困境中的主体身上，也就是说，明显地体现在出于责任的动机与倾向、同情等等处于对立的情形之中。因为在倾向和出于责任的动机不是互相对立的情形下，我们并不能清晰地区分哪一个才是真正的动机。康德对道德价值的这种看法来源于他对人性的理解。他认为人性易被腐化和堕落，因此需要纠正和改正，康德强调只有出于责任动机的行为才具有道德价值。

这一强调又容易被理解为道德价值是需要被最大化或者是作为道德努力的目标。这一理解容易导致下述看法：只有拼命地贬低自然倾向的影响，行为才具有最大的道德价值。可是，这是对康德的误解。康德并不认为道德价值及其最大化是行为的目标，这并不是实践理性的基本任务。康德伦理学的基本任务是关于行为的基本原则或最高原则的。探寻最高原则是以客观价值为基础的，这个客观价值是作为目的存在的理性个体应被尊重。此种价值只是需要被尊重，而不是需要被最大化。所以，毋宁说道德价值是其他善或目的存在的限制性条件。

可见，义务动机是其他动因的限制性条件。那么相对于其他动因来说，义务动机或许只是一个高阶的动机。义务动机的作用是约束和限制其他一切动机，使那些动机符合道德的要求。如果没有其他诸如情感、欲望和倾向等这些作为义务动机质料的东西，义务性动机也能独立存在吗？恐怕不能。所以，即使在出于义务动机做出的有道德价值的行为中，也存在着情感、欲望和倾向等动机。不过，这些情感、欲望和倾向是理性化的或合理的。一个具有道德价值的行为可能是高阶动机和低阶诱因共同做出的。康德一直在强调动机的纯粹性，但是，康德的这种强调并不是在贬低倾向等的价值。他

① Allan Wood, *Kantian Ethics*, London: Cambridge University Press, 2008, pp.24-42.

或许只是想说明，在这个高阶动机的层面上，不允许情感、欲望和倾向等作为动机。同时，作为直接动机的情感、欲望和倾向等已经经过道德最高原则的检验，是符合道德要求的。

康德对于道德价值的说明并不意味着必须反对、摒弃或鄙视情感、欲望和倾向等。情感、欲望和倾向等的在场会帮助主体更好地去做道德所要求的行为。康德也认为我们有间接的责任去培养自然的同情或情感以促进道德行为的履行。裴顿（H. J. Paton）认为康德赋予了好的自然倾向以很大的价值。这些好的自然倾向的主要功能是抵消坏的倾向，从而为出于责任动机的行为提供更好的机会和可能性。[①] 所以，康德伦理学能够容纳偏爱关系。

康德之后的义务论者也区分了两个层次的不偏不倚。尽管不同的义务论者在这些原则是什么以及决定这些原则的方法是什么的方面存有异议，但在他们之间存在的共识是：在日常的道德决策情境中，道德的不偏不倚并不要求一个道德主体在他自己的善和其他人的善之间持有一种严格中立的立场。义务论允许主体给予自己的计划和利益以某种特殊的关注。在这里，存在一个重要的区分：一阶的不偏不倚和二阶的不偏不倚。一阶的不偏不倚在普通的选择情形中使用，二阶的不偏不倚在评估和选择规则、原则、制度时使用。因此，一个道德原则给予个人完全的联想自由，允许一个人表现出一阶的偏爱，但是这些偏爱必须能够从二阶不偏不倚的角度得到辩护。对于主体来说，自己的目标和利益是重要的，也是道德上合法的。义务论的道德体系倾向于包含一种不可还原的主体相关性成分，而这个是功利主义或者后果主义的理论所不能具有的。

二、功利主义的两个层次划分思想

（一）经典功利主义

1.密尔的两个层次思想

在功利主义的经典阐释者密尔那里，就已经认识到功利主义只是一个

---

① H. J. Paton, *The Categorical Imperative: A Study in Kant's Moral Philosophy*, University of Pennsylvania Press, 1971, pp.53-55.

道德正确性标准而不是一个决策程序。他认为，按照什么标准来评价行为的道德地位是一回事，人们应该按照什么方式来思考如何行动是另外一回事。密尔说：

有些反对者对功利主义的无私性质还有些正确的了解，有时便挑毛病说，功利主义的标准对人类来说太高了。他们说，要人们的行为始终出于增进社会公众利益的动机，这实在有点过分。但这种看法误解了道德标准的确切意义，混淆了行为的规则与行为的动机。伦理学的任务是要告诉我们，我们的义务是什么，检验它们的标准是什么；但没有一种伦理学体系要求我们，我们的全部行为都只有一个动机，即出于义务感；相反，我们的行为百分之九十九都是出于其他动机，这些行为只要合乎行为规则，就并无不当之处。①

从这段话中可以看出，密尔认为功利主义的最大化幸福原则不是行为决策程序或者直接的行为动机，而是检验行为或一般性原则是否正确的最高标准。这个最高的原则或标准是道德义务的起源和根据。人们可以按照符合这个最高标准的其他类型的动机如偏爱性的感情去行动。具体来说，这个正确性标准的作用是：一是判断行为或规则的正确和错误。二是解决不同规则之间的冲突问题。“我们必须记住，唯有在次要的原则之间发生冲突时，才需要诉诸第一原理。没有一种道德义务是不涉及某个次要原则的。”②这个标准充当一个公共的仲裁者。三是作为辩护性原则。这个标准是其他一切准则、倾向、义务等的最终根据。“应当存在一个根本性的道德原则或法则，作为一切道德的根据，如果存在着几个不同的根本性道德原则或法则，那么在它们之间还应当有一种明确的优先排列次序；而且，那个唯一的根本性原则，或者当几个不同的根本性原则发生冲突时可以判定哪个原则应当优先加以考虑的规则，都应当是不证自明的。”③

最大化原理不能直接应用于行为，中间需要借助一般的准则。幸福是道德的最终目的地和目标，在通往幸福的旅途上并不是要禁止行为主体使

① [英]约翰·穆勒：《功利主义》，徐大建译，商务印书馆 2014 年版，第 22 页。
② [英]约翰·穆勒：《功利主义》，徐大建译，商务印书馆 2014 年版，第 31 页。
③ [英]约翰·穆勒：《功利主义》，徐大建译，商务印书馆 2014 年版，第 4 页。

用各种界标和路牌即使用各种次要规则。“无论我们认为根本的道德原理是什么，都需要一些次要的原则来应用它；一切道德体系都不可能没有次要的原则。”①

这些中间的准则就是人类经验中积累的一般行为准则。在人类历史的进程中，人类由经验知道各种行为的趋势，人生的一切利害打算和一切道德上规律都是依据于这种经验的。在行为时，主体不需要从头考虑这种行为是否有损于人类幸福，如杀人和盗窃。“人类迄今为止必定已经获得了一些确定无疑的信念，相信某些行为有利于人类幸福；这些信念流传下来，便成为大众的道德规则，同时也成为哲学家的道德规则，除非他发现了更好的道德规则。”“我承认，或不如说认真地主张，甚至于现在，哲学家们也很容易在许多论题上发现更好的规则；公认的伦理准则并不是神圣不可侵犯的；关于各种行为会对公众幸福造成什么后果，人类仍然还有许多东西需要了解。根据功利原则得出的各种推论，就像实践技能中的操作规范一样，允许无限地加以改进。”②

2.行为动机不必最大化一般幸福

密尔也承认，在大部分场合一般人的做法是关注个人或少数人的幸福。同时，大多数的好行为不是要促进一般的善，而是要促进个人的善。“大多数善的行为都不是为了世界利益，而是为了世界福利由之而构成的个人利益；在这些场合，最有道德的人也只需考虑有关的个人，只有一事除外，即必须确保自己不会为了有关个人的利益损害其他任何人的权利或合法期望。”③

可见，功利主义并不总是要求一个人出于最大化幸福的理由去做任何事情。个人的动机可以是多种多样的，可以是促进自己或所爱之人的利益。功利主义允许其他动机如偏爱性动机起作用的原因有两个：一个直接原因是一般人很少遇到增进大多数人幸福的机会。“任何人（百分之九十九点九的人）都只有在例外时，才有能力大规模地增加幸福，换言之，才有能力成为

---

① ［英］约翰·穆勒：《功利主义》，徐大建译，商务印书馆2014年版，第29页。

② ［英］约翰·穆勒：《功利主义》，徐大建译，商务印书馆2014年版，第28、29页。

③ ［英］约翰·穆勒：《功利主义》，徐大建译，商务印书馆2014年版，第22页。密尔也认识到了追求和促进个人善应遵守一个基本的约束和限制，即：不妨害别人的权利。

一个公众的施主；唯有在这样的时刻，才能要求他考虑公众的功利；而在任何其他的情况下，他必须加以考虑的只是私人的功利，只是少数几个人的利益或幸福。”[①]另外一个深层次原因是动机与行为的道德性无关，只与行为者的品格有关。道德正确性标准主要针对行为本身，而不是行为者的品格，所以主体的行为动机不一定是最大化幸福的动机。道德标准不应受行为者品行的意见所左右，这些品行的考量只与人有关，而与行为无关。对人品格的评价与对行为正确和错误的评价是不同的。但是，密尔认为功利主义并不否认品格的价值。“功利主义者很清楚，美德之外还存在着其他各种值得欲求的财富和品质，并且十分愿意承认，所有这些值得欲求的东西都有其充分的价值。”[②]

可见，密尔的最大化一般幸福原理主要是在辩护层面上应用的，而不是在道德动机意义上使用的。

3.偏爱关系是被允许的

密尔也没有否认偏爱关系的价值。偏爱并不完全是被排斥的，如果并没有侵害或违反他人的权利，那么这种偏爱就是应该的。在权利相关的场合，偏爱是不被允许的，而是被排斥的。在这些场合，主体应该按照不偏不倚的要求采取行动。

> 大家普遍承认，为人偏袒、在不适用偏爱和偏好的事情上偏爱和偏好某个人甚于另一个人，那与正义是不一致的。……因为大家承认，偏爱和偏好并不是总该受到指责的，事实上它们受到谴责的情况与其说是常规不如说是例外。一个人在不违背其他义务的情况下，如果对待亲朋好友就像对待陌生人一样而没有给予任何优先照顾，那么更有可能受到的是责备而不是称赞；也没有人会认为，找一个人而不找另一个人做朋友、关系户或同伴，那就是非正义的。在涉及权利的地方，为人公正当然是义务，但这个义务已经包含在赋予每个人他自己的权利这一更加普遍的义务中了。例如，法庭必须公正无私，因为它必须在不考虑其他因素的条件下，把一个有争议的对象判给双方中有权利得到它

① ［英］约翰·穆勒：《功利主义》，徐大建译，商务印书馆 2014 年版，第 23 页。
② ［英］约翰·穆勒：《功利主义》，徐大建译，商务印书馆 2014 年版，第 24 页。

的一方。在另一些场合，为人公正的意思是，只考虑应得而不受其他因素的影响，例如那些做法官、导师或父母的人在主持奖惩的时候，便应如此。还有一些场合，为人公正的意思则是，只考虑公众的利益而不受其他因素的影响，例如在一些候选人之中选择一个人担任政府职务的时候。[①]

亨利·西季威克（Henry Sidgwick）也认为功利主义是道德正确性标准，不是决策程序。他指出，作为最终标准的一般幸福原理不应该被理解为暗示了一般的仁慈是唯一的或经常是行为的最好动机。因为，根据我们所观察到的，正确性标准的目的并不应该总是成为我们有意识寻求的目的。如果经验表明人们从其他的动机而不是纯粹的一般仁慈的动机行动更能实现一般幸福的目标，那么这些其他的动机将会在功利主义原则的基础上被合理地允许。[②]

（二）间接功利主义

正如经典功利主义所暗示的，功利主义可以被理解为正确性标准或者决策程序。正确性标准解释了什么使得一个行为或动机是道德上正确的，决策程序提供了一种慎思的方法。功利主义提供了一种正确性标准，但是没有提供决策程序。决策程序是对"在一个特定的情景中，我应该怎样决定哪一个行为是道德上正确的"回答。在回答这个问题时，行为正确性标准已经被设定。主体在日常决策中，不必采纳功利主义的计算方式。他们在决定做什么时，诉诸规则、倾向等等。这些规则、倾向最终能从功利原则得到辩护。这些规则或倾向可以是偏爱性的。功利主义允许主体偏爱自己和与自己具有亲密关系的人。

基于两层次的区分，功利主义可以被区分为直接或极端功利主义和间接功利主义。直接功利主义主张最大化一般幸福原则直接应用在所有的行为和考虑中；间接功利主义则主张功利主义的原则只在最终根据和标准的意义上使用，并不直接应用在人们的所有行为和考虑中。

---

① [英]约翰·穆勒：《功利主义》，徐大建译，商务印书馆2014年版，第55、56页。

② 参见[英]亨利·西季威克：《伦理学方法》，廖申白译，中国社会科学出版社1993年版，第427页。

莱尔顿在《异化、后果主义和道德要求》一文中阐释了间接功利主义[①]的观点。[②] 他认为功利主义并不要求一个人在每次抉择时都要出于后果主义的考虑，否则行为主体将会陷入一种"享乐主义悖论"的困境中。简单来说就是，主体越想实现和在意某种快乐或目的，结果越是适得其反。为了避免这一困境的出现，应该培养其他能够促进快乐或目标实现的倾向和习惯。对于他人的偏爱性感情就是这样的一种倾向和习惯。它对于实现幸福或快乐的目标来说是必要的。任何一个被认真考虑的道德理论都必须重视偏爱关系在好生活中的重要性。道德考虑经常被认为在实践推理中具有压倒性的优势。如果采纳一种特殊的道德理论会导致与人类福利的其他核心成分之间的不可协调的冲突，那么这就使得我们有理由去怀疑这种道德理论的正确性。如果为了成为道德上更好的人就意味着不断走向更高和更加片面的抽象，那么可能在我们一开始登上道德这部"电梯"时，就犯了一个错误。我们人性的一些弱点，如对个人关系的依附性阻碍了道德理想的实现。这些人性的弱点似乎是一个更加值得信服的人类理想的一部分。那么，我们应该在道德推理中给予这些非异化的价值以一种更加重要的角色吗？莱尔顿认为真正的问题是：道德要求我们看待事情的方式，而不只是它要求我们去看待的那些事物。

通过分析享乐主义，莱尔顿表述了关于后果主义的两层次区分思想。享乐主义存在一种悖论：一个人生活的最终目的是追求最大化的快乐或幸福。对这个目的的追求可能会阻止一个人拥有特定的体验和进入特定的关系中。这些体验和关系是幸福的最大源泉。越是不怎么关注自己幸福、越是不把他人当作工具的人，越是能获得幸福；越是关注自己幸福的人，反而

---

① 以下文中的"功利主义"和"后果主义"是互换使用的。后果主义(Consequentialism)是对功利主义这种思维方式的发展。功利主义对"幸福"的理解主要是在一种享乐主义的意义上使用，也就是说在一种注重主观体验或感受的意义上使用，这种对"幸福"的理解是狭隘的。后来的理论家逐渐用"后果主义"来代替"功利主义"。这个"后果"的含义要比"幸福"宽泛得多，它可以包含人类福利的各种客观和主观要素。"后果主义"一词是由安斯康姆(G. E. M. Anscombe)在《当代道德哲学》中使用的，参见 G. E. M. Anscombe, "Modern Moral Philosophy", *Philosophy*, Vol.33, No.124, 1958, pp.1-19.

② Peter Railton, "Alienation, Consequentialism, and the Demands of Morality", *Philosophy and Public Affairs*, Vol.13, No.2, Spring 1984, pp.134-171.

不能获得幸福。享乐主义者为了实现自己的幸福,就不应该是一个享乐主义者。例如,友谊是一个人幸福的源泉。如果享乐主义者进入友谊的原因是为了获得自己的幸福和快乐,那么往往适得其反。因为友谊要求你出于朋友自身的目的去关心朋友,为了朋友的利益着想,这就意味着你要为朋友操心和操劳。尽管其中有快乐,也会有一些痛苦,因为朋友的痛苦和不好的境遇在某种程度上会影响你。如果享乐主义者说:"既然有痛苦,那么我就结束这种友谊吧,因为我的目的是要寻求最大化的幸福,我何必去自寻烦恼呢?"那么,这个享乐主义者就不可能真正地拥有友谊。

为了解决享乐主义悖论的问题,莱尔顿提出了两种形式的享乐主义:主观享乐主义和客观享乐主义。主观享乐主义是指,一个人应该在行为中采取一种享乐主义的观点,也就是说,一个人应该在任何时候都决定哪种行为最能实现自己的最大幸福,并相应地行动。客观享乐主义是指,即使有时候某种行为并不能带来快乐,只要这个行为在事实上最能实现自己的幸福,主体就应该行动。如果一个行为是从享乐主义的观点来做的,那么这个行为就是主观享乐主义的;如果一个行为是那些可能的行为中最能实现主体幸福的,那么这个行为就是客观享乐主义的。如果一个人的目标是过享乐主义的生活,同时并不承诺主观享乐主义观点,那么这个人就是一个间接的享乐主义者。因此,在心理学可能的限度内,当采纳一种享乐主义的观点与遵循一个客观享乐主义的行为方式相冲突时,间接的享乐主义者会放弃这种享乐主义观点。享乐主义的悖论涉及如下冲突:只有当某些行为不以获得主观的快乐为目的时,这些行为才能真正带来快乐。

如果这样的话,客观享乐主义面临着一个问题而不是悖论,即如果经常不考虑某种行为是否能带来快乐,那么为了达到可能的最大化结果,一个人应该如何行动呢?这个问题的答案是复杂的和情境化的。人们往往会观察那些与自己类似且貌似最幸福的人的实际行为方式。如果这一观察是正确的,那么我们将会发现大多数人并不是主观享乐主义者。相反,他们为了各种各样的目的而行动。为了实现幸福生活,他们积极发展有利于实现这一目标的特征、思维方式和各种承诺。以友谊为例,如果一个人发现那些幸福的人往往对朋友很忠诚,那么他将会询问如何成为一个道德上忠诚的朋友。这个人可能意识到他对朋友的工具性态度阻碍了他获得友谊所能提供的最大幸福。因而，他开始试图更多关注自己的朋友，为了朋友自身而行动。这样一来，他增进了与朋友之间的关系，自己变得更加幸福了。如果他发现与朋友之间的关系恶化了且幸福感下降了，那么此时他就应该修正自己与朋友相处的方式。幸福这一外在目标加强了友谊这一内在目标。因此，客观享乐主义者的动机结构应该满足一个反事实性条件（a counterfactual condition）——他不需要总是出于自身幸福的目的去行动，他可以为了其他人的目的去行动。但是，如果这些行为与过一种客观享乐主义的生活相冲突时，他就不会再这样行动了。尽管过一种客观享乐主义的生活确实为一个人提供了有力指导，但是它并没有提供个人行为的全部动机和目标。所以，客观享乐主义在某种程度上可以摆脱享乐主义的悖论。

与享乐主义类似，后果主义也可以分为主观后果主义和客观后果主义。[①] 主观后果主义是关于特定的行为慎思模式的观点，是指当一个人面临行为选择时，他使用和遵循的是后果主义的慎思方式，即根据哪一个行为最能促进最大后果来决定如何行动。客观后果主义关注行为实际产生的后果，即行为是否实际上最大限度地促进了后果。客观后果主义并不承诺任何特殊的慎思模式，因此客观后果主义者并不必然过一种主观后果主义的生活。客观后果主义并不要求一个人在每次抉择时都要出于后果主义的考虑。在很多情形下，个人没有时间去计算后果，因而我们会培养那些能够促进幸福的一般倾向和品质等等。另外，在很多情形下，同主观享乐主义一样，主观后果主义是自我挫败的（self-defeating）。也就是说，你越是在意幸福、越是刻意追求幸福，结果却往往适得其反。因此，我们应当培养其他的思维习惯。这些倾向和习惯对于促进快乐或幸福来说是必要的。与客观后

① 主观后果主义与客观后果主义的区分不同于行为后果主义与规则后果主义之间的区分，前者涵盖了后者。因此也分别有主观的规则后果主义与客观的规则后果主义，主观的行为后果主义与客观的行为后果主义。主观的规则后果主义是指，在慎思中，我们需要尝试决定哪一个行为符合这样一套规则——对它们的普遍接受将会最大限度地增进善，并且按照此决定行动。客观的规则后果主义是指把对这些规则的实际符合作为行为正确性标准，并且意识到存在着这样一种可能性：这套最好的规则在某些情形下或者甚至经常建议一个人不要遵循规则后果主义的考虑。尽管莱尔顿认为客观规则后果主义具有更大的可行性，但是又怀疑任何形式的规则后果主义是站得住脚的。因为规则后果主义主张按照最好的规则去行动，即使这些规则事实上并不被一般地接受以及这些行为会产生非常不好的结果。莱尔顿指出，他的论证建立在行为后果主义的基础上。

果主义类似，约束性后果主义（Restrictive Consequentialism）也认为，满足“最大化可能价值”评价标准的合理方式往往就是限制使用这个标准，或者甚至放弃使用这个标准，而去依赖某些其他的选择标准。假设一个后果主义者可以接受某些倾向，而且确实接受了这些倾向，那么在这些倾向所产生的特定行动的选择上，他就不再进行计算。对于家人、朋友等的偏爱倾向就是属于这种倾向。通过某些非直接功利主义的动机、倾向等，主体可以实现最大幸福的目标。[①]

所以，道德不偏不倚理论的支持者认为基于偏爱关系的批评是错误的，因为批评者没能区分道德不偏不倚的两个层次。批评者认为，在原则层面坚持道德不偏不倚标准的个人也同时主张在日常行为决策层面坚持道德不偏不倚的标准。这种理解是极端意义上的道德不偏不倚。如果批评者认识到这两个层次的区分，道德不偏不倚理论与偏爱关系之间的矛盾就远远没有经常设想的那样严重。

（三）批评者针对的是极端或直接功利主义

前面例子中出现的葛德文的功利主义就是一种作为决策程序的功利主义，这是一种极端的功利主义或极端的不偏不倚。由于葛德文这样的极端功利主义的存在，导致功利主义易于受到偏爱关系角度的指责。大部分的功利主义者或者后果主义者并不是极端意义上的功利主义，而是一种温和的功利主义或者温和的不偏不倚。一旦功利主义者认为最大化幸福原则主要是二阶意义上的，那么关于功利主义与偏爱关系相冲突的观念可能就会被消解。

葛德文的火灾例子经常被作为他相信关系性特征与道德无关的证据。巴蓉认为，葛德文的观点取决于被设想情境的特征，如：只能救二者之一，一个人的价值大于另外一个人。在其他的情境中，葛德文可以一致地主张关系性特征与道德有关，比如在失火的房子里，这两个人都是侍女，一个是救助者的母亲，另一个是陌生人。或者在这样的一种情境中，救助者正好有机会履行帮助母亲的道德义务，而没有其他与此义务相冲突的义务。葛德文

① Philip Pettit and Geoffrey Brennan, “Restrictive Consequentialism”, *Australasian Journal of Philosophy*, Vol.64, No.4, 1986, pp.438-455.

并没有断言关系性特征与道德永远没有关系。[①] 尽管如此，葛德文的立场仍是极端的。他设定的条件有局限性。他认为，我们能够对这两个人的生命价值进行比较和排序。其实，可能我们因为不认识这两个人而无法比较两个人的价值。可能存在着这样的情况：其中一个人是我们的亲戚，另一个人是陌生人。在这种情况下，葛德文就会允许救亲戚，而不是抽签决定或随便救一个。所以他把关系性的特征看成是道德上不相关时预设了这样一个前提：我们知道哪一个人的生命具有更大价值。在一般的情境中，葛德文并没有说过关系性的特征是道德上不相关的或者说并没有为这些关系留下余地。葛德文只是坚持认为我们有义务做任何能够促进整体福利的事情。所以，特殊关系不是行动理由，行动理由永远都是最大化一般福利。

可见，葛德文的极端观点不是建立在不偏不倚的观念上，而是建立在如下信念上：我们有义务去做每一种促进普遍善或共同善的事情。他的例子所依据的基础信念明显不是一个不偏不倚论者必须接受的信念。所以葛德文的例子并不能为极端的不偏不倚理论提供支持。

总之，通过采纳两个层次的区分，道德不偏不倚理论的辩护者认为，道德不偏不倚理论与偏爱关系之间的争论或冲突是错误的。反对者所攻击的不是支持者所辩护的。如果是这样的话，那么二者之间也就没有矛盾了。

三、关于两层次划分思想的评论

（一）两层次划分思想的不合理之处

如前所述，道德不偏不倚理论与偏爱关系之间的冲突体现在三个层面：第一个层面，道德不偏不倚理论否定了偏爱关系的道德价值。道德不偏不倚理论的平等和无偏私性特征与偏爱关系相冲突。第二个层面，道德不偏不倚理论导致主体的异化状态。这体现在两个方面：第一，道德不偏不倚理论要求主体从不偏不倚的角度去看待偏爱关系；第二，道德不偏不倚理论要求个人出于不偏不倚的理由而不是个人特殊性理由进入和拥有偏爱关系。第三个层面是两者在具体情境中的冲突。在道德不偏不倚的要求和偏爱的

---

① Marcia Baron, "Impartiality and Friendship", *Ethics*, Vol. 101, No. 4, July 1991, pp.836-857.

要求发生冲突的情境下，道德不偏不倚理论认为前者占据优先地位，偏爱的要求非常苍白无力，这无疑贬损或忽视了友谊等偏爱关系的价值。两层次划分的思想貌似没有完全解决这些冲突。

1.两层次的划分没有真正赋予偏爱关系以道德价值

两层次划分的思想认为道德不偏不倚原则不是直接应用于行为之中，而是一个最高的辩护性原则。这就为人们日常行为中的动机和情感留出了自由空间。只要一种倾向、情感、准则、关系等能够最大化一般幸福，那么在道德上就是被允许的。从人类社会历史来看，家人、友谊等无疑有助于个体的幸福，有助于大多数人的幸福。既然如此，功利主义允许偏爱情感和偏爱行为。可是，偏爱关系必须依赖最大化一般幸福原理才能获得存在的合法性。只有偏爱情感和偏爱行为能够促进最大化一般幸福时，即符合功利主义的最高道德原则时，偏爱关系才是被允许的。如此一来，功利主义认为偏爱关系只是具有工具性价值，只是实现一般幸福这个共同目的的手段。在义务论者看来，只要偏爱关系符合可普遍化原则的要求，那么偏爱关系就是被允许的。如此一来，偏爱关系的价值是可还原的。[①] 批评者则认为偏爱关系的价值是内在的、不可还原的。就其自身而言，偏爱关系是有价值的，这种价值独立于它们对其他目标的贡献。即使偏爱关系会导致更多的痛苦而不是快乐，即使偏爱关系对所涉及的更为一般的道德德性没有任何贡献，偏爱关系都会提升而不是降低或毁损一个人的生活质量。

可见，两层次划分的方式并不能真正赋予偏爱关系以一种合适的地位和价值。即使道德不偏不倚理论并不要求一个人时时刻刻采纳一种纯粹的非个人动机，但是道德不偏不倚理论所认为的道德价值是非个人的。因为只有从非个人道德价值的角度看待偏爱关系，偏爱关系才是有价值的，所以偏爱关系的价值只是工具性的，缺乏独立的内在价值。道德不偏不倚理论贬低了从个人观点角度理解的计划和偏爱关系的价值，贬低了偏爱关系的

---

① “可还原的”是指偏爱关系的价值不是根本性的，而是依赖于一个更高的不偏不倚的价值才能获得存在的合理性。“不可还原性”是指偏爱关系的价值是内在的，自身就具备的。其实，问题的关键不是可不可以还原，而是因为功利主义提倡的“一般善”这个不偏不倚的最高价值是有问题的。在本书的最后一章会论证偏爱关系的价值可以被一个恰当理解的道德不偏不倚理论所承认。这个道德不偏不倚理论赋予偏爱关系以内在价值，而不只是工具性价值。

道德重要性。

2.两层次区分的方式并没有完全解决道德主体的异化问题

根据道德不偏不倚理论辩护者的看法,道德不偏不倚的原则主要是在辩护层面上使用的。前面第二章的论证已经表明道德不偏不倚理论体现了非个人的观点和立场,偏爱关系则体现了个人的观点和立场。那么,从道德不偏不倚的角度对偏爱关系的论证就表明道德不偏不倚理论是从非个人的观点和立场看待偏爱关系等个人观点的。当然,本书后面的论证会表明偏爱关系必须受到某种非个人观点的约束和限制。这里的问题是,由于功利主义的最大化幸福原理,它所体现出的非个人观点可能是较为极端的,对于偏爱关系来说,可能是过于严苛了。偏爱关系主要是从个人观点来看的一种价值。家人、友谊之所以是重要的和有价值的,主要是因为它们对于个体的好生活来说是有价值的。偏爱关系体现了个人观点和立场,它们的价值主要应该从这个角度得到说明。在道德不偏不倚理论这里,偏爱关系的价值完全是从非个人观点得到说明的,个人观点没有被赋予应有的地位。所以,两层次划分的方式仍然会使得主体感到在偏爱关系中被异化了。

此外,两层次区分的思想允许人们对家人、朋友展现偏爱情感和做出偏爱对待行为。当人们意识到偏爱关系是从道德不偏不倚的角度得到说明时,人们还能拥有真正的友谊吗?或者更进一步地说,一个功利主义者能够拥有真正的友谊吗?友谊的开始、继续和结束都取决于对后果的考量,也就是说,友谊的存在取决于它是否能够最大化一般幸福。功利主义的辩护者可能会说,正如上文所述,家人、友谊等偏爱关系是从最大化幸福的角度被说明的,可是,这并不意味着现实生活中的偏爱关系也必须直接应用这个原理。功利主义的辩护者指出,人们完全可以出于爱和关心进入偏爱关系,并体现为相应的偏爱对待行为。但是,作为一个彻底的功利主义者,主体会从最大化一般幸福原理的视角看待和进入偏爱关系。友谊的开始和终止都会以这个原理为根据,如果这样的话,这个主体就仍然面临着异化的问题。

这一点会集中体现在功利主义的要求与偏爱的要求发生冲突的情境中。按照两层次划分的思想,除了充当最高的辩护性标准,这个最大化一般幸福原理的另一个应用就是解决冲突情境中的道德选择问题。在这些冲突情境中,最大化要求是具有至上性和优先性的。此时,偏爱关系受到了最大化一般幸福原理的直接审视和评判，也就是个人观点直接受到了非个人观点的审查。这种审查和评判的结果是非个人排斥和否定了个人观点。

尽管莱尔顿试图通过论证作为非个人观点的道德对个人的重要性和必要性来尝试消解“异化”，但是他的论证只是说明了一般而论的道德对于个人的必要性，并不能表明功利主义也会有这种必要性。因为对于个人来说，一般而论的道德确实是不可逃避的和重要的。然而，功利主义只是道德这种非个人观点的一种表现形式。可能正是因为这种体现非个人观点的功利主义才导致了“异化”等各种问题。功利主义可能不是体现非个人观点的恰当方式，一种恰当理解的道德或非个人观点则不会产生这个问题。总之，两层次区分的思想仍然是从非个人观点来看待偏爱关系等个人观点的，因而并没有解决道德主体的“异化”问题。

3.两层次划分的思想没有解决优先性问题

在道德不偏不倚要求与偏爱要求发生冲突的情境中，道德不偏不倚要求具有优先性和压倒性力量。问题是：为什么偏爱性的理由总是应该让位于道德不偏不倚的理由？对于道德主体而言，为什么他应该总是服从道德不偏不倚的理由？两层次区分的思想并没有解决这些问题。

4.两层次区分的思想使最大化幸福原则和可普遍化原则只是一个最高的辩护性(justified)原则，并不能直接应用于具体的行为决策之中

对于处于具体情境下的主体来说，这个最高的辩护原则是没有直接意义的。可是，道德理论的重要任务就是为人们的行为提供指导。如果一种道德理论不能满足这个要求，那么它就是不可取的。动机和辩护的区分使得道德不偏不倚理论变得空洞，不能称其为“道德理论”了。威廉姆斯认为，既然后果主义与众不同的原则是对于正确行为的解释，是提供一种决策程序的基础，那么随之而来的问题是：如果后果主义断定自己的原则作为决策基础和动机来源是不可接受的，那么它就是在自绝生路，放弃了自己理论的关键之点。[①]

斯托克也批评这种间接性的伦理理论。他指出，为了解决“精神分裂”

---

① J. J. C. Smart and Bernard Williams, *Utilitarianism: For and Against*, London: Cambridge University Press, 1973, pp.128-135.

问题，可能有关于伦理理论的两种理解。第一种理解是：可能我们需要把伦理理论看成一种鼓励间接性的理论，即通过追求其他的事物而获得我们真正想要的。例如，经济繁荣的目标之所以能实现，并不是因为每一个人都追求这个总的目标，而是因为每一个人都追求自己的繁荣。第二种理解是：我们把伦理理论看成只是一种给出了什么是正确的和善的指数或指示(indices)，而不是关于什么是正确的和善的决定性因素(determinants)。[①]

这种间接性理论存在如下问题：(1)存在着这样一种巨大的风险，即我们获得了其他一些东西，但并不是我们真正想要的。此外，还存在着另外两个相关的问题：第一，支持间接性的理论需要另一种动机理论来补充，以告诉我们哪一个动机适合哪一个行为。第二，这样一种理论还必须解释动机和真正目标之间的间接联系。(2)讨论经济社会中个体的间接行为较为容易，但在与个体内在关注极为相关的领域，作为与个体接近和内在于个体的伦理学，讨论间接性是不可行的和令人困惑的。不可行的原因是，按照间接性，我们似乎不能行动，至少在偏爱关系领域中是这样。在偏爱关系的实例中，个人动机必须直接与被爱之人相关。为所爱之人做某些事情时，没有必要去诉诸甚至是考虑在现代伦理理论中发现的理由。在偏爱关系领域中讨论间接性是令人困惑的，因为一旦一个人开始相信存在着超越于偏爱关系之上且对论证偏爱关系是必要的原则，那么我们继续拥有偏爱关系、进行偏爱活动就类似于一种自我欺骗了。[②]

5.两层次划分的思想并没有指出两层次划分的根据

如果两层次划分的思想能够成立的话，这一区分建立在有效的根据之上。两层次划分思想的提出者并没有解决这个问题。有些学者试图通过诉诸真理和真理的可接受性之间的区分来应对威廉姆斯的指责。如果区分在其他非道德理论那里是重要的和成立的，那么在道德理论这里也是同样成立的。谢弗勒指出，关于后果主义的这一论证需要注意的有两点：第一，后果主义并不能总是一致地维持这个区分；第二，对道德原则和科学理论之间

① Michael Stocker, "The Schizophrenia of Modern Ethical Theories", *The Journal of Philosophy*, Vol.73, No.14, August 1976, pp.453-466.

② Michael Stocker, "The Schizophrenia of Modern Ethical Theories", *The Journal of Philosophy*, Vol.73, No.14, August 1976, pp.453-466.

类比的可说服性取决于对于这个类比的态度。[①]

6.道德不偏不倚观点并不是一个自明和超越的真理

即使批评者承认两层次的区分,道德不偏不倚理论还面临一个根本性问题,即最大化幸福原则和可普遍化原则是不是道德不偏不倚观点的恰当体现方式。道德不偏不倚理论可以有多种表现方式。如果基于偏爱关系的批评者针对的是作为最高辩护原则的道德不偏不倚,那么这个两层次的区分便没有意义。可能有些批评者并不认为道德的不偏不倚是最高的道德原则。如果这样的话,他们就是在攻击现代道德哲学的主流观点。因此,一些学者认为偏倚论是没有前景的。尽管如此,道德不偏不倚观点并不是一个自明和超越的真理。道德观点为什么是不偏不倚的是需要论证的。第二章已经论述过,不偏不倚的重要特征是平等和无偏私性。平等和无偏私性都是非个人观点。因此,道德不偏不倚理论的支持者需要论证为什么道德观点应该是非个人的以及为什么道德观点应该是平等的非个人观点。

(二)两层次划分思想的合理之处

尽管两层次划分的思想并没有真正解决道德不偏不倚理论与偏爱关系的冲突,但是它在某些方面的看法是合理的,为我们建立一种合理的道德理论提供了借鉴和启发。

密尔等经典功利主义者并没有解决从非个人立场看待个人关系产生的"异化"问题。莱尔顿的间接功利主义在一定程度上解决了这个问题,他对"异化"的看法,以及对道德观点与个人观点之间的看法为我们建立一种合理的道德理论作了理论准备。

莱尔顿认为个人需要从非个人的或第三人称的视角来反思自己的情感、承诺、个人计划等。道德观点意味着对个人观点的超越,意味着排除非普遍性的考虑。如果不能从非个人的观点去看问题,那么将是非道德或反道德的。我们以下述方式重构莱尔顿在《异化、后果主义和道德要

① Samuel Scheffler, *The Rejection of Consequentialism*, New York: Oxford University Press, 1982, p.51.

求》一文中的相关思想。[1] 人类社会需要非个人观点或道德观点的理由如下所述。

首先，人们的情感、承诺、个人计划可能是不恰当的甚至是不道德的。即使爱或关注是强烈的，人们和自身的情感保持一定距离的做法也是必要的。因为情感可能是过分和不恰当的。强烈的、即时的情感可能会阻碍一个人看清对方的真正需要。此时，与他人或自身的情感保持一定的距离，并对情感进行道德上的反思是一件好事，而且也是真正情感或承诺的一部分。成熟的情感甚至是最亲密的承诺中都必须包含超越个人的观点或视角。如果一个人认识到自己的特殊计划、承诺等不符合道德，那么他就会进行相应调整。在思想和行为中，个人会不断地在个人观点与非个人观点之间进行互动。这种互动在个人目的、意义、同一性的产生和维持中都起着重要的作用。

其次，反思自己的承诺或情感是个人自主性的体现。对于自主性来说，一个人重新审查或反思自己的承诺也是重要的。我们的个人基本计划形成于特定的人生环境和背景中。质疑这些承诺可能会导致异化和使人生失去方向感，但是如果不质疑的话，就会丧失主体性。然而主体性并不要求同时质疑个人所有的价值和承诺，并不要求个人永远背离他正在做的行为。个人只需要审查自己生活的基本方面，从而形成构成完整人生基础的一整套自主选择的承诺。这种主体性不是极端的独立性。这一目标要求人们参与到各种形式的社会联系中。实际上，正是在这种联系中各种各样的异化被降至最低。异化和非真实性有自己的用处，它们对于社会批判和文化革新是必要的。

再次，个人从道德层面进行的反思让他体会到了意义感和认同感。如果一个情感、承诺和个人计划是符合道德的，那么将增加它对个人的意义和价值，并且将会使个人感到自己是更大世界的一部分。因为如果个人的情感、承诺、个人计划被其他人看成是负责任的和有价值的，那么将会提升主体自身的意义感；如果个人的情感、承诺、个人计划被其他人看成是不负责

---

① Peter Railton, "Alienation, Consequentialism, and the Demands of Morality", *Philosophy and Public Affairs*, Vol.13, No.2, Spring 1984, pp.134-171.

任的和无价值的，那么主体也将很难认同这些承诺，很难在它们之中发现目的和价值。个人有一种一般的渴望：理性化或合理化自己的行为和生活。这种渴望就体现在我们希望自己的所作所为能够从一种更加普遍的观点或视角得到辩护。

最后，道德是塑造自我的一种必要方式。个人都是处于社会和历史中的具体个人。这些具体的个人具有不同的特征、承诺和各种社会关系。当处理深层次的亲密关系承诺时，如父母对孩子、妻子对丈夫等关系时，我们不需要二分法，即在自我—他人之间的区分。即使对自我和他人的关注同时存在，我们也不能把这些关系分解为自我关注和他人关注的媒介。他人以一种非常基本的方式进驻到对自我的构建之中：他人是自我的参照物。如果成为母亲、妻子或朋友是一个人同一性(identity)的重要组成部分，那么个人就具备了超越自我的参照点，那些影响到这些参照点的东西也将会以一种直接和未经调解的方式影响自我。这些参照点并不只是局限在亲密性的关系之中。在构成同一性的最重要的成分中，社会、文化和宗教的联系是非常重要的。个人的同一性或身份存在于关系性的空间中。个人的同一性必须通过在他人之中的、在社会之中的、在文化之中的参照点来确定。莱尔顿用语言意义来类比生活中的意义。语言的意义在很大程度上存在于公共性的内容和使用之中。对于个人来说，他能够使用带有意义的语言是因为自我植根于社会和历史的实践之中。

可见，从非个人的立场或观点看待个人的情感、计划、偏爱关系等是必要的和重要的。莱尔顿的以上相关思想都是正确和合理的。道德在首要意义上就是非个人观点，但是非个人观点和个人观点之间不是截然对立和相互分离的。作为非个人观点的道德已经被内化于个人观点的形成和培养过程之中了。对于个人来说，一般而论的道德是不可逃避的，是作为一个正常的社会人所必须具备的观点。道德的不可逃避性不是强迫性的和外在的，而是内在于个体的动机系统之中，是从个人观点来看的一种重要个人承诺。关于这一点的具体论证将会在最后一章中展开。总之，莱尔顿的上述相关思想为我们建立一种合理的道德理论提供了重要的理论准备。

第二节　回应之二：精致功利主义思想

精致功利主义（Sophisticated Utilitarianism）[①]对最大化一般幸福标准中的前两个要素即幸福及其计算排序进行了修正。这些辩护者认为传统的功利主义对幸福的理解过于简单和片面化，因此试图把对于个人来说重要的东西如偏爱关系扩充进对幸福的理解中，扩充进对"最大善"的计算之中。然而，这种解决功利主义与偏爱关系冲突的方式也是存在问题的。

一、对"善"的精致化理解

经典功利主义的正确性标准是最大化一般幸福。他们关注的是行为的最后结果或要实现的目的。幸福就是这个目的，幸福是唯一具有内在价值的事物。实现幸福的手段或方式只具有工具性价值。

密尔认为幸福就是享受快乐和没有痛苦。那么不幸福就是痛苦和快乐的缺失。这里的快乐和痛苦主要指的是内心的一种精神性的体验。这是用一种享乐主义的方式来解释幸福或功利。经典功利主义和古代的享乐主义或快乐主义思想一脉相承。享乐主义或快乐主义是一种非常直观的学说：它认为快乐是唯一的内在善，痛苦是唯一的内在恶。尽管密尔在某种程度上修正了边沁对幸福的简单性理解，但是早期的功利主义者仍然注重内在的经验和体验，这引起了后人的批评，如诺齐克的"经验体验机"的批评。这个假设的机器可以为一个人提供任何他想要的主观状态，但对个人来说，更为重要的是与主观状态相对应的客观事实是否真实存在。"经验体验机"的例子没有把握住个人生活与他人、与世界的联系。为了改变经典功利主义者对幸福的简单理解，后来的学者逐渐扩充了幸福的含义。

既然个人的承诺、计划和偏爱关系等是构成个人完整性的重要组成部

---

① Peter Railton, "Alienation, Consequentialism, and the Demands of Morality", *Philosophy and Public Affairs*, Vol.13, No.2, Spring 1984, pp.134-171; Frank Jackson, "Decision-Theoretic Consequentialism and the Nearest and Dearest Objection", *Ethics*, Vol.101, No.3, 1991, pp.461-482; David O. Brink, *Moral Realism and the Foundations of Ethics*, Cambridge: Cambridge University Press, 1989; Philip Pettit and Geoffrey Brennan, "Restrictive Consequentialism", *Australasian Journal of Philosophy*, Vol.64, No.4, 1986, pp.438-455.

分，既然偏爱关系是一种重要的个人善，那么它们就应该被包含进关于“最大善”观念的理解之中。这样，功利主义可以把幸福或最终目的理解为一种客观的福利理论。这种客观的主体福利中包含对于个人完整性来说重要的计划、承诺等，如家庭之爱、友谊等偏爱关系。这些计划、承诺等的追求和实现在主体的善观念中占据一个重要的地位。这些善可能会战胜或优先于其他不太重要的内在善和外在善。按照这种方式，精致的功利主义可以容纳个人观点的重要性。①

精致功利主义要求主体总是去做那些产生最好后果的行为。当个人放弃自己的承诺和计划可以最大化幸福时，精致功利主义可能也会经常要求人们放弃。同时，对于个人来说，让他放弃自己的计划、承诺等往往是困难的。因此，道德理论就需要在对相关结果进行整体评估时，把主体放弃自己计划、承诺等的代价考虑在内。如此一来，精致功利主义也就承认了从个人观点来看的主体对自己个人计划的特殊关注。对于个人来说，放弃自己的计划、承诺等很痛苦。精致功利主义并没有要求个人在任何时候都应放弃自己的计划、承诺等。只有当这种放弃能够让更多的人完成自己的承诺、实现幸福时，精致功利主义才要求个人放弃自己的计划、承诺等。②

精致功利主义对个人观点进行解释的方式被谢弗勒称为“最大化策略”(the maximization strategy)。“最大化策略”如此解释个人观点的独立性：每个人拥有独立的观点，对自己的计划、承诺等有特殊的兴趣。精致功利主义对个人善的理解是多样化的。在对整体后果进行排列时，精致功利主义包含了关于总体善的分配敏感性思想(some distribution-sensitive conception of the overall good)。对于总体善的分配敏感性是指总体善需体现下述观念，即更多的个人成功地实现了自己的计划、承诺等。它要求主体总是以下列方式行动：主体的行为必须能够使更多的个人成功地追求或实现自己的计划、承诺等。这一策略背后的直觉有两个：第一个直觉是，对于

① 此部分的观点参考戴维·布林克(David O. Brink)的相关思想。详见 David O. Brink, “Utilitarian Morality and the Personal Point of View”, *The Journal of Philosophy*, Vol.83, No.8, August 1986, pp.417-438.

② Samuel Scheffler, *The Rejection of Consequentialism*, New York: Oxford University Press, 1982, pp.58-78.

道德来说，如果个人观点的独立性是一个重要的事实，那么这是因为个人观点的独立性从根本上影响了人类满足感的性质以及个人善的构成。第二个直觉是，考虑到个人观点独立性的重要性，如果一种道德理论寻求让更多的个人实现自己的计划、承诺等，那么这种理论就给予了独立的个人观点以最重要的地位。①

二、关于精致功利主义的一些评论

精致功利主义赋予了偏爱关系一定的地位。精致功利主义认为，因为对于个人来说，偏爱关系是重要的善，所以在对最大化一般幸福进行考量时，应该把偏爱关系纳入进来，作为考量因素之一。然而，精致功利主义的回应还存在如下问题。

首先，精致功利主义仍是从非个人的观点和立场看待偏爱关系的，仍是把偏爱关系看成工具性的。精致功利主义思想中的最大幸福并不是特殊个体的最大幸福，而是最大多数人的最大幸福。即使精致功利主义对幸福的理解包括了个人计划、承诺、偏爱关系等内容，精致功利主义仍是把个体处理为一般的个体而不是特殊的个体。如此一来，个体的计划、承诺和偏爱关系的价值不是来源于个人观点，而是来源于非个人观点。布林克也意识到了这一点。他指出，精致功利主义的回应是存在问题的，这一回应会引起批评者的反驳。批评者认为，精致功利主义仍是非个人观点，因而低估了主体计划、承诺的道德重要性。具体而言，批评者认为精致功利主义没有贬低计划、承诺等的重要性，而是贬低了“主体”计划、承诺等的重要性。布林克指出，批评者的这一反驳是针对非个人观点的，精致功利主义对个人观点的解释并不能应对这一反驳。即使精致功利主义把个人的承诺和计划看成主要的善，在看待不同个人之间的承诺和计划时，精致功利主义仍然是不偏不倚的，是非个人性的。布林克用前面所提到的吉姆的事例来说明这一点。吉姆的事例表明精致功利主义存在如下问题：精致功利主义赋予个人计划、承

① Samuel Scheffler, *The Rejection of Consequentialism*, New York: Oxford University Press, 1982, p.60.

诺、偏爱关系等以非个人性价值，损害了个人计划、承诺、偏爱关系等的道德价值。[①]

其次，在冲突的情境中，主体是否放弃个人的偏爱关系等仍然取决于最大化幸福的标准，也就是说，精致功利主义仍然要求主体牺牲或放弃从个人观点来看具有重要价值的偏爱关系。精致功利主义认为，尽管放弃个人的承诺、计划、偏爱关系等是痛苦的，但是如果这种放弃从一种非个人的观点来看是最好的选择，那么他就应该如此做，因为他的痛苦已经被计算进最好的整体后果中。即使计算最大幸福时已经包含了个人的这种痛苦，精致功利主义仍然不可能全部涵盖个体作出这种放弃时所产生的全部情感。就最大化策略而言，考虑到痛苦情感已经被涵盖进了最大幸福的计算之中，这种痛苦情感没有更多的道德相关性。这一点表明了这种最大化策略的一个显著特征就是：精致功利主义坚持个人观点的道德重要性以及相伴随的承诺和关注的道德重要性，但是上述这些重要性是通过在非个人的最大幸福计算过程之中包括个人计划、承诺、偏爱关系等方面体现出来的。因此，精致功利主义确实把独立于非个人观点的个人计划、承诺、偏爱关系等纳入其理论体系之中，但是精致功利主义拒绝或否认个人观点具有道德上独立的价值。换言之，精致功利主义认为个人计划、承诺、偏爱关系等之所以具有道德重要性，是因为它们在非个人的计算中发挥了作用。离开非个人的最大幸福的相关计算，个人计划、承诺、偏爱关系等不具有任何道德重要性。既然如此，那么在决定一个人在道德上应该做什么时，个人计划、承诺、偏爱关系等不起任何作用。总之，尽管精致功利主义考虑到了个人观点的自然独立性，但是像其他形式的功利主义一样，它拒绝承认个人观点的道德独立性。[②]

再次，即使精致功利主义考虑到了主体放弃偏爱关系等个人承诺所要付出的代价，考虑到了主体在什么情形下和多大程度上能够放弃个人承诺，这样的说法仍然是不明确的，因为它没有规定主体应该在什么不同的条件

---

① David O. Brink, "Utilitarian Morality and the Personal Point of View", *The Journal of Philosophy*, Vol.83, No.8, August 1986, pp.417-438.

② Samuel Scheffler, *The Rejection of Consequentialism*, New York: Oxford University Press, 1982, p.61.

和环境下放弃自己的偏爱关系不会让主体产生被异化的感觉。精致功利主义只是主张，如果不存在个体放弃自己计划、承诺等的心理基础，那么精致功利主义也不会对个体提出这样的要求。精致功利主义仅仅要求个人产生可行的、最大的整体幸福。如果对于个人来说，他不可能实现最大的整体幸福，那么精致功利主义也不会强求。

最后，精致功利主义也没有解决优先性问题。精致功利主义只是修正了最大化一般幸福标准中的前两个要素。它仍然坚持第三个要素，它要求个人总是做那些能够最大化一般幸福的行为。即使精致功利主义在对最大化后果的计算中包含进个人"善的成分"，在发生冲突的情境中，这种理论仍然要求主体做那些能够使更多的人实现个人承诺和计划的行为。可见，在功利主义要求与偏爱要求发生冲突时，精致功利主义的最大化幸福要求总是占据优先地位。但是，精致功利主义并没有回答：为什么功利主义的道德要求应该总是占据优先地位？为什么主体应该总是服从功利主义的最大化要求而不是服从偏爱关系的要求？

总之，精致功利主义没有完全解决功利主义与偏爱关系之间的冲突问题。即使精致功利主义给予了偏爱关系等个人观点一定的独立地位，它仍然没有解决从最大化一般幸福的立场来看待偏爱关系产生的异化问题以及功利主义要求优先性的问题。

第三节　回应之三：二者的冲突在道德之外思想

这个回应主要以戴维·布林克为代表。他在《功利主义道德与个人观点》一文中论述了相关思想。[①] 布林克指出，以上这些策略并没有完全消除功利主义的不偏不倚与个人观点之间的冲突。这些遗留的冲突是由个人观点所引起的对功利主义非个人视角的担忧，并且这些遗留的冲突并不能构成对功利主义的道德异议。因为，在这些冲突中，个人观点只是表达了对功利主义要求的合理性或至上性(rationality or supremacy)的担忧。这些担忧

---

① 这个回应主要是戴维·布林克(David O. Brink)提出的。这个回应的相关内容主要是来源于他的这篇文章：David O. Brink, "Utilitarian Morality and the Personal Point of View", *The Journal of Philosophy*, Vol.83, No.8, August 1986, pp.417-438.

应该被恰当地理解为关于(about)道德的而不是在道德之内(within)的担忧,因此它们并不能对功利主义的道德分析造成威胁,反而是一种支持。

一、功利主义与偏爱关系的真正冲突

功利主义与偏爱关系之间的冲突从根本上体现了个人观点对道德要求的合理性或至上性的担忧。

首先,布林克所理解的道德本质上是非个人观点,不是个人观点。非个人观点是不偏不倚的,因而道德是不偏不倚的。不偏不倚的道德要求个人不伤害他人以及给他人创造善,有利于他人。如此一来,个人的计划、承诺和偏爱关系不能违背上述要求。道德不偏不倚观点有多种理论表现形式,功利主义只是其中一个主要代表。此外,还存在其他理论表现形式。"这种类型的不偏不倚并不专属于功利主义,甚至是不专属于任何其他的目的论的道德理论。许多非目的论的理论也承认这一责任:为了阻止更大的伤害或者为他人提供更大的帮助,个人应牺牲自己的利益或善。当然,不偏不倚是道德观点的决定性特征。这是一个实质性的道德承诺。这个可行的道德承诺并不能被轻易地反驳。如果这个承诺是正确的,那么我们就不能指责功利主义的非个人性。"①

个人观点是重要的,但其重要性不是从个人观点来看的道德重要性。虽然体现个人观点的偏爱关系等不能从个人视角获得道德重要性,但是可以通过非个人的视角获得道德重要性。非个人的道德观点可以赋予主体如吉姆的承诺以道德价值,但是非个人的道德观点拒绝因为这些承诺是吉姆自己的而赋予吉姆的承诺以任何特殊价值。吉姆的承诺是重要的,但是并不比其他十九个印第安人的承诺更加重要。

其次,主体的实践慎思或推理包含多种考虑,道德考虑只是其中一种。无论是按照关于行为理由的外在主义(Externalism)解释还是内在主义(Internalism)解释,个人观点对功利主义的担忧都是对道德合理性或至上性的担忧。个人是具有实践慎思能力的主体,在行为时会进行相应的实践

---

① David O. Brink, "Utilitarian Morality and the Personal Point of View", *The Journal of Philosophy*, Vol.83, No.8, August 1986, pp.417-438.

慎思。实践慎思是关于主体道德的、审慎的、自我利益的、审美的等各种各样考虑的慎思。这些考虑可以构成各种行为的理由。按照慎思之后的理由采取行动是人类的一个本质特点。其中，与审慎理由、自我利益理由、审美理由等类似，道德理由并不必然占据优先和支配地位。即使道德理由占据优先地位，主体仍然可以从个人观点的角度质疑这种优先性。[①]

关于行为理由的解释存在两种观点：内在主义与外在主义。外在主义的基本思想是：道德理由是自身具有规范性力量、能直接产生行为的理由。不管主体有没有相应的欲望或动机，道德理由自身都能激发主体采取行动。换言之，从根本上来说，道德理由对主体具有的这种权威不依赖于主体的实际欲望。无论一个人是否拥有做某件事情的欲望，他都应该做。与外在主义不同，内在主义的基本思想是：道德理由必须与主体的内在动机发生某种关联，才能成为主体的行为动机。这种关联是指道德理由必须或者是行为者主观动机中的某个要素，或者是通过与主观动机发生慎思上的联系而产生出来的。[②]

日常道德经验与哲学反思会引导人们追问是否有充足的理由按照道德的要求行动。这个质疑被称为“非道德主义者的挑战”（Amoralist's Challenge）。因为道德主要被看成不偏不倚的非个人观点，所以道德理由也被看成非个人性的理由。审慎理由、自我利益理由等都是个人性的理由。人们可以基于这些个人性的理由质疑道德要求的合理性或至上性。通过与理性利己主义类比，个人观点可以被看成是关于主体利益的表达。理性利己主义认为，当且仅当一件事符合一个人的利益时，他才有理由做这件事。如果理性利己主义是正确的，由个人观点引起的对功利主义的担忧可以被看成是对道德合理性的担忧。主体有理由按照功利主义的要求去做吗？这个问题可以由关于人类福利的实质性理论来回答。这个关于人类福利实质性的理论解释了在何种程度上功利主义的道德要求，尤其是帮助他人的要求能够增加

---

① David O. Brink, “Utilitarian Morality and the Personal Point of View”, *The Journal of Philosophy*, Vol.83, No.8, August 1986, pp.417-438.

② 关于内在主义和外在主义的相关表述同时参考威廉姆斯的《内在理由与外在理由》一文和徐向东所编《实践理性》一书中的导论。详见[英]伯纳德·威廉斯：《道德运气》，徐向东译，译文出版社 2007 年版，第 144～161 页；徐向东编：《实践理性》，浙江大学出版社 2011 年版，第 2～22 页。

或构成道德行为者自己的利益。例如,关于人类福利的客观主义的解释把关注他人的成分包含进了主体的善或利益之中。如此一来,根据理性利己主义的假设,即当且仅当一件事符合一个人的利益时,他才有理由做这件事,个人通常也有理由按照功利主义的要求采取行动。当然,并不是所有的情况都是如此,吉姆的例子就表明了功利主义有时会对个人提出严苛的要求。假设吉姆是一个正直且富有同情心的人,他拥有正确的动机。当吉姆按照功利主义的要求杀掉一个无辜的印第安人时他会感到非常痛苦。我们可能也会怀疑在这样的情境中吉姆是否有充足的理由按照道德的要求去行动。其实,即使吉姆拒绝功利主义的要求,也丝毫不能减轻他的痛苦。此时使吉姆苦恼的并不是一个村民的死,而是他本可以挽救十九个无辜者的性命。正是这种情境而不是功利主义的道德对吉姆太残酷了。无论吉姆是否按照功利主义的要求行动,他都会很痛苦。这是情境导致的,而不是功利主义的要求导致的。[①]

如果理性利己主义是错误的,行动者有理由按照功利主义的要求去行动,不管这一理由是否能增加行动者本人的利益,那么我们可以把由个人观点引起的对功利主义的质疑看成是关于道德要求至上性的质疑。即使理性利己主义是错误的,行动者依然有审慎的(prudential)理由采取行动。这些审慎理由与道德关注他人的特征所提供的行动理由是相冲突的。那么,人们可能想知道的是,行动者是否有充足的理由按照功利主义的道德要求行动。所以,无论是从内在主义还是外在主义来看,个人观点重要性所引起的对功利主义的担忧是对道德要求合理性或至上性的担忧。[②]

所以,由个人观点重要性所引起的担忧并不能被看成是道德的担忧(moral worries),而是应该被看成是关于道德的担忧(worries about morality)。个人观点与功利主义观点之间的冲突不是不同道德义务之间的冲突,而是非道德观点与道德观点之间的冲突。这一冲突体现了对道德自身的合理性和道德要求至上性的担忧。这一担忧并没有削弱功利主义。

---

① 参见[美]戴维·布林克:《功利主义道德与个人视角》,陈江进译,载徐向东编:《后果主义与义务论》,浙江大学出版社2011年版,第393～399页。

② 参见[美]戴维·布林克:《功利主义道德与个人视角》,陈江进译,载徐向东编:《后果主义与义务论》,浙江大学出版社2011年版,第393～399页。

二、关于二者的冲突在道德之外的评论

首先，虽然实践慎思（practical deliberation）包含审慎的、自利的（self-interest）、审美的等众多理由，道德理由只是其中的一个理由，但在某些基本方面道德理由占据优先地位，如不能杀人等；在某些方面，个人理由占据优先地位。在首要或底线意义上，道德是不偏不倚的观点或者非个人的观点。然而，这并不是道德的全部，因为生活毕竟是属于每个人的，是从主体自己的角度来过的生活，所以，合理的道德理论需要容纳和重视个人观点。

其次，个人观点对功利主义的质疑并不是针对道德本身的，而只是针对什么样的道德理论或要求对于个人而言是合理的。即使个人观点对功利主义的质疑被看成是针对非个人道德观点的，通过恰当解释非个人观点，仍然可以解决非个人道德观点与偏爱关系等个人观点之间的冲突。但是，功利主义与偏爱关系的冲突不能通过恰当解释非个人观点得到解决。非个人观点和个人观点是相辅相成、不可分割的，是一个个体不同的侧面。[①] 个人观点的形成内在地包含了非个人观点。没有非个人观点，不会形成被社会认可和接受的个人观点。非个人观点是个体成为社会人的必要和重要条件。道德是非个人观点的主要体现。作为非个人观点的道德有多种表现形式，功利主义只是其中一种形式。然而，功利主义并不是一种恰当的非个人观点。功利主义之所以面临导致异化和“精神分裂”的指责，不是因为功利主义与其他理论所共同具有的平等和无偏私性的特征，而是因为功利主义道德正确性标准的极端非个人性。为了解决功利主义与个人观点之间的冲突，谢弗勒对功利主义的道德正确性标准进行了修正。

再次，布林克的回应是在逃避论题。即使从个人观点出发的指责针对的是功利主义所理解的非个人观点，布林克也应该为功利主义的非个人道德观念提供相应论证，而不应该把功利主义对道德的理解看作理所当然。布林克对道德的理解较为狭隘和片面，沃尔夫也面临着同样的问题。所以，布林克的回应仍然没有解决个人观点和非个人观点之间的冲突。批评者们

① 关于个人观点、非个人观点与个人观点之间的关系的论证将会在本书的最后一章得到详细处理，这里只是简单介绍一下。

所针对的正是此种对道德的狭隘理解。斯托克在《现代道德理论的精神分裂》一文中，也涉及这个问题。斯托克指出，对现代道德理论，有些人提出了如下论证：第一，现代道德理论基本上关注行为正确性即义务领域，而不是关注整个伦理学；第二，在其关注的行为正确性领域，现代道德理论并没有遭受不和谐和“精神分裂”。斯托克同意这个论证的第一点，确实现代道德理论都忽视了重要的道德领域，如偏爱关系领域和美德领域。不过，现代道德理论令人存疑的地方是：现代道德理论的支持者是否真的认为行为正确性领域就代表了整个伦理学？如果他们的回答是肯定的，那么就意味着现代道德理论的支持者对道德的理解是片面的和狭隘的。如果现代道德理论的支持者的回答是否定的，那么将会产生道德不同领域之间的内部融合问题。现代道德理论所主要关注的行为正确性领域与偏爱关系领域恰好相反，前者代表了非个人观点，后者代表了个人观点，前者否定后者。在这种情况下，如何使行为正确性领域与偏爱关系领域相互融合、互不排斥就成为一个难题。当然，这个难题还体现了人类道德生活的多样性和复杂性。道德生活的多样性和复杂性体现为：在偏爱关系中，义务也很重要。尤其当一个人缺乏对家人、朋友的偏爱之情或者当这种感情减弱的时候，对家人、朋友的义务感是维系偏爱关系的最终保障。此外，现代道德理论是极具误导性的，因为现代道德理论认为所有的道德理论可以采用外在的、立法模式(external, legislation-model)，从而忽视了道德的内在价值，忽视了道德情感、道德动机和道德品质。①

最后，即使道德理由只是实践慎思的一种形式，在某些基本的方面，道德理由应占据优先地位。关于这一点，布林克并没有具体说明，与个人观点发生冲突时，道德应该在什么情况下具有优先性。关于这个问题，沃尔夫回答得较好。沃尔夫认为，二者之间的冲突不是道德内部不同道德规范之间的冲突。以前面所举的母亲是否应该藏匿儿子为例，沃尔夫认为，这个母亲面临的问题不是权衡不同的道德规范的问题，而是是否应该在根本上关注道德的问题。一方面，道德要求这个母亲交出自己的儿子；另一方面，如果

① Michael Stocker, “The Schizophrenia of Modern Ethical Theories”, *The Journal of Philosophy*, Vol.73, No.14, August 1976, pp.453-466.

母亲不交出自己的儿子，那么这种做法也是合理的，甚至是被称赞的。一般理解的道德是不偏不倚的、非个人的。不偏不倚的道德占据与众不同、极其重要的地位。不偏不倚的道德对人类的行为施加了限制。这些限制并不只是现代道德理论强加于人的，而是现代道德理论在充分理由的基础上主张人们应该接受这些限制。因为这些限制提供了一个真理，即在终极意义上，每个人在满足自己的利益或者享有尊严方面，并不比其他人更重要。在母亲是否应该藏匿犯罪儿子的例子中，对于理性的个人来说，他有理由禁止这个母亲藏匿自己的儿子。因为这个母亲认为自己儿子的利益比其他人的利益更为重要。个人利益与他人利益之间的冲突在生活中是不可避免的。解决这些冲突的方式就是为可允许的行为设定最低标准。这是一个艰难的工作，但是已经有人在做了。道德不偏不倚理论就做得很好。道德不偏不倚理论在平等的基础上设定可允许行为的最低标准。[①]

第四节　回应之四：以主体为中心的特权理论

为了解决功利主义的极端非个人性问题，谢弗勒在《后果主义的反驳》一书中试图修正功利主义的道德正确性标准，提出了“以主体为中心的特权”(agent-centered prerogative)混合(hybrid)理论[②]，赋予个人观点以独立的地位和道德价值。

谢弗勒指出，功利主义包含如下道德正确性观念：(1)功利主义要求每个主体在每种情形中都要促进整体上最好的后果；(2)功利主义要求主体依据整体最好结果这一非个人观点来看待个人的计划、承诺、关系等。无论追求还是放弃这些个人计划、承诺、关系等，都要以能否实现最大化后果为标准。正是因为功利主义的最大化后果标准，批评者认为功利主义贬低了偏爱关系的价值，导致主体的“道德异化”。相比之下，“以主体为中心的特权”理论是不同的。此种理论认为，一个人不应该总是去做那些促进最好后果的行为。即使关注自己的计划、承诺等并不能促进整体上最好的后果，“以

① Susan Wolf, “Morality and Partiality”, *Ethics*, Vol.6, 1992, pp.243-259.

② 此部分内容详见：Samuel Scheffler, *The Rejection of Consequentialism*, New York: Oxford University Press, 1982.

主体为中心的特权”理论也允许主体在一定的限度内关注自己的计划、承诺等。

一、谢弗勒的混合理论

谢弗勒认为自己所提出的混合理论可以应对威廉姆斯的批评，可以在一定程度上容纳偏爱关系等个人观点，给予个人观点以独立性，承认个人观点的重要价值。

（一）导致异化的原因

威廉姆斯认为功利主义导致了个人的异化，侵犯了个人的完整性。这主要是由功利主义的负面责任(negative duty)学说导致的。“负面责任”意味着无限责任，意味着一个人应该为不是自己造成的后果负责。如果一个人放弃自己的计划、承诺等就能阻止恶、阻止整体上坏的后果，那么功利主义就要求他放弃个人的计划、承诺等。这种放弃导致个人的道德异化，削弱了个人完整性。

谢弗勒指出，威廉姆斯并没有明确回答功利主义如何导致负面责任和个人异化的问题。很多学者如斯托克等认为威廉姆斯的核心观点是：功利主义的非个人特征导致了负面责任和个人异化。换言之，个人的计划、承诺等须从非个人观点获得价值这一点导致了负面责任和个人的异化。如果个人的计划、承诺等符合功利主义的非个人观点的要求，那么这些计划、承诺等在道德上就是被允许的；如果从功利主义的非个人观点来看，个人放弃自己的计划、承诺等能避免坏的结果，促进最大化的总体幸福，那么个人就应该力挽狂澜，放弃自己的计划、承诺等。即使功利主义要竭力避免的坏结果不是这个人的错误造成的，个人也应该义无反顾地放弃自己的计划、承诺等。此时，在功利主义看来，个人的计划、承诺等是可有可无的。个人的计划、承诺等没有独立的价值，它们从功利主义的非个人观点获得存在的价值。功利主义的非个人性导致了负面责任和个人的异化。[1]

谢弗勒反对把异化的原因归于功利主义的非个人性特征。如果功利主

① Samuel Scheffler, *The Rejection of Consequentialism*, New York: Oxford University Press, 1982, p.8.

义的非个人特征导致了个人的异化，损害了个人完整性，那么除了利己主义之外其他的道德理论都将会导致个人异化和损害完整性，因为这些道德理论都是非个人观点的体现。只要个人的计划、承诺等符合非个人观点，除利己主义之外的所有道德理论都会允许个人追求自己的计划、承诺等。当个人的计划、承诺等违背非个人观点时，非个人观点将会否定它们。如果道德异化的批评被理解为是对非个人观点否定个人的计划、承诺等的批评，那么道德异化批评针对的对象将会是所有非利己主义的道德理论。所以，导致异化的原因并不是功利主义的非个人性。①

谢弗勒认为，导致异化的真正原因是功利主义的道德正确性标准。对个人观点存在两种不同的理解方式：一种方式是，从个人观点自然产生的计划、承诺等自身就具有重要价值，个人计划、承诺等的价值并不取决于它们在多大程度上促进了非个人的整体最好后果。另一种方式是，功利主义要求个人从非个人的整体后果计算视角看待自己的计划、承诺等。换言之，功利主义包含的正确性观念如下：功利主义要求每个人在每种情形中都要促进整体上最好的后果，要求个人从非个人观点即整体最好后果的角度来看待个人计划、承诺等。无论追求还是放弃这些个人计划、承诺等，都要以能否实现整体最好后果为标准。因此，即使个人计划、承诺等具有独立于非个人观点的价值，功利主义仍然要求个人严格按照自己的计划、承诺等能否促进整体最好后果的标准来决定是坚持还是放弃个人的计划、承诺等。正是这个道德正确性标准使主体背离了个人计划、承诺等的独立价值，导致个人的异化，进而损害了个人完整性。只要非利己主义道德理论没有把最大化整体后果作为道德正确性标准，就不会导致异化，也不会损害个人完整性。即使某些非利己主义的道德理论有时要求个人放弃自己的计划、承诺等，但是这些理论并没有要求个人对自己计划、承诺等的坚持或放弃要取决于这些计划、承诺等是否符合这些理论的非个人性道德标准，是否有助于实现这些理论的非个人性目标。②

---

① Samuel Scheffler, *The Rejection of Consequentialism*, New York: Oxford University Press, 1982, p.8.

② Samuel Scheffler, *The Rejection of Consequentialism*, New York: Oxford University Press, 1982, p.8.

谢弗勒认为,既然引起异化批评的真正原因是功利主义的道德正确性标准,回应异化批评的方式就是修正功利主义的道德正确性标准。通过修正功利主义的道德正确性标准,功利主义可以承认个人观点的独立性及重要性。修正功利主义道德正确性标准的方式是:允许个人坚持自己的计划、承诺等,这一坚持并不是因为这些计划、承诺等有利于促进整体最好后果。换言之,个人不必总是做那些产生最好整体后果的行为,即允许个人坚持自己的计划、承诺等。这种允许的依据是个人观点的独立性和重要性,与个人的计划、承诺等从非个人观点来看具有的价值无关。即使不能促进整体最好后果,个人仍被允许坚持自己的计划、承诺等,谢弗勒把此种允许称作"以主体为中心的特权"。[①]

(二)"以主体为中心的特权"理论

"以主体为中心的特权"理论能够应对个人完整性的批评。为了避免混淆,首先需要区分"以主体为中心的特权"与对个人幸福的更多关注。对个人幸福的更多关注是与对他人幸福的关注相比较而言的。功利主义认为,更多关注个人幸福往往能够带来最好的整体幸福,对个人幸福和对他人幸福的差异性对待是功利主义的要求。因为,第一,一个人对自己的需求和对所爱之人的需求最为了解,因此他是满足这些需求的最佳人选。与促进其他人的利益相比而言,个人应该优先关注和满足自己及所爱之人的需求。第二,除非一个人更多地关注自己的幸福,否则人自身的功能不能良性运转,人类的本质也将不能实现。谢弗勒指出,以上论证仍然没有脱离功利主义的基本立场。这种立场认为,一个人应该总是做那些产生整体最好幸福的行为;一个人应该总是严格地按照从非个人观点来看的整体最好后果来决定个人对自己计划、承诺等的精力投入。与对个人幸福的更多关注不同,"以主体为中心的特权"是指一个人不应该总是去做那些产生最好后果的行为。个人对自己计划、承诺等的坚持并不取决于这些计划、承诺等从非个人观点来看具有的价值。即使个人关注自己的计划、承诺等并不能促进整体上最好的后果,"以主体为中心的特权"仍允许个人在一定的限度内关注自

---

① Samuel Scheffler, *The Rejection of Consequentialism*, New York: Oxford University Press, 1982, p.14.

己的计划、承诺等。所以,“以主体为中心的特权”否认只有在后果主义的基础上关注自己的计划、承诺等才是被允许的观点。①

为了进一步说明“以主体为中心的特权”思想,谢弗勒探讨了实现这种特权的一种可能方式,即建立“保护特区或地带”(protected zone)的方式。这种“保护特区或地带”的方式具体如下:在一半的时间里,个人应做那些产生最大化幸福的行为;在另一半的时间里,个人可以做自己想做的任何事。这一精神分裂式的安排把个人分成了两部分:一个完全的利己主义者和一个完全的功利主义者。这一建议是荒唐的。②

此外,就个人有能力坚持自己的计划、承诺等而言,这种保护地带式的特权提供的保证既过弱又过强。这种保证之所以过弱是因为,保护地带式的特权允许个人坚持自己的计划、承诺等。此种允许的基础不是这些计划、承诺等促进了整体最好后果。即使如此,保护地带式的特权仍不能促进个人完整性。因为个人完整性包含一种一致性关系,即个人的同一性要求主体的价值观和行为要保持一致。这种保护地带式的特权削弱了个人的同一性和一致性(the unity and consistency of personality),个人的同一性和一致性是保持个人完整性的前提条件。这种保证之所以过强是因为,保护地带式的特权将会允许利己主义者随心所欲、不受任何道德限制地追求个人的计划、承诺等。如果这个利己主义者的计划、承诺等是迫害他人,即使他可能会拥有完整性的生活,迫害他人的计划、承诺等仍是被道德所禁止的。③

通过说明保护地带式的特权的不可行,谢弗勒得出了“以主体为中心的特权”需要满足的两个必要条件。第一个条件是个人价值观和行为的一致性。“以主体为中心的特权”允许个人坚持自己的计划、承诺等,这一坚持并不是因为这些计划、承诺等有利于促进整体最好后果。个人还应以价值观与行为保持一致的方式坚持自己的计划、承诺等。个人坚持自己的计划、承

① Samuel Scheffler, *The Rejection of Consequentialism*, New York: Oxford University Press, 1982, p.15.

② Samuel Scheffler, *The Rejection of Consequentialism*, New York: Oxford University Press, 1982, p.17.

③ Samuel Scheffler, *The Rejection of Consequentialism*, New York: Oxford University Press, 1982, p.18.

诺等需要付出相应的精力，这种付出会影响个人的整个生活领域，而不是仅仅局限在某些特殊领域之中。第二个条件是，“以主体为中心的特权”应该对具有一致性的个人价值观和行为设置特定的限制，即不允许主体不惜任何代价地去追求个人的计划、承诺等。[①]

由于功利主义的道德正确性标准要求主体严格地按照最大化幸福原则分配自己的精力，所以个体的责任是不受限制的。这种不受限制的最大化整体幸福的责任是令人反感和过于严苛的。“保护特区或地带”的特权思想试图通过限制个体的责任去保全个人完整性，其努力的方向或思路是正确的。“以主体为中心的特权”也是遵循此种限制个体之责任的思路。“以主体为中心的特权”包括净成本(pure cost)形式的特权和非伤害(no-harm)形式的特权。净成本形式的特权是指：“以主体为中心的特权”允许个人给予自己的计划、承诺等以更多的关注，允许个人做那些自己选择的非最佳后果(non-optimal outcome)行为，只要个人需要付出的代价不超过个人做那些能够促进整体最好后果的行为时必须作出的牺牲即可。在此基础上，只有当那些对于个人来说所有可行的、非最佳后果行为都被排除时，他才应该做促进整体最好后果的行为。此种特权被称为“净成本形式的特权”。非伤害形式的特权是指这种特权允许个人更多关注自己利益，允许个人做非最佳后果行为，但是这种非最佳后果行为不能伤害他人。[②]

“以主体为中心的特权”理论并不总是要求个人做那些促进整体最好后果的行为，个人拥有追求自己计划、承诺等的自由。因为个人的计划、承诺等具有独立的价值，这种独立价值并不依附于非个人观点，即并不源于这些计划、承诺等是否促进了整体最好后果。另外，“以主体为中心的特权”理论允许个人做促进整体最好后果的行为。个人可以把促进整体最好后果作为自己的承诺，为了兑现这一承诺，个人自愿牺牲自己其他的计划、承诺等，此时他的行为是分外善行(supererogatory conduct)。如此一来，个人就不会被异化。所以，“以主体为中心的特权”理论能够应对个人

① Samuel Scheffler, *The Rejection of Consequentialism*, New York: Oxford University Press, 1982, pp.19-21.

② Samuel Scheffler, *The Rejection of Consequentialism*, New York: Oxford University Press, 1982, pp.20-21.

完整性的批评。[1]

二、混合理论的根据

(一) 个人观点的独立性

"以主体为中心的特权"理论的根据是个人观点的独立性(independence of the personal point of view)。

通过重新审视或分析完整性批评,谢弗勒探讨了"以主体为中心的特权"的根据。谢弗勒指出,功利主义可以用两种方式回应个人完整性批评。第一,功利主义可以否认功利主义系统地(systematically)削弱了个人完整性;第二,功利主义者可以承认个人完整性批评的正确性,但是否认这一批评的重要性。第一种回应方式如下:如果个人完整性的确是非常重要的价值,那么功利主义就会把个人完整性看成是应该得到促进的目标。在计算最好的整体后果时,功利主义可以按照这些后果中所包含的个人完整性的量(the "amount" of integrity)来进行。如此一来,即使简单形式的功利主义确实损害了个人完整性,此种精致的功利主义也不会系统性地损害个人完整性。尽管在某些特殊的场合,为了促进最好的后果,此种精致的功利主义要求个人放弃自己的计划、承诺等,但是此种精致功利主义并没有忽略个人完整性的重要价值。[2]

谢弗勒认为,这个论证是不充分的。个人完整性批评针对的并不是功利主义特殊的整体善观念,而是功利主义的道德正确性观念,即个人对自己计划、承诺等付出的程度取决于这些计划、承诺等在多大程度上最大化了整体后果。"严格的比例要求"(strict proportionality requirement)仍是此种精致功利主义正确性观念的特征,那么随之而来的是,这一正确性观念使得个人完整性不可能成为功利主义应促进和实现的目标。因为对严格比例要求的坚持,此种精致的功利主义仍然会受到个人完整性的批评,而且是最强形式的个人完整性批评,即这种精致功利主义削弱了所有主体(all agents)的

① Samuel Scheffler, *The Rejection of Consequentialism*, New York: Oxford University Press, 1982, pp.21-22.

② Samuel Scheffler, *The Rejection of Consequentialism*, New York: Oxford University Press, 1982, p.41.

个人完整性。功利主义的支持者认为关于这种精致功利主义削弱了所有主体的个人完整性的看法是错误的。因为功利主义并不要求个人认识到这一“严格的比例要求”,只有当个人的此种认知对促进整体最好后果是必要的时候,功利主义才要求个人具备这种认知。所以,这种精致功利主义没有削弱所有个人的完整性。这个论证也可以被理解为在辩护和动机(justification and motivation)之间作了区分,即在作为准则、倾向等辩护基础的功利主义原则与直接作为动机的功利主义之间的区分。这一区分违反了公共性条件(the publicity condition)。因为这一区分使得功利主义要求个人对作为辩护基础的功利主义原则一无所知或只知道作为动机的功利主义。即使功利主义的第一种回应方式能够圆满地应对个人完整性批评,谢弗勒认为仍有理由发展混合理论。如果功利主义采纳第二种回应方式,即承认个人完整性批评的正确性,但是否认这一批评具有重要性,那么我们将会更易发展一种能够应对这一批评的理论。在此基础上,谢弗勒指出,无论功利主义是否削弱了个人完整性,“以主体为中心的特权”都有其存在依据。这一依据并不取决于个人完整性批评的正确性。但是,对个人完整性批评的考察和对功利主义可能回应的分析,为建立“以主体为中心的特权”理论提供了基础。在此基础上,谢弗勒进一步探究功利主义导致个人完整性批评的根源,进而建立了“以主体为中心的特权”理论。①

个人完整性的批评来源于从个人观点与非个人观点看待个人计划、承诺等的不一致性(the discrepancy)。从个人观点来看,个人计划、承诺等具有独立的重要性;但从非个人观点来看,个人计划、承诺等的重要性不具有独立性,反而要依赖于个人计划、承诺等在非个人的整体后果计算中所具有的重要性和价值。这就造成了从个人观点和非个人观点来看,个人计划、承诺等的重要性具有不一致性。因为这种不一致性,所以功利主义忽略了个人观点的独立性。每个人都拥有个人视角或观点。从个人观点来看,个人

① 详见 Samuel Scheffler, *The Rejection of Consequentialism*, New York: Oxford University Press, 1982, pp.42-55。谢弗勒的立场有时是模糊的,他最后并没有说功利主义是否真正地侵害了个人的完整性。他的理论重点不在这里,他把这一问题看成是开放的。即使对公共性条件的违反是合法的,即使后果主义并没有违反个人完整性,仍然存在着一种支持包含主体特权的伦理理论的动机。即使后果主义没有削弱个人完整性,非后果主义的理论也仍然会感到不安和焦虑。他们会认为后果主义对个人完整性的关注是出于错误的理由。

需要兑现自己的承诺，需要完成自己的计划，需要观察与自己有关的事物，需要过一种属于自己的生活。个人观点构成了评估伤害和利益的依据。从个人观点出发的评估不同于从非个人观点对整体后果进行的评估。换言之，从非个人观点来看，包含对特定个人伤害的某些整体后果可能是一种最好的后果；但是对受害者而言，这个整体后果却是坏的。从非个人观点来看，只有在个人计划、承诺等会影响整体后果好坏的范围内，个人对自己的计划、承诺等特殊关注的事实才是相关的。一旦评估完个人计划、承诺等对整体后果好或坏的影响，非个人观点认为，这些个人计划、承诺等已经发挥了工具性作用，再也没有必要得到特殊关注了。可是，个人观点却反对非个人观点的这种看法。因为个人观点自身就具有独立的价值，这种独立价值并不取决于非个人观点。个人之所以更关心自己的计划、承诺等，是因为这是他自己的计划、承诺等。从个人观点来看，依据非个人观点对个人计划、承诺等的价值评价只是工具性价值层面的评价。除此之外，个人的计划、承诺等还具有独立的目的性价值，即这些计划、承诺等自身就是目的，就具有价值。个人对自己计划、承诺等的关注是因为这些计划、承诺等的目的性价值，而不是因为其从非个人观点来看所具有的工具性价值。因此，个人观点是个人计划、承诺等具有独立价值的根据。所以，功利主义忽略了个人观点和个人完整性。拥有个人观点是人的本质的组成部分。相反，"以主体为中心的特权"理论没有忽略个人观点，它赋予了个人观点以独立性。[①]

（二）解放策略

与上一章中精致后果主义的最大化策略不同，通过包含"以主体为中心的特权"，谢弗勒以一种不同的方式来解释个人观点的独立性，他称这种方

① Samuel Scheffler, *The Rejection of Consequentialism*, New York: Oxford University Press, 1982, pp.56-57.

式为“解放策略”(the liberation strategy)。[①]

“解放策略”考虑到了个人观点的自然独立性，但是与最大化策略不同的是，“解放策略”承认个人观点的道德独立性。这体现在：混合理论允许个人坚持自己的计划、承诺等，并为之付出精力；对个人计划、承诺等的坚持和付出并不取决于它们在多大程度上促进了整体最好后果。支撑“解放策略”的相关思想如下所述。第一，对于道德来说，个人观点的独立性是一个重要的自然事实。这不仅是因为个人观点决定着人类满足感的本质，而且还因为个人观点传达了个人主体性和动机的性质。一般来说，从非个人观点看待世界并不是个人看待世界的典型方式，出于非个人的动机采取行动也不是个人行动的典型方式。第二，考虑到个人独立性这一自然事实的重要性，只有当道德理论能够反映这一自然事实时，道德理论才赋予了个人独立性以足够的重要性。换言之，反映个人观点独立性的道德理论从不要求个人严格遵守如下要求，即从非个人的观点来看，人们的行为和动机应该总是最佳的。与非个人的最佳后果所允许付出的精力相比而言，反映个人观点独立性的道德理论允许主体对自己的计划、承诺等付出更多精力。[②]

① 谢弗勒对最大化策略的看法是模糊的。他似乎认为最大化策略也是正确的，最大化策略和解放策略似乎又是互不相容的，最大化策略排除了解放策略，解放策略排斥最大化策略。每一方都说比对方赋予了个人观点的独立性以更大的重要性。对于二者之间的冲突有两种可能的解决方式。第一种解决方式是，其中一种策略是正确的，另一种则是错误的。一些人认为，解放策略比最大化策略更加注重个人的独立性。因为解放策略反映了个人观点的自然独立性，更加注重个人独立性这个事实本身；最大化策略通过寻求增加满足感，只是更加重视这种个人独立性所带来的后果。这种解决方式是有问题的，因为说一种策略比另一种策略赋予了个人的独立性以更大的重要性只是一种比喻的说法，没有任何明确的标准可以用来衡量和比较这种重要性。第二种解决方式是，这两种策略可以同时存在，二者是赋予个人观点独立性和重要性的不同方式。对这两种策略的不同选择取决于个人的道德态度。这两种策略都把个人独立性看作重要的事实，并且能够以合理的方式解释这一事实。谢弗勒指出，他的主要目的是寻找“以主体为中心的特权”理论的前提。即使找到了这一前提，也仍然不能表明这种混合理论的解放策略一定优越于精致后果主义的最大化策略。如前所述，最大化策略仍是把个人观点看作只具有工具性价值，这是有问题的。因为除了后果之外，包括偏爱关系在内的个人观点具有独立的道德价值。

② Samuel Scheffler, *The Rejection of Consequentialism*, New York: Oxford University Press, 1982, p.62.

三、对混合理论的评论

（一）混合理论的合理之处

谢弗勒的理论试图建立能够同时涵盖个人观点和非个人观点的道德理论。这是值得我们学习和借鉴的地方。

谢弗勒的混合理论是介于最低限度的道德与功利主义之间的一种道德理论。从根本上来说，道德要求促进他人的善。最低限度的道德只是要求个人遵守不伤害他人的消极道德义务，不要求人们遵守促进他人之善的积极道德义务。功利主义则要求个人总是做那些能够最大化一般幸福的行为。对个人来说，功利主义的要求过于严格和苛刻，功利主义没有给予偏爱关系等个人观点相应的地位和价值。促进善的要求比最大化一般幸福的要求外延更广。最大化一般幸福只是促进他人之善要求的一种不太恰当的实现方式。除了幸福之外，权利、正义、关心与爱的情感、品格等都属于人类追求的善。一般来说，促进他人之善首先要求个人尊重他人的基本善，其次要求个人提供积极的帮助。尽管道德要求个人促进他人之善，但是由于人性的自然事实，促进他人之善的要求又必须是有限度的，需要关注个人的利益。一种超越人之常情又体现人之常情的道德理论才容易被人们接受，因此应该建立能够同时容纳个人观点和非个人观点的道德理论。谢弗勒的处理方式为建立合理的道德理论作了理论准备。

此外，谢弗勒试图在功利主义的正确性标准中融入独立的个人观点。他认为，在一种根本的意义上应该坚持最大化一般幸福原理，但是在某些方面允许个人观点的优先性和独立性。可见，他试图使功利主义的正确性标准变得多样化和具有层次性。谢弗勒的这种方式暗示了合理道德理论的道德正确性标准不应该是唯一的，而应该是多样的且有层级性的。

（二）对混合理论的几点质疑

第一，“以主体为中心的特权”是不稳定的，这种特权没有固定的界限。对个人而言，由于行善的要求没有固定的限度，个人将会丧失拥有的特权。比如在帮助他人的例子中，一个人可能有义务拿出自己的一部分财物帮助别人。这个数额在某种程度上是适度的，不会给行为主体造成过重的负担。然而，假设由于天灾，你周围的大多数人连基本的温饱问题都解决不了，此时只有你还拥有一定的财富和资源，你还应该保持原有的捐献额度吗？显然，人们不会希望你仍然停留在原有的额度上，而是希望提高捐献额度，希望你能捐出更多的财物。这种想法似乎也没有问题。既然外部环境是多变的，那么随着环境的改变，行善的界限也得随时调整，这就导致行善要求的限度是不固定的。此外，还存在另外一种情况，即在大家都遵守一个道德规则的时候，比如帮助处于贫困中的孩子，每个人可能只需要拿出一定的数额（比如100元）就可以满足这些孩子的需要。然而，在现实社会中，当大多数人都没有履行这个义务的时候，按照功利主义的要求，如果一个人想帮助更多的孩子，那么他就应该拿出更多资源，以至无暇顾及甚至损害自己孩子的各种需要。在这种情况下，个人也将不能维持自己原有的特权。总之，由于社会环境和人们遵守义务的情形不同，"以主体为中心的特权"没有固定的界限，是不稳定的。在有些情况下，个人不能再维持或拥有某种特权，这将使谢弗勒的混合理论蜕变为功利主义。

第二，个人观点受到的约束是不明确的。独立的个人观点应受到一定约束和限制。谢弗勒也认识到了这一点。他指出，不是所有个人的计划、承诺等都是正确的，因为这些计划、承诺等可能是错误的，可能会伤害他人。谢弗勒并没有具体说明这些计划、承诺等应该受什么限制。尽管净成本形式的特权和非伤害形式的特权指出了个人可承受的损失程度以及不要伤害他人的限制，但是这仍然是不明确的。由于每个人对自己损失或牺牲可承受的限度有很大差别，因此很可能存在这样的情况——有人认为自己的计划或承诺的重要性远远大于对别人的伤害程度。卡姆（F. M. Kamm）认为，对于个人观点的辩护要从更普遍的角度进行。从个人观点理解的这种特权与对"应得权"（entitlements）的理解有关。这种应得权充当了对主体特权的约束条件。应得权不是来源于个人观点，而是来源于平等的非个人观点。此外，在与重要的善发生冲突时，通常只有那些符合道德不偏不倚观点的个人承诺和计划才是个人特权的基础。[①]

第三，功利主义的最大化合理性（the rationality of maximizing）不是自

---

① F. M. Kamm, "Non-Consequentialism, the Person as an End-in-Itself, and the Significance of Status", *Philosophy & Public Affairs*, Vol.21, No.4, Autumn 1992, pp.354-389.

明的。谢弗勒的理论只是功利主义的一个理论变种或修正。谢弗勒保留了功利主义最大化后果的成分。他指出，功利主义之所以没有退出历史舞台，是因为这种理论认为一个人可以总是做那些导致最好整体后果的行为。谢弗勒认为功利主义包含的明显合理性是追求最大化后果。这种合理性的核心思想是：如果某人期望达到一定的目标，此时，他面临两种选择，如果其中一种选择比另一种选择更有助于实现目标，那么在其他条件相同的情况下，他选择前者而不是后者就是合理的。功利主义包含了这种合理性，因为功利主义主张总体幸福是值得追求的目标，个人在行为时应该选择更能增进总体幸福的方式。[①]

谢弗勒对最大化合理性的理解借用了常识道德中个人的"最大化合理性"概念。一般认为，为了实现自己的最大幸福，每个人都会选择牺牲较小的利益。这种牺牲或代价可以在一个人的生活历程中被合理地补偿。但是，并不是每个人、在每种情境下都按照最大化合理性的要求采取行动。因为可能存在着一些客观上有价值的事物如知识、财富、荣誉等等，这些有价值的事物向个体生命敞开了无尽的可能性。个体只是在不断地尝试这些据说有价值的事物，通过尝试，个体拓展了自己生命的深度和广度。在这一过程中，痛苦与快乐相伴而生。我们不可能对各种交织的快乐、痛苦等进行有效的衡量和比较。一种价值的失去可能是不可弥补的，如亲人的逝去。这种不可弥补性是人生的一大缺憾。正如密尔所认识到的，人生是在进行不同的生活试验。[②] 在这个试验的过程中，有成功也有失败，有失去也有获得。然而这些都不是重要的，重要的是我们曾经经历和拥有。人生在世就是一个不断尝试的过程，人生在世也是一个不断留有遗憾的过程。当我们的生命终结之时，我们回顾自己的整个生命历程会发现，它只是一个酸甜苦辣的拼盘而已。总之，个体生命中的这种最大化合理性是值得质疑的。因而，建立在此基础上的功利主义的最大化合理性也是值得质疑的。

谢弗勒的理解沿用了经典功利主义对最大化合理性说明的思路。功利主义认为，最大化幸福原理的根据是人人平等，每个人都追求幸福。既然每

① 参见徐向东编：《后果主义与义务论》，浙江大学出版社 2011 年版，第 406 页。
② 参见[英]约翰·密尔：《论自由》，许宝骙译，商务印书馆 1959 年版，第 66 页。

个人的幸福并不比其他人的幸福更为重要，那么我们就应该最大化最大多数人的幸福。因为每个人都追求幸福，为了实现自己较大的幸福，个人可以舍弃或者牺牲较小的利益，这种牺牲可以在个人未来的生活中得到合理补偿。功利主义试图把个人的这种先牺牲后补偿的情形扩展到社会情形之中。即使个人的最大化合理性是正确的，我们也有如下疑问：个人如何把这种原则扩展到人与人之间呢？或者说，个人应具备怎样的能力使得这一扩展得以实现呢？

密尔认为，这一扩展的基础是个体的社会感情。人类的社会感情是功利主义道德原则的自然基础。这种感情是关心别人苦乐、是要同人类成为一体的欲望。这种社会感情是构成良心的基本成分，是良心的精髓。另外，这种感情不是天生的，是习染而成的；但是，并不因为它是后天的而变得更不真实。

> 个人是一种社会存在的想法现在已深入人心，它会使每个人都感到，自己在感情和目标上与同胞们和谐一致是自己的自然需求之一。……诚然，这种感情在许多人身上远不如自私的感情那么强烈，并且常常是完全缺乏的。但是对那些具有这种感情的人来说，它却具备了一种自然感情所具备的全部特性。发自他们内心的这种感情，既不是由教育塑造出来的一种迷信，也不是由社会权力强加于他们的一种法则，而是一种对他们来说缺了便很遗憾的属性。这种信念乃是最大幸福道德的最终约束力。……毕竟除了毫无道德感的人之外，几乎没有人能够忍受自己的生活安排只受自己的私利驱动，即便考虑他人的利益也是出于私利的迫使。①

可见，密尔认为，在社会感情的基础上，人们会做那些最大化一般幸福的行为。一般来说，个人能够具有和培养照顾他人幸福的社会感情，然而，从这种社会感情直接得出个人总是能够按照最大化一般幸福原理采取行动的结论太牵强了。密尔认为，这种社会感情是个体成为社会人所必需的。本书最后一章将会论述道德也是个体成为社会人的重要标志和必要条件。

---

① [英]约翰·穆勒：《功利主义》，徐大建译，商务印书馆 2014 年版，第 41 页。

不伤害他人、尊重他人可以被理解为促进他人的善。促进他人善的方式有很多种，最大化一般幸福原则只是其中的一种方式。从“每一个人的幸福都是平等的”前提可能并不能直接得出最大化一般幸福的原则。西季维克也没有解决这个问题，他把最大化一般幸福原则建立在直觉的基础之上。[①] 特洛伊·乔利莫尔认为，最大化一般幸福原则来源于个人对特定事例的直觉性反应。[②] 这种反应并不能代表人们的所有直觉。在处理个人和他人之间的关系时，个人最先遵循的是义务论式的约束。这种义务论式的常识道德为我们建立一种合理的道德理论提供了理论准备。

道德不偏不倚理论支持者的上述回应方式都存在某些问题，都没能充分解决道德不偏不倚理论与偏爱关系的冲突问题。当然，这些回应方式中存在着可以被借鉴的有益启示，为建立合理的道德理论作了理论准备。两层次划分（即作为决策程序的道德不偏不倚和作为行为正确性标准的道德不偏不倚的划分）思想表明，道德不偏不倚原则一般不能直接应用于人们的日常行为之中，而只是作为论证的最根本原则。这也为建立一种义务论式的人权理论作了间接的理论准备。谢弗勒的“以主体为中心的特权”暗示了合理道德理论的道德正确性标准应该不是唯一的，而是多样的且有层级性的。

---

① 参见[英]亨利·西季威克：《伦理学方法》，廖申白译，中国社会科学出版社 1993 年版，第401～403 页。

② Troy A. Jollimore, *Friendship and Agent-Relative Morality*, New York: Garland Publishing, 2001, p.81.

第五章　合理的道德理论

合理的道德理论应在个人观点与非个人观点之间寻求恰当的平衡。一方面，在某些基本的层面，合理的道德理论要坚持平等的非个人观点；在有些方面，合理的道德理论要保证个人观点的优先性和道德地位。总之，合理的道德理论所坚持的正确性标准不是唯一的，而是有着内在次序的层级式的标准。为了尝试建立合理的道德理论，首先需要回答：为什么在某些基本的层面道德是平等的非个人观点？

第一节　道德与非个人观点

除了利己主义伦理理论之外，其余的伦理理论在某种程度上都包含非个人观点。换言之，道德的基本理念是关注自己之外的他人。但是，非个人观点并不意味着人人平等。因为存在很多方式可以实现对他人的关注。这些方式包括尊重他人的生存权、发展权等各种基本权利，积极促进他人权利的实现，公平对待他人，同情与关爱他人，平等待人等。

一、道德应该是非个人观点

在首要和根本意义上，道德应该是非个人观点。这是因为：首先，从个人与社会相辅相成的关系角度来看，作为非个人观点的道德和个人观点反映了一个主体自身的不同侧面；其次，考虑到个体的狭隘性和局限性这个自然事实，非个人观点是必要的；最后，道德这种非个人观点是主体自身力量的一种确证，展现了主体的自主性、能动性和追求完善性。

（一）从个人与社会的关系角度

个人与社会既对立又统一。但是，近现代社会特别强调个人与社会之间的对立和对抗，凸显个体化，强调自我认同高于社会认同，从而造成了个人与社会相分离的局面。单个人被看成孤立的和自足的，他人、社会则被看成外在的和异己的力量。个人把自己看作主体，把外在的他人和世界看成是客体，这些客体成为与个人相分离的事物。这是一种从个人立场思考个人与他人、社会关系的方式。[①] 一方面是作为异己性力量的社会规范，另一方面是个人未被克服的偏好、冲动等，后者往往被看成是自我个性的体现。个人在他的思想意识中体会到了两方面的激烈对抗。当个人的这种意识投射进世界时，当人们进行理论思考时，个人就会把个人与社会之间的对抗看成是永恒的对抗。

实际上，个体并不是孤立存在的。个人是社会中的个体，社会也不是一个超越和凌驾于个体之上的独立存在。社会不过是由活动着的个人组成的。我们不能首先把个人想象成一个已经固定的立柱，然后在这些立柱之间再扯起联系。要达成对个人和社会之间关系的理解，必须放弃那种单个的孤立个人的思想，从而过渡到一种处于联系和功能之中的思考。“单个个人总是并且在根本上就存在于和他人的各种联系中，存在于各种具有完全确定的、具有为他那个集体所特有的结构的联系中。他是在与他人的这些联系的历史、依赖性和依托性的历史中，进而在一个更大的范围上，在他赖以成人并生存的全部的社会关系网的历史中，获得了自己的特征。”[②]

个体与社会不是互相对立的。个人的成长依托于人类集体，只有在社会中，个人才能获得自己的全部属性。“每一单个的个人，一旦他诞生在这个世界上，就已经被掷于先他在场的某个人类群体之中。”[③]他必须从所处的社会中获得各种生存的规范和方式，必须从社会中获得自己的个性。个体特性的形成依赖于他在社会中的个体化过程。“每个人都是被分别送到这

① 参见［德］诺贝特·埃利亚斯：《个体的社会》，翟三江等译，译林出版社2003年版，第66～67页。

② ［德］诺贝特·埃利亚斯：《个体的社会》，翟三江等译，译林出版社2003年版，第31页。

③ ［德］诺贝特·埃利亚斯：《个体的社会》，翟三江等译，译林出版社2003年版，第24页。

个世界上来的，他就必须从这个世界入手来创造他个体的生活。”[①]在刚出生时，个人在社会联系上几乎是一张白纸。由于所处的家庭、社会群体的不同，在成长的过程中，个人按照社会既有的交往方式以及相应的规范采取行动，个人也形成了独特个性。然而，从根本上来说，个性并不与社会性相对立。个性本质上是社会联系和价值观等各种事物的个体化体现。总之，“人的个体性和社会性这两者其实是互为联系的人的功能的两个不同方面。其中的这一个如果没有另一个就无法存在：它们表达的是单个人在与其邻人交往中的特定活动，表达的是他本人源自此种活动的易受影响性和可塑性，表达的是他人对他的依赖性和他对他人的依赖性”[②]。社会代表了非个人观点，代表了与个体审视和反思自己不同的视角。这个审视自己的人和被审视的自己其实是同一个人，是个人的两个不同方面。

在与他人的关联中，个人按照相应的规范和方式不断地塑造、形成和改变自身。通过这个过程，个人实现了自我认同和社会认同。没有社会认同便没有自我认同。作为个体的人和作为社会的人是互不可分的。对于个人来说，道德要求并不是异己的力量，道德要求是社会要求的反映，是一个人成为社会人的必要条件。正如斯密所认为的，道德或社会是个人的镜子。正是由于个人进入社会，通过他人和社会关于美丑和善恶的评论，个人开始反观、反思自己的情感。在审视个人的情感和行为时，个人假定自己是个人所作所为的旁观者，从旁观者视角尽力想象这些所作所为产生的影响。在某种程度上，这是我们能用别人的眼光来检查自己行为合宜性的唯一的镜子。[③]

为了更好地融入社会，成为一个社会人，个人应该接受道德的规范性力量。作为社会规范的道德就是典型的非个人观点，代表了社会性视角。如前所述，主体被投入到社会系统中，必然应遵循社会规范，他才能有意义地与别人进行交往，才能逐渐形成自己的个人观点。所以，道德观点在本质上是非个人观点。“非个人”只是个人观点的社会性体现。非个人和个人在根

---

① [美]露丝·本尼迪克特：《文化模式》，王玮等译，生活·读书·新知三联书店 1988 年版，第 231 页。

② [德]诺贝特·埃利亚斯：《个体的社会》，翟三江等译，译林出版社 2003 年版，第 71 页。

③ 参见[英]亚当·斯密：《道德情操论》，蒋自强等译，商务印书馆 1997 年版，第 138 页。

本意义上是统一的、不可分割的。在个体的培养和成长过程中，非个人观点已经被逐渐内化到了个体的个性或特殊性之中。

(二)从个体的狭隘性和局限性角度

一个不可否认的自然事实是：每一个人都是有偏爱的，偏爱自己以及与自己有亲密关系的个人。尽管人们也会关爱和同情他人，但是由于偏爱力量如此强大，以至于对他人的关爱和同情是有限的。既然如此，我们就需要客观的、中立的非个人观点来改变或塑造个人偏爱的自然倾向，使偏爱倾向在一个合理的范围内起作用。休谟的理论就突出体现了这一点。在《人性论》和《道德原则研究》两部著作中，他提出了不偏不倚的观察者来代表非个人观点。

休谟认为，同情在本质上是一种能够体会他人感受的能力。尽管人人具有同情能力，具有感受他人快乐和痛苦的能力，但是道德判断并不能直接建立在个人对他人情感的赞同基础之上。道德判断必须建立在旁观者赞同或反对的情感基础之上。“只要一个对象具有使它的所有者发生快乐的一种倾向，或者换句话说，只要是快乐的确当的原因，那么它一定借着旁观者对于所有者道德一种微妙的同情，使旁观者也感到愉快。”[①]旁观者并不是对人类的每一种快乐和痛苦情感都表示赞同或反对，他只是对某些快乐和痛苦情感表示赞同或反对。那么，旁观者作出这种取舍所依据的标准是什么呢？休谟认为有四个标准：对他人有用，对自己有用，令他人愉快，令自己愉快。其中效用这个因素是最重要的。

既然人人都具有形成道德感的同情能力，那么为什么还要设想一个旁观者，并且以旁观者的赞同或反对的情感作为是否道德的基础呢？因为特殊个人是有偏爱的，特殊个人的同情是有差等性的，特殊个人有自己特殊的利益，因而认知具有局限性和狭隘性。然而，道德要求普遍、一般、理性的观点。

首先，特殊个人对他人的爱是有差异的，他可能更加偏爱某些人。就自然的心理事实而言，个人最强烈关注的是自己和家人，对自己和家人的爱最浓烈，对亲戚、朋友等的爱之情感要薄弱一些，对于陌生人的爱之情感最为

① [英]大卫·休谟：《人性论》，关文运译，商务印书馆1997年版，第619页。

稀薄。偏爱情感具有自然的差等性，随之产生的是个人对他人的偏爱对待行为。个人自然的、未受教化的道德观念，不但不能给偏爱情感提供一种补救，反而投合于那种偏爱，而给予偏爱以一种附加的力量和影响。[①]

其次，特殊个人的同情是有差等性的。“我们对于接近我们的人比对于远离我们的人较为容易同情，对于相识比对于陌生人较为容易同情，对于本国人比对于外国人较为容易同情。这些情绪不论是从哪里发生的，必然随着对象的远近而有所变化。比如，我对二千年前生于希腊的一个人的德（指美德——引者注），当然不及对于一个熟悉的友人和相识的德（指相识之人的美德——引者注）感到那样生动的快乐。”[②]如果每个人都基于个人的特殊同情形成个人的道德判断，那么人们对同一个行为的道德评判可能会不同。

最后，个人认知具有局限性和狭隘性。无论对人或对物，个人的位置往往处于变化之中，一个与我们远隔的人在短时期内可能就变成我们的熟识者。此外，对其他人而言，个人处于特殊的地位。如果每个人只是根据各自的特殊观点来考察人们的性格和人格，那么我们便不可能在任何合理的基础上互相交谈。[③]

为了在合理的基础上进行交谈，形成一致的判断，我们需要克服个人的偏爱、同情的差等性以及个人利益和认知的狭隘性。克服同情的差等性需要借助普遍的观点。个人的同情虽然有变化，但是道德判断并不随着同情一同变化。我们需要根据一般的和不变的标准进行判断。“因此，为了防止那些不断的矛盾，并达到对于事物的一种较稳定的判断起见，我们就确立了某种稳固的、一般的观点，并且在我们的思想中永远把自己置于那个观点之下，不论我们现在的位置是如何。”[④]在一般判断中，个人并不会因距离远近而对被评价者产生不同的赞美或责备情感，个人仍然应用那些道德语言，正如我们保持在同一个观点之下一样。“我们责备或赞美一个人，乃是根据他的性格和性质对于和他交往的人们发生的一种影响。我们不考虑受到那些性质的影响的人是我们的相识还是陌生人，是本国人还是外国人。不但如

① 参见[英]大卫·休谟:《人性论》,关文运译,商务印书馆 1997 年版,第 617、528 页。

② [英]大卫·休谟:《人性论》,关文运译,商务印书馆 1997 年版,第 623 页。

③ 参见[英]大卫·休谟:《人性论》,关文运译,商务印书馆 1997 年版,第 624 页。

④ [英]大卫·休谟:《人性论》,关文运译,商务印书馆 1997 年版,第 624 页。

此，我们在那些一般性的判断中还忽略去我们自己的利益。”①

每个人的特殊利益和爱好不同，除了个人经常改变自己的地位以外，每天还遇到一些与我们处于不同地位的人，如果个人永远停留在自己特有的地位和观点上，那么我们永远不能在任何合理的基础上进行交谈。因此，在社交和谈话中，彼此情绪的沟通，就使我们形成某种一般的、不变的标准，使我们可以据此而赞许或谴责人们的行为。“每个特殊个人的快乐和利益既然是不同的，那么人们若不选择一个共同的观点，据以观察他们的对象，并使那个对象在他们全体看来都显得是一样的，那么人们的情绪和判断便不可能一致。在判断性格的时候，各个观察者所视为同一的唯一利益或快乐，就是被考察的那个人自己的利益和快乐，或是与他交往的人们的利益和快乐。这一类利益和快乐触动我们的程度，虽然比我们自己的利益和快乐要较为微弱，但是因为它们（指观察者的赞许和反对——引者注）是恒常的、普遍的，所以它们甚至在实践中也抵消了后者，而且在思辨中我们也只承认它们是德性和道德的唯一标准。只是它们，才产生了道德的区别所依据的那种特殊的感觉或情绪。”②

在《道德原则研究》一书中，通过区分自爱的语言与道德的语言，休谟进一步说明道德判断的普遍性。自爱的语言表达了主体所特有的、发源于主体个人特定境况的情感。道德的语言表达了一种主体期望所有听众都将由之而发生共鸣的情感，表达了一种对全人类无偏爱的情感。不偏不倚观察者代表的是道德的语言。观察者从特定的观点审视主体的行为。这个特定观点不同于自爱观点，不偏不倚观察者的观点是道德的观点。道德观点是撇开私人特定境况，与他人相共通的观点。当运用道德语言时，主体应该脱离自己私人的和特殊的情境，采纳对于所有人而言是普遍的观点，即采纳一种所有人都同意和产生共鸣的普遍化原则。

可见，休谟理解的旁观者是不偏不倚的。之所以是不偏不倚的，因为这个旁观者是中立的、客观的、无偏爱的。尽管休谟在原文中并没有直接用“不偏不倚”这个词描述“旁观者”，但上述思想已经表明他理解的“旁观者”

---

① ［英］大卫·休谟：《人性论》，关文运译，商务印书馆 1997 年版，第 625 页。
② ［英］大卫·休谟：《人性论》，关文运译，商务印书馆 1997 年版，第 634 页。

是不偏不倚的。“旁观者”没有掺杂自己的特殊利益，在评判中保持中立。

总之，为了在合理的基础上进行交谈，我们需要形成一种一致的、普遍的判断。为了形成一致的、普遍的判断，我们需要克服个人同情和认知的局限性和狭隘性，使它们在合理的范围内起作用。非个人观点塑造和形成了人自身。

（三）从体现主体自身力量的角度

前两个角度体现了主体的消极适应性。在第一个角度中，对于被投放到世界之中的主体来说，个人和社会的相辅相成关系是不可逃避的。个人只能去适应社会已有的道德规范，在此范围内塑造自己的个体性。“只有重塑人的个体性，才可能在社会的强制和要求与个体的需求，个体希望得到权利维护、意义认定、自我实现的需求之间建立更有效的协调一致；只有在此情况下，对个人来说的那种关于他全部的在与他人的联系中为其所是的知识，才可能从一种理论的洞见转变成行动和行为的中心动机。”[①]在第二个角度中，对于个人来说，他的狭隘性和局限性的自然事实也是既定的、难以靠自身力量克服的，因而需要借助道德这个非个人观点的力量。所以，这两个角度主要体现了个人在面对自然和社会的既定事实时的一种消极适应性。第三个角度则体现了主体的积极能动性。此角度强调主体把道德看成自身力量的一种确证，展现了主体的能动性、自主性和追求完善性。

从非个人的观点看待个人的行为和情感时，并不会产生异化。因为道德不是外在于主体自身的异己力量，而是构成一个完善自我的内在构成部分，体现了主体的能动性和自主性。正如内格尔所说：“这些非个人的观点或要求不是一种从外部施加的力量，而是反映了我们看待自己的一种倾向，反映了我们接纳自我的一种需要。”[②]合理的非个人观点体现了主体的内在力量。康德认为，道德是我们自主性和能动性的体现。因为道德是作为目的的人的自我立法（self-legislation），是自我施加的一种约束。

在康德对道德观念的理解中，不偏不倚和非个人性是核心的概念，是道德观点的决定性特征，道德原则具有这样一种视角：不排除任何一个人，把

① ［德］诺贝特・埃利亚斯：《个体的社会》，翟三江等译，译林出版社 2003 年版，第 73 页。

② Thomas Nagel, *The View from Nowhere*, New York: Oxford University Press, 1986, p.198.

每一个人的善都考虑在内。每一个人仅仅因为他是人而值得同等地考虑，他的善应该得到同等地促进。道德原则必须体现这一事实。在认识论领域，康德为人的理性划界，发动了一场哥白尼式的革命，主张不是自然为人立法，而是人为自然立法。在道德领域内，他同样发动了一场哥白尼式的革命，主张不是任何外在之物为人自身立法，而是人的理性为自身的实践行为立法。康德把道德合理性的论证基点转到人自身的理性本质之中。尽管康德认为人是感性和理性合于一体的存在物，但他认为，人之为人的本质不是感性欲望，而是人所独具的理性，理性是人存在的本质。感性欲望的满足是不容忽视的，但理性却不是满足感性欲望、获得快乐和幸福的工具。自然赋予人以理性并不是为了这一目的。自然总会为有机物的各个部分配备最适合满足其需要的功能。在拥有理性和感性的人身上，满足感性的最好的方式是本能。自然如果让理性去满足这一需要，不是显得太笨拙了吗？如果人类错用理性去满足本能，获得幸福，往往会获得适得其反的效果，而且让人在一定程度上产生对理性的憎恨，造成各种各样的烦恼。理性本身有其特有的作用。由于人的感性易于犯各种各样的错误，所以需要理性给感性确立一个准则，去辖制感性。在人独有的理性部分中产生的是道德规律。道德是人类理性意志的一种力量。因而道德具有绝对的纯洁性、严肃性和高尚性。它体现了人之为人的尊严和崇高。道德不是为了其他外在的功利目的或人本身的爱好、趣味等目的，而是作为理性存在物的个人自身生发出来的一种内在力量。在道德领域，理性的更高用途就是为自己立法。人只有服从自己所立的道德法则时才是具有道德价值的。这种立法体现了人的自由，可以说道德就是自由的体现。而且"道德就是一个有理性东西能够作为自在目的而存在的唯一条件，因为只有通过道德，他才能成为目的王国的一个立法成员。于是，只有道德以及与道德相适应的人性，才是具有尊严的东西"[①]。这种立法是人作为自在目的而存在的体现，因而具有绝对的价值、至高的尊严。这样，"道德就是一个有理性东西能够作为自在目的而存在的唯一条件"[②]。通过道德，人成为目的王国的立法成员之一，享有至高的尊

① [德]康德：《道德形而上学原理》，苗力田译，上海人民出版社2005年版，第55页。
② [德]康德：《道德形而上学原理》，苗力田译，上海人民出版社2005年版，第88页。

严。这种自己立法约束自己的有理性个体服从的是一种意志自律性。

所以,道德自身具有独立的价值和意义。个人不仅追求各种物质欲望的满足,而且还追求内在价值和意义。道德恰恰体现了主体的内在价值和意义。在促进他人利益的过程中,个人构建自己的价值和意义。同样,在关爱和照顾自己所爱之人的过程中,个人也在构建自我的价值和意义。道德是人运用自己理性功能的重要体现,是人自我施加约束的一种方式,是人主体性和能动性的体现。

通过反思日常生活,我们也可以看出个体追求道德的主动性和能动性。在生活中,个人有三种倾向,即追求真、善、美。真即真理,善即道德,美即审美。对于人类来说,这三种东西具有永恒的价值。以"美"为例,我们喜欢并希望拥有美丽的容颜,我们喜欢美丽的风景和美丽的物品等等。在"善"这个方面,一般我们倾向于做一个道德上的好人,我们也希望别人把我们看成一个道德上的好人。即使是再坏的人,他们也希望别人把他们看成好人。谁都不希望被别人评价为品质恶劣的人。我们也喜欢与那些道德品质高尚的人接近和交往。以上这些日常倾向体现了个人追求道德上善或好的主动性。

总之,道德是主体自我施加的力量,体现了主体的主动性和能动性,体现了主体追求卓越的精神。

二、道德与平等的非个人观点

前面已经论述过,除了利己主义道德理论之外,其余的道德理论基本上都认为道德在某种意义上包含非个人的观点。但是,非个人观点和平等并不是相同的。除了近现代道德理论在承诺非个人观点的同时承诺了每个人都是平等的思想之外,其余的道德理论可能只是承诺了非个人的观点,如古典的美德伦理学理论、中国的传统儒家伦理学理论等。尽管古典美德伦理学和传统儒家伦理学包含关怀他人的非个人观点,但这是不彻底的。

首先,这两种道德理论并没有在根本意义上承认每一个人都是平等的。它们只是主张从正义或慈善的角度去关照自我之外的他人。其次,这两种道德理论都是从个人完善的角度看待自己与他人之间的关系,即从"个人之眼"观察他人和社会的。这两种理论缺乏近现代道德理论所共有的"社会之眼""公平的观察者之眼"或"上帝之眼"。个人完善的视角可能导致这两种理论不能彻底超越个人的局限性，具备真正的平等意识。"在确定义务的时候，以自我为中心的观点无法把自我置于与他人同等的地位上进行思考。自我只是主体，是观察的主体、行动的主体、对他人尽分的主体，而它（指自我——引者注）却没有同时也作为观察的对象、行动的对象、他人对之尽分的对象。这样，我们说，从自我中心的观点就难以推出一种平等适度的道德义务体系，无论利益的自我主义与高尚的自我主义概莫能外，不同的是：利益的自我主义是因为看不到自我的义务，而高尚的自我主义则是因为看不到自己的权利。"①

在现代社会，平等已经成为基本的共识。近现代道德理论的基础都是坚持某个方面的平等。功利主义主张每一个人的幸福都是平等的，康德式的义务论伦理学认为每一个人的人格是平等的。任何合理的道德理论都应该把平等作为一个根本的原则。并且，为了避免道德不偏不倚理论的缺陷，合理道德理论中的平等应该是平等尊重和关怀每一个个体，尊重和关怀每个个体的不同诉求，在差异性中寻求平等。道德不偏不倚所涉及的平等是德沃金意义上的，即每一个人必须被作为平等的个体来对待（everyone be treated as an equal）。作为平等的个体被对待不是受到平等的对待，而是按照他们所拥有的权利、他们提出的合法要求等一般意义上他们所应得的东西，来对待他们。②

不偏不倚的道德理论对平等原则的承诺并不能否定偏爱对待。它们只是认为平等原则是道德原则的基础和前提，一些人比另外一些人重要的原则不能作为道德原则的基础和前提。从"每一个人的幸福并不比其他人的幸福更为重要"的前提，功利主义得出了最大化一般幸福原则。从每个人是目的以及人人平等的前提中，康德得出了绝对命令公式。通过赋予原初状态中的个人以同等的道德地位，罗尔斯提出了两个正义原则。所以，功利原理、绝对命令公式、正义原则都植根于平等原则之中。但是，从根据平等进而道德原则得到辩护并不能推出如下结论，即在所有情形中，以同等程度和

---

① 何怀宏：《良心论》，上海三联书店1994年版，第282页。

② Ronald Dworkin, *Taking Rights Seriously*, Cambridge: Harvard University Press, 1977, p.227.

同样方式平等对待每一个人。如果偏倚论者认为同样的对待并不总是恰当的，那么这一看法明显就是正确的。但是，如果偏倚论者认为平等原则不是道德最高原则的基础，那么他们事实上违背了近现代社会强调平等的共识。对平等共识的违背不会得到大众支持。所以，以偏爱关系为基础的批评针对的对象不是平等原则自身，而是道德不偏不倚理论的某种表现形式。这些表现形式可能没有恰当地反映非个人观点与个人观点之间互为一体的关系。

可见，合理的道德理论应该是以平等为根基的非个人观点。根据本书第二章对道德不偏不倚观点特征的描述，以平等为根基的非个人观点也是道德不偏不倚的观点。近现代道德理论经常使用的“非个人观点”是以平等为基础的非个人观点。

三、非个人观点[①]与偏爱关系

（一）恰当的非个人观点不会导致异化

恰当的非个人观点道德理论并不会导致偏爱关系的异化。道德观点代表社会观点或非个人观点，偏爱关系代表个人观点。前面已经论述过，对于个体来说，作为非个人观点的道德是必要的和重要的。所以，个人观点不是独立于社会观点存在的。个人总要受到道德这种非个人观点的约束，个人不能为所欲为，要照顾他人的感受，要尊重他人。对于个人来说，作为非个人观点的道德是不可逃避的。

但是，道德的约束性和不可逃避性并不意味着道德要求的外在性和强迫性。道德是塑造和构成自我的必要组成部分。作为非个人观点的道德在个人的个性形成过程中发挥着根本性作用。个人具备了内化和认同道德的主客观条件。根据前面的论述，个人和社会的关系是统一的、不可分割的。从出生伊始，个人被抛入社会系统之中，必然要遵循社会的规范，他才能有意义地与别人进行交往，才能逐渐形成个人观点。“非个人”只是个人观点的社会性体现。在个人成长过程中，非个人观点已经被逐渐内化到了个性之中。此时，主体只是从个人观点视角看待作为非个人观点的道德。为了

① 以下所涉及的“非个人观点”是指以平等为基础的非个人观点。

更好地理解这一点，下面引入威廉姆斯的内在主义模型进行分析。

威廉姆斯批评功利主义导致异化的深层次根据是他对主体行为理由的内在主义看法。关于行为理由与动机之间的关系，存在内在主义与外在主义两种观点。外在主义的基本观点是：道德理由自身就具有规范性力量，能直接产生一个行为的理由。这个理由自身就能激发主体行为，不管主体有没有相应的欲望或动机。也就是说，行为理由可以不依赖于它与行动者实际动机状态的关系。按照这种观点，即使个人通过慎思发现某个理由与他的主观动机状态无关，但只要他认识到这个理由，这种认识自身就可以向行动者提供一个新的动机。道德理由对个人所具有的权威根本就不依赖于他的实际动机状态，不管一个人有没有欲望做某件事情，他都应该做这件事情。与外在主义不同，威廉姆斯主要持有内在主义的观点：行为理由必须与主体的主观动机集合（subjective motivational set）发生某种关联，才能成为主体的行为动机。这种关联是指行为理由必须或者是行为者的主观动机集合中的某个要素，或者是通过与主观动机集合发生联系而产生出来的。这里的"主观动机集合"包含评价的倾向、情感反应的模式、个人的忠诚、基本的个人计划、承诺、非利己主义的计划等等。按照内在主义的观点，道德理由并不能直接或自动地在主体内心产生行为的动机，理由必须与主体的主观动机系统发生某种关联才能变为主体的行为动机。一个人可能认识到了道德要求的价值，但这样一种认识必须借助于主体的内在动机系统，才能真正从理由变为动机。也就是说，道德生活必须是行动者从个人观点来看时所认同的生活。如果道德理论没有满足这个要求，那么个人就会认为这个道德理论是外在的异己力量。此时，如果主体按照这种外在的道德要求进行慎思和行动，那么可能就会令自己已有的承诺或计划产生异化。[①]

尽管威廉姆斯反对近现代道德理论，但是他并不反对一般而论的道德。借助威廉姆斯的内在主义思路，这一点可以得到说明。由于个人观点与非个人观点互为一体的关系，个人在形成和塑造自己个性的过程中，道德这种

① 关于内在主义和外在主义的相关表述，同时参考了威廉姆斯的《内在理由与外在理由》一文和徐向东所编《实践理性》一书中的导论。详见[英]伯纳德·威廉斯：《道德运气》，徐向东译，译文出版社 2007 年版，第 144～161 页；徐向东编：《实践理性》，浙江大学出版社 2011 年版，第 2～22 页。

非个人观点一般能被主体内化进个人的主观动机集合中。个人的主观动机集合一般包含同情和帮助他人、不伤害他人等动机。也就是说，个人把道德要求作为自己承诺的一部分。当然不可否认的是，因个人成长背景的不同，不同的个人认同道德和内化道德的程度不同，甚至有少数人不能把道德作为个人的承诺。然而，对于被正常教育和培养的大多数人来说，道德这种非个人观点已经被逐渐内化到了个人的个性之中。此时，主体是从个人观点的角度看待道德这种非个人观点的。那些不能认同一般道德的个人会被看成反社会的个人，往往会受到一个社会的排斥，如杀人犯等。

尽管人们能够认同和承诺一般而论的道德，但关键的问题是：人们并不能认同所有的道德理论。一种合理的、能被人们认同的道德理论要恰当地反映非个人观点与个人观点之间的关系。尽管道德既出于自然事实又超越于自然事实，但是这种超越又不能与个人的主观动机集合毫无关系。这并不意味着个人的主观动机集合是静态的。社会历史的变迁、制度的变革等都会影响个人的主观动机集合，慎思的过程本身也可以对主观动机集合产生各种各样的影响。但是，在一定的范围和时期内，人们拥有的主观动机集合是具有共性的。

可见，威廉姆斯并不反对一般而论的道德。正如谢弗勒所指出的，非个人观点不会导致异化。[①] 导致异化的是那些没有合理处理非个人观点与个人观点之间关系的道德理论。我们不是反对道德，而是反对功利主义和义务论对我们施加了不合理的约束和限制。

（二）偏爱关系也应受到非个人观点的约束

从非个人视角来看待偏爱关系是必要的。巴蓉指出，特殊个人需要从偏爱关系之中抽离，从而具备客观、中立的外在视角，进而反思和审视自己拥有的偏爱关系。[②]

首先，偏爱关系应受到非个人观点的约束。由于偏爱的狭隘性，不加限制的偏爱会加深人与人之间的不平等，破坏一些人对好生活的期望前景，所

① Samuel Scheffler, *The Rejection of Consequentialism*, New York: Oxford University Press, 1982, p.8.

② Marcia Baron, "Impartiality and Friendship", *Ethics*, Vol.101, No.4, July 1991, pp.836-857.

以需要对偏爱进行约束。支持偏爱关系的偏倚论者也承认偏爱关系应受到一定限制,并不是家人或朋友的所有要求都应该得到满足。除了在公共领域之外,温和的不偏不倚论也承认友谊等偏爱关系并不是为所欲为的,而是应该受到限制。科廷汉姆指出,我们不能以牺牲他人的代价来帮助自己或友人。正如苏格拉底所说,伤害别人并不是善。科廷汉姆认为,基督教的准则"像对待自己一样对待邻人"的要求在实践上是不可行的。他要重新改写这个准则,使其成为消极责任(negative duty),那样我们就得到一种底线意义上的道德准则:帮助你的朋友,但不要伤害你的邻人。也就是说,偏爱关系要遵守不伤害他人的基本约束。① 威廉姆斯也认为,友谊等偏爱关系也要受到一定的约束。他说:"当然这并不意味着:如果一种友谊把一个人的生活深深地牵涉进去,那么这个人就必须偏爱那个友谊的任何可能要求,而不是偏爱其他不偏不倚的道德要求。这种友谊很荒谬,而且也是一种病态的友谊。因为双方都是在这个世界中存在的,他们的友谊也是在这个世界中存在的,而这个事实就是他们对那个友谊感受的一部分。"②

其次,道德的非个人原则同样适用于偏爱关系。偏爱关系也需遵守相应的非个人道德要求,如平等待人、公平正义、尊重等。无论是伴侣、家人还是朋友,我们都希望彼此之间能够互相尊重。个人不愿意别人对自己的生活指手画脚,即使这个人是他非常信任且无比关心他的朋友和家人。父母对孩子的关心也应建立在尊重孩子的基础之上。很多父母认为自己是家长,有权决定和看管孩子的一切。这就会发生很多违背孩子意愿的事情,引起孩子对父母的怨恨,如一个母亲偷看自己孩子的日记。孩子和父母之间是平等的,父母应该尊重孩子的隐私。就夫妻关系而言,双方也是平等的,因而需要互相尊重。有这样一个真实案例:丈夫是港台著名的歌星,与妻子结婚二十多年,最后却以离婚收场。离婚的主要原因是这个丈夫是大男子主义者,要求妻子必须对他言听计从。这个妻子隐忍了二十多年,后来终于下定决心离开这个不尊重自己的男人。其实这个男人并不是不爱妻子,但是他却在很多事情上不尊重妻子,这就使得两人之间的关系越来越疏离和

① John Cottingham, "Ethics and Impartiality", *Philosophical Studies*, Vol. 43, No. 1, January 1983, pp.83-99.

② [英]伯纳德·威廉斯:《道德运气》,徐向东译,译文出版社 2007 年版,第 24 页。

淡漠。可见，偏爱关系也应遵守尊重他人等非个人性的不偏不倚原则。

综上，偏爱关系受到的约束并不是功利主义意义上的，而是义务论的约束。这也为我们尝试建立合理的道德理论指出了方向。

（三）非个人观点可以容纳偏爱关系

除了非个人观点不会导致偏爱关系的异化和偏爱关系要受到非个人观点的约束之外，承诺平等的非个人观点本身也可以容纳偏爱关系的道德价值。

如前所述，休谟所设想的不偏不倚旁观者代表了非个人的视角。这个不偏不倚的旁观者不掺杂自己的特殊利益，在评判中保持中立。但是，不掺杂自己特殊利益并不意味着要排除所有的个人利益。不偏不倚概念要排除的只是妨碍或者损害他人利益的个人利益。休谟所设想的不偏不倚旁观者并不是没有任何个人利益的冷血动物，他不但有自己的利益，而且对他人和社会的利益怀有深切的关怀、尊重之情。不偏不倚的旁观者赞同或反对的情感是道德评价的标准。直接令我们自己愉快的品质要依靠旁观者才能成为道德价值，直接令他人愉快的品质也要通过旁观者的赞许才能成为道德价值。不偏不倚旁观者所具有的道德情感是一种二阶的情感。休谟提出的四个标准为个人利益和偏爱性关系的存在提供了足够的空间。休谟承认合宜的偏爱关系，友谊、依恋是值得称颂的，也是维持社会良好交往所不可缺少的。“我们自然地偏袒我们自己和我们的朋友，但又有能力懂得一个较公道的行为产生的好处。”①道德只对偏爱关系施加约束，这种约束并不否定偏爱情感和偏爱对待行为，这种约束只是否定偏爱性情感的轻率和鲁莽的活动。这种约束是通过不偏不倚的观察者实现的。

与休谟类似，斯密也持有不偏不倚观察者的思想。不偏不倚的观察者并没有否定偏爱关系这种重要的个人善，只是对偏爱关系有所限制。斯密认为，人类的任何情感以及家庭友谊等这些对于个人生活具有重要价值的善，并不是可以不受任何限制地追求的。不偏不倚的观察者对个人情感和偏爱关系施加了限制。这些情感、行为必须与旁观者的情感、行为相一致。不偏不倚旁观者的看法体现了个人自己的良心功能。良心是二阶意义上的

① ［英］大卫·休谟：《道德原则研究》，曾小平译，商务印书馆2004年版，第40页。

能力，它负责评判个人一阶的情感。“这种是非之心具有极为明显的权威的特性，这些特性表明它们在我们内心树立起来是为了充当我们全部行为的最高仲裁者，以便监督我们的意识、感情和欲望，并对它们该放纵或抑制到何种地步做出判断。”①可见，设想一个不偏不倚的观察者并不是要排除所有的个人善或利益。不偏不倚的观察者只是充当一个检测程序。斯密认为，道德不仅要促进他人的善，还要促进个人的善。这一点也体现在斯密对“美德”的理解之中。他认为，美德就在于合宜性，美德存在于行为的合宜性之中，或者存在于感情的恰如其分之中。这种“合宜性”思想体现了道德本身的规范性。无论是促进个人的善还是他人的善，都要做到合宜。如果否认人类的偏爱之情或教导人们偏离这一点，将会导致一种违反人性的冷漠之情，绝不会引起大众的赞许。“合宜的感情绝不要求我们全然消除自己对最亲近的人的不幸必然怀有的那种异乎寻常的感情，那种感情不足总是比那种情感过分更加令人不快。在这种情况下，斯多葛学派的冷漠从来是不受欢迎的。”②

可见，从本质上来说，平等的非个人观点不但不否认偏爱关系的道德价值，而且能够给予偏爱关系适当的道德地位。可是，同样是坚持平等的非个人观点的功利主义和义务论却面临着否定偏爱关系道德价值的批评。这是因为休谟和斯密没有承诺唯一的道德正确性标准，功利主义和康德的义务论承诺了唯一的道德正确性标准。休谟认为，不偏不倚的观察者作出判断时所依据的标准有四个：对他人有用，对自己有用，令他人愉快，令自己愉快。其中，效用是最重要和主要的标准。“它（指效用——引者注）是关于行动的价值或过失的所有道德决定经常诉诸的，它是正义、忠实、正直、忠诚和贞洁所受到的尊重的唯一源泉，它是与其他社会性德性如人道、慷慨、博爱、和蔼、宽大、怜悯和自我克制不可分离的，一言以蔽之，它是道德中关乎人类和我们同胞被造物的那个主要部分的基础。”③尽管如此，效用标准并不是唯一的，因为还有两个与主体相关的标准，尤其是关于令自己愉快的标准，其价值并不取决于后果或效用。“有一些种类的价值之所以受到珍视，是因为

① ［英］亚当·斯密：《道德情操论》，蒋自强等译，商务印书馆1997年版，第202页。
② ［英］亚当·斯密：《道德情操论》，蒋自强等译，商务印书馆1997年版，第172页。
③ ［英］大卫·休谟：《道德原则研究》，曾小平译，商务印书馆2004年版，第82页。

它们直接传达给那个拥有它们的人以快乐。效用的观点或将来有益后果的观点并没有进入这种赞许的情感中。"[①]与休谟不同的是,斯密反对把效用作为旁观者进行道德判断的主要标准。因为效用原则是赞许一个设计良好的机器的原则。效用标准与斯密的前两个标准是根本不同的。斯密认为标准有四个:"一是,行为者动机的合宜性;二是,感激的情感;三是,令自己幸福;四是,令他人幸福。"[②]

上述分析表明,休谟和斯密都认为体现平等的非个人观点的标准不是一个,而是多个。其中既包含了非个人观点的标准,又包含了个人观点的标准。但是,休谟和斯密的不偏不倚观察者理论也是有问题的。首先,不偏不倚的观察者是不现实的,根本不存在一个独立于个人自身的、全能的第三者。由于个人认识和心理的局限性,我们需要借助确定的标准才能实现平等的非个人观点。其次,尽管休谟和斯密都提出了不偏不倚的旁观者据以作出判断的几个标准,但是休谟和斯密并没有说明这些标准的先后次序问题。然而,非常值得肯定的是,休谟和斯密通过设定多个标准来承认偏爱关系的道德价值。这样的做法避免了功利主义和义务论所受到的否定偏爱关系的批评。

功利主义的道德正确性标准是纯粹的非个人观点,最大化一般幸福原则没有为个人观点留下余地。尽管间接不偏不倚(Indirect Impartiality)理论允许偏爱关系的存在,但是偏爱关系只是在手段的意义上存在。间接不偏不倚理论并没有改变功利主义道德正确性标准的纯粹非个人性,因而间接不偏不倚理论的解决办法是不成功的。谢弗勒也认识到了这一点,于是开始修正功利主义的道德正确性标准,试图在坚持最大化一般幸福这个非个人观点的同时,在道德正确性标准中包含"以主体为中心的特权"的个人观点。由于最大化一般幸福自身的合理性问题以及主体特权所受限制不明确的问题,谢弗勒的解决办法也是不成功的。尽管如此,道德不偏不倚理论支持者的解决办法提供了有益的思路,即道德正确性标准不再是唯一的,而是具有层次性和复杂性。这也是本书尝试建立合理道德理论的可能进路。

---

① [英]大卫·休谟:《道德原则研究》,曾小平译,商务印书馆2004年版,第112~113页。

② [英]亚当·斯密:《道德情操论》,蒋自强等译,商务印书馆1997年版,第431~432页。

可见，平等的非个人观点并不必然否定偏爱关系的道德价值。如果一种道德理论能合理地设置体现平等的非个人观点的道德正确性标准，就会恰当地包含和肯定偏爱关系，给予个人观点应有的道德地位。

四、小结

综上，在首要和基本的意义上，道德是平等的非个人观点。非个人观点和个人观点是同一个主体自身所具有的两种不同视角。从客观和主观原因来看，个人都有必要采纳平等的非个人观点，有必要从代表社会视角的非个人观点反思和审视个人生活。恰当的非个人观点可以包含和肯定偏爱关系，而且也不会导致主体的异化。关键的问题是：什么样的非个人观点才能使得个人和社会之间达成内在的一致和平衡？这一问题将是下一章的论述重点。此部分的论证已经勾勒出一个合理道德理论的大致轮廓：首先，在基本和首要的意义上坚持平等的非个人观点，即伦理普遍主义；其次，道德正确性标准是层级式的，即存在先后次序；最后，给予偏爱关系等个人观点应有的道德地位。

第二节　人权理论

一、两种伦理普遍主义

平等的非个人观点是一种伦理普遍主义。伦理普遍主义是和伦理特殊主义相对而言的。艾伦·吉沃斯（Alan Gewirth）指出，伦理普遍主义（Ethical Universalism）是指所有人都应该被不偏不倚地对待，以追求各自的利益或好处；伦理特殊主义（Ethical Particularism）是指，相对于他人而言，一个人应该优先考虑某些人的利益，其中某些人指的是与自己有特殊关系的人。由于功利主义和义务论都坚持平等的非个人观点，所以二者都是伦理普遍主义。[①] 不过，功利主义和康德式的义务论这两种伦理普遍主义是有问题的。

① 参见徐向东编：《美德伦理与道德要求》，江苏人民出版社2007年版，第218～232页。

(一)功利主义的不可行性

功利主义的正确性标准是最大化一般幸福。这个正确性标准体现了功利主义的两个要素:一是,注重后果(consequences)。这个后果不是任何特殊个人的,而是最大多数人的甚至全体人的。二是,后果最大化。功利主义不是只注重后果,功利主义更为注重的是后果的最大化。一个行为在道德上是否正确取决于这个行为能否实现后果的最大化。结合这两个要素,功利主义存在以下问题:

第一,对于一般个体而言,功利主义或后果主义的道德思维方式不符合其道德心理或直觉性的认识。

个体在进行道德慎思时,一般不会遵循最大化后果的要求。他们首先意识到的约束是义务论意义上的。尽管个体会遵循最大化个人幸福的考虑,但是这与最大化大多数人的幸福在本质上是不同的。每个个体都希望过上好生活,以实现好生活作为奋斗目标。对于大部分人来说,促进一般幸福或多数人幸福这个最高目的是虚幻的、不真实的。"所谓目的是人们自己随情境的不同而设定的,所以除了他们自己设定的目的外,再没有别的什么目的了。"[①]另外,从每个人都追求好生活的事实并不能直接推出他们应该最大化所有人幸福的结论。功利主义的理论基础是每个人都追求幸福和避免痛苦,且每个人都有追求幸福的平等权利。也就是说,每个人都有理由追求自己的好生活,这个理由是相对于主体的,即我有理由追求我自己的好生活,你也有理由追求你自己的好生活。与这个理由相关的目的是属于特殊个体的。当然,好生活是具有客观价值的,是适用于每一个人的。如果每个人追求的好生活都是有价值的,即好生活可以被理解为客观的价值,那么当我有理由促进我自己的好生活时,为什么我没有同样(或者同样分量)的理由促进你的好生活呢?即使再附加上每个人都有平等的追求幸福权利的条件,得出的结论仍然只是我有理由尊重你追求好生活的权利。这个结论体现了义务论的要求,而不是功利主义的要求,即我有理由促进或最大化每一个人的好生活。此时,功利主义可能会如此辩护:功利主义理论的目的是一种共同的目的,即每一个人的好生活,而不是某个人的好生活。这个共同目

① [德]诺贝特·埃利亚斯:《个体的社会》,翟三江等译,译林出版社 2003 年版,第 12 页。

的是如何确立起来的却是不明晰的。正如诺贝特·埃利亚斯所主张的，社会自身是没有目的的，有的只是各个个体的具体目的。“每一个自我都不能免于被统摄进一个‘我们’。这一点也最终说明了为什么当一个个自‘我-们’的行动、计划和目的相互掺杂在一起时，总是不断地衍生出某种东西来，这种东西绝不是哪个个人所计划、所企图或所创造的。”①

第二，这种功利主义或后果主义的思维方式是回溯式的。

功利主义或后果主义认为，正是从后果主义的角度才能说明义务论的约束和道德的本质和起源。也就是说，从事后来看，已经产生和运用的道德规范最大化了后果。基于此，功利主义就开始倒果为因，发展出这样一种伦理思维方式，然后要求人们在行动时遵循这一方式。然而，在这些规范和约束产生之初，人类没有意识到它们是用来增加大多数人的最大幸福的。

一种可能的情形是，道德规范的产生和存在只是为了维持一个群体或社会的正常运行，如玩游戏的例子。在玩游戏之前，玩家一般先会规定某些规则，只有在这些规则的范围内和约束下，他们才能把这个游戏玩下去。如果每一个人都有各自的规则，这个游戏就不能进行下去。人们在制定这些游戏规则时，并不会以最大化每一个人在游戏中的利益为初衷。这些规则在很大程度上只是充当了约束性的条件。首先，人们应该遵循这些游戏规则，然后，他们才能自由地运用自己的能力。个人在此过程中能否获得最大化的快乐是不确定的。这些规则只是为人们提供了实现好生活必须具备的某些基本的、共识性条件，但是在人们都具备了这些条件或能力之后，是否幸福却不一定。好的生活条件并不等同于人们的幸福感。一般认为，从古至今，人类社会的物质生活水平不断提高，人类的各种权利和自由也不断增加，似乎现代人应该比古代人感到更幸福，实际上可能并不如此。随着生活条件的改善，个人的幸福感不一定随之提升。个人只是处在各种不同的生活试验中，他们一般会努力争取和拥有那些被公认为具有价值的事物，至于这些事物是否带来幸福就因人而异了。

第三，功利主义或后果主义往往用极端例子证明自己理论的正确，然而关键的问题不是解决道德难题，而是避免出现道德难题。

---

① [德]诺贝特·埃利亚斯：《个体的社会》，翟三江等译，译林出版社2003年版，第73页。

功利主义或后果主义非常适用于思想家所举的那些极端情境的例子。在这些情境中，大多数人会支持后果主义的解决办法，后果主义的有效性在这些极端情境中得到了强有力的体现。但是，反思一般的道德意识，功利主义或后果主义似乎不那么有说服力。由于人类生活的复杂性，道德难题具有不可避免性。当道德难题出现后，后果主义的解决办法得到了很多人的认同。关键的问题不是人们怎么去解决道德难题，而是应该尽最大的努力减少道德难题的出现。现实的道德难题有些是人为造成的，有些是自然因素或人类不可控制的因素造成的。关于后者，人类无法避免；关于前者，人类则能够在某种程度上控制和避免。如果每个人都遵守基本的道德规范，恐怕就不会产生如此多的道德难题。如果吉姆例子中的那个军官是个遵守道德规范的人，这个军官就不会使吉姆处于道德两难中了。尽管现实世界是不完美的，存在很多人不遵守道德规范的情况，但为什么我们不能努力使这个世界变得完美一些呢？为什么我们不能让那些不遵守道德规范的人改变呢？为什么我们不能努力使每个人都成为道德上的好人呢？后果主义不能很好地解决这些问题，人们首先诉诸的是义务论的约束。

第四，即使功利主义或后果主义是可行的伦理理论，功利主义或后果主义在偏爱关系的处理上也存在问题。一是，功利主义或后果主义认为偏爱关系的价值是工具性价值，偏爱关系自身没有价值。因为功利主义认为，只有当对个人和家庭的利益给予特殊的优先对待可以促进最大化后果时，这种偏爱才是被允许的。如此理解的偏爱关系不是因为自身的缘故而被重视，而只是作为实现最大化后果的手段才有价值。二是，在常识道德看来，尽管人们往往给予自己孩子和朋友优先照顾权，但在有些情况下，人们是能够自愿牺牲自己孩子或朋友的某些利益而去帮助别人的孩子或朋友的。这种帮助行为或者属于道德义务，或者属于分外善行，功利主义并没有区分道德义务与分外善行。功利主义只是主张，只要能够产生最大化后果，个体就有义务牺牲自己所爱之人的利益。对于个体来说，这样的道德要求过于严苛。

与功利主义相比，尽管康德式的义务论包含了一种主体相关性，但是他们理解的主体同样是抽象的，在此基础上建构的道德最高原则是一个不偏不倚的原则，而且是单一的最高标准，仍然不能解决义务论与偏爱关系的冲突问题。

（二）人权理论的可行性

人权理论属于义务论。与一般义务论不同的是，这种人权理论是一种分层次的、明确的义务论理论。

首先，人权理论较符合一般人的道德思维。当反思自己的生活时，个体首先意识到的是义务论约束。既然人人平等，个体就应尊重他人的基本权利。尽管义务论强调个体要遵守某些特定的义务，但是义务论并不认为义务是最终目的。它最终关注的是人类的好生活。一般来说，道德理论最终的关注点都是人类的好生活，但是不同理论关注的方面不同。义务论关注实现好生活所必需的条件或能力；后果主义关注好生活的增量，试图让世界变得更加美好；美德伦理学关注个体好生活的内在目的和丰富内涵。所以，一种伦理学理论要以人类的好生活为最终落脚点和出发点。好生活的实现不是一蹴而就的。尽管后果主义的理论初衷是好的，但是直接把好生活的最大化作为道德的一个基本原则是不现实的。一般来说，生活中的个体很难直接把最大化后果作为自己的行为目标和行动规则。个体首先遵守的是他不要损害他人利益等义务论的约束。当然，有些人可能会认为这是间接后果主义，这是值得商榷的。因为，尽管义务论最终关注的是个体的好生活，但是他们并不是从最大化后果角度进行辩护的。义务论只是为个体好生活的开展提供了某种条件。这些条件是否会带来人类好生活的最大化是一个未知数。根据以往的经验，或许会产生人类好生活的最大化，但是这个客观造成的附带结果并不是他们的理论初衷。关注行为的后果与关注后果的最大化是两个不同的概念，义务论只是关注作为行为后果的好生活而已。尽管各种道德理论都在根本意义上关注人类的好生活，但这并不意味着这些理论都必须遵循后果主义的思维方式。从每个人都追求幸福生活的事实并不能直接推出个人应该最大化每一个人幸福的结论。后果主义的一个本质要素不是它注重后果，而是它认为应该把后果最大化。可见，各种道德理论的共性是关注后果，关注好生活。这一点是与道德的本质相关的，因为道德是为了人本身，而不是人为了道德。

其次，如前所述，那些反对功利主义的偏倚论者如科廷汉姆等认为偏爱关系也应受到不伤害他人等道德规则的约束。后果主义的支持者也允许个人特权的存在，但拥有个人特权并不意味着可以为所欲为。个人特权也应受到一定的约束。谢弗勒指出，如果一个人最深的承诺和计划是折磨、迫害他人，尽管实现此承诺将会令他拥有完整生活，但是这样的计划、承诺等终是被道德所禁止的。[①] 一定的约束和限制并不是功利主义或后果主义施加的，而是义务论施加的。可见，人们最先遵循和接受的是义务论约束。不过，偏倚论者和后果主义的支持者并没有清楚地指出这些义务论的约束是什么，只是笼统地说不要伤害他人。关键的问题是：不要伤害他人的什么？"他人的什么"包含不同层次的事物。此外，不伤害他人可能意味着不进行积极帮助，这意味着另一种伤害即道德冷漠，即只管好与自己相关的人，漠视他人的道德需求。人权理论明晰化了这样一种义务论约束的具体内容。

再次，人权理论为偏爱关系提供了一种内在的辩护，承认偏爱关系的道德价值。在后面的内容中，将会讨论这一点。

最后，人权理论解决了优先性问题。人权理论并不主张在任何情境下都要坚持平等非个人观点的优先性。在某些方面，平等的观点是优先的；但在另一些方面，偏爱关系具有优先性。人权理论内部是分层次的和有序列的，就如同罗尔斯的两个正义原则。更为基本的原则是要保证和尊重每个人的自由和平等。在满足这个原则的前提下，允许某些不平等，个体可以对特殊关系中的他人有所偏爱。这种不平等是人类自身挥之不去的、必须得到我们正视的自然事实。偏爱关系是人类好生活的必要和重要的组成部分，是不可或缺的个人善。合理的道德理论应该重视和实现此种个人善。

二、人权理论的具体原则

（一）与多元主义的区分

人权理论的正确性标准是多层次的、有先后次序的，但不是多元主义的。有些偏倚论者认为，可以运用多元主义的方式解决道德不偏不倚理论和偏爱关系之间的冲突问题。这种解决方法承认不偏不倚的原则，但是认为不偏不倚原则只在一定范围内起作用。在公共角色范围内，应用功利主

---

① Samuel Scheffler, *The Rejection of Consequentialism*, New York: Oxford University Press, 1982, p.21.

义等不偏不倚的原则，在私人生活领域应用偏爱性的原则。布鲁姆说："公正无偏的这项义务是限于我们在公共机构中所承担的某些角色之内的，比如法官、教师或医生。在这些角色之外，我们有慈善的义务(而不是不偏不倚的义务)去关注陌生人的幸福，但这种义务并不排除对朋友进行特殊的对待。"[①]科廷汉姆也认为，公共角色中的主体代表着公共利益，掌握分配公共资源的权力，应该做到毫无偏私、不偏不倚。因为所处的公共角色要求他们必须承担一种特殊责任，即公正无私、一视同仁、不偏不倚地根据规则处理问题，任何偏爱特征在这里是不起作用的。然而，这种责任不能扩展到私人关系领域。家人、朋友或我们所爱的人对个体来说是特殊的，个体应该给予自己家人、朋友的利益以特殊的重要性。[②]

这种多元主义的理论根据是人类关系和价值的多样性。由于关系和价值的多样性，相应的道德原则也是多样的。然而，这种多元主义的解决方法是不成功的。因为它只是把问题往后推了一步。关键的问题是：如何判断这些价值和关系本身的道德恰当性或合法性呢？因为这些价值和关系可能包含了某种形式的控制和蒙昧。"如果说讨论中的人类价值和关系必须通过某种道德测试，那么这个过程就会陷入恶性循环。而且如果进一步回答说我们只是从实际的社会实践中知道哪一个价值和关系是正当的，那么这会产生相对主义的缺陷，即不同的个人和群体可能会支持具有差异的甚至是相互冲突的价值和社会关系。因此，对这个需求——在普遍主义和特殊主义之间寻求可辩护的调和——多元主义的捍卫是不成功的。"[③]

(二)人权理论的原则[④]

人权是每个人平等具有的成功行动的普遍特征和必要条件。"成功行动"可以被理解为成功开展一个可能的好生活。为了实现个体的好生活，首先他得具备基本的能力和条件。人权的目的是保障实现这些基本的能力和条件。这些基本能力和条件可以被称为"能动性"。人权具有根本的道德重

---

① [美]詹姆斯·P.斯特巴：《实践中的道德》，李曦等译，北京大学出版社2006年版，第131页。

② John Cottingham, "Ethics and Impartiality", *Philosophical Studies*, Vol. 43, No. 1, January 1983, pp.83-99.

③ 徐向东编：《美德伦理与道德要求》，江苏人民出版社2007年版，第219页。

④ 以下人权相关内容参考了吉沃斯的观点。详见徐向东编：《美德伦理与道德要求》，江苏人民出版社2007年版，第221～232页。

要性，它的理论根据是：所有人都具有平等的尊严，因为所有人对于个人应该得到的利益具有平等的主张和权利。[①]

吉沃斯认为，人权即行动的必要条件和普遍特征，它包括自由和福祉(well-being)。自由是行动的程序性必要条件，自由是在了解相关环境的情况下通过非强迫性的选择来控制一个人的行为。这里所理解的福祉就是行动和一般意义上的成功行动的实质性必要条件，福祉具有达成目标所需的一般性能力和条件。[②] 我们认为，最好在自由和福祉之前加上一个必要条件——生命。[③] 人权的存在首先取决于人本身的存在。如果人的生命没有了，那也就无所谓其他的"权利"了。只有当一个人是活生生的人时，才能谈其他的权利。所以，生命比自由和福祉更为基本和重要。

这种福祉形成一个三角形的层状结构(a hierarchy of three level)。首先是基本福祉(basic well-being)。基本福祉是拥有行动的根本先决条件，比如身体完整性、精神安宁等。其次是非减少性福祉(non-substractive well-being)。非减少性福祉是：具有为了保证目标实现的一般水平以及特定行为能力不被减少所需要的一般性能力或条件，如不被欺骗、不被偷盗或者不受暴力威胁。最后是增加性福祉(additive well-being)。这指的是：具有使得目标实现的一般水平和特定行为的能力得以增加所需的一般性能力和条件。增加性福祉的例子是：自我尊重、教育以及赚取收入和财富的机会。在这个层级结构中，最基本的福祉是更为基本和必要的条件，最基本的福祉必须优先得到满足。[④] 吉沃斯把生命归到这一层级中。此外，保存生命是第一位的，应优先保全生命。处于中间的非减少性福祉主要指的是消极性或否定性义务。与积极帮助义务相比，消极性义务应首先被满足。增加性福祉其实是一种发展权，是最后被满足的。每个人都享有生命、自由和发展等的

---

① 参见徐向东编：《美德伦理与道德要求》，江苏人民出版社 2007 年版，第 222 页。

② 参见徐向东编：《美德伦理与道德要求》，江苏人民出版社 2007 年版，第 223 页。

③ 这一观点受益于何怀宏老师。何怀宏教授在《契约伦理与社会正义——罗尔斯正义论中的历史与理性》一书中指出："社会制度所遵循的基本原则的逻辑就是：生命——自由——平等，它们之间存在着一种逻辑的次序，甚至是一种不可逆性，它们一个比一个更优先，只有基本上满足了前一个才能满足后一个，而前一个又应当是向后一个开放的。"(何怀宏：《契约伦理与社会正义——罗尔斯正义论中的历史与理性》，中国人民大学出版社 1993 年版，第 88 页)

④ 参见徐向东编：《美德伦理与道德要求》，江苏人民出版社 2007 年版，第 223 页。

平等权利。

对于个体来说，这个层级结构确立了开展好生活所需必备条件的不同程度的重要性。不同程度的重要性决定了结构内不同条件的先后次序。在这些条件发生冲突时，对于行为主体来说更必要的权利比那些不太必要的权利具有优先性。换言之，生命权或生存权比基本福祉要先被满足，基本性福祉比非减少性福祉要先被满足，非减少性福祉要比增加性福祉先被满足。不管这个冲突是发生在一个人身上还是发生在不同人之间，都应遵从这个标准。[①]

既然每个人都平等地享有这些权利，个人就应该首先尊重他人的这些权利。这就要求个体履行如下消极义务：不要剥夺他人的生命权、自由权和享有福祉的权利。此外，当个体无须付出巨大的代价时，他也有积极的义务帮助他人实现生命和基本福祉方面的权利。

三、偏爱关系的人权原则辩护

人权原则可以为偏爱关系辩护。平等的原则可以承认和肯定不平等的事实，非个人观点可以包含个人观点。

这个辩护的基础是人权原则中的自由权利。这种权利包含或体现在人们的自愿结群或结社行为中。为了不同的目的，人们自由地结合在一起，形成自愿的群体或社团。这些群体或社团中的成员都自愿同意隶属于各自的团体，并且遵守这个群体或社团的规则。家庭或者友谊就是这样一种自愿结群或结社的形式。这些团体以及规则是普遍人权原则的间接应用。人权原则所要求的对自由和福祉的保护是直接针对团体及其规则的，而不是直接针对个人的行动。以棒球比赛为例，棒球比赛中，裁判可以让击球手出局并且强制他离开击球区，即使这违背了击球手的意愿。裁判的行为没有违反击球手的自由权，因为裁判是在依照规则办事，而这些规则受到了所有参与者的自由权的辩护，因为他们自由地同意参与比赛并且遵守比赛规则。人权中的自由权的应用对象是比赛群体及其规则，而不是比赛中的个人及其行动。即使击球手的自由权被侵犯，这种侵犯也是得到辩护的。这种侵

---

① 参见徐向东编：《美德伦理与道德要求》，江苏人民出版社2007年版，第223页。

犯不同于盗贼团伙所实施的对个人权利的侵犯(也就是未得到辩护的侵犯),因为棒球队及其规则并不依赖受害者的自愿同意,如果一个人违背了既定团体的规则,即使他不愿意离开赛场,为了维护规则,维护规则的基础——自由权,他也必须离开。此外,组织棒球队的目的也可以为偏爱提供辩护。在赢得一场比赛的过程中,为了本方球员的利益而对这些成员采取相对于另一方球员的特殊主义偏向。这种特殊主义偏向性本身就是形成自愿团体这个普遍权利所认可的。家庭和友谊等也都是自愿结群的形式,因而也受到自由这一普遍权利的辩护。与其他结群或结社形式有所不同的是:家庭的目的是深刻的、广泛的亲密关怀和相互支持,父母应对自己的孩子提供特殊照顾和帮助。组成家庭的特殊目的为优先性对待提供了辩护,家庭成员正是凭借这种地位而对相互的利益给予优先考虑。友谊也是如此。[①]

伦理普遍主义对伦理特殊主义的辩护并没有损害或者歪曲偏爱关系。因为与道德不偏不倚理论不同,人权理论对偏爱关系的辩护是内在的(intrinsic)。家庭优先的特殊主义通过自由的平等人权这一普遍原则得到了辩护,这种辩护是来自婚姻结合的特殊目的。这些目的被看作内在地具有价值,而不是因促进实现普遍目的而具有价值。出于同样的原因,这个辩护是必然的,而不是偶然的。因为通过相互的优先关系而形成家庭的权利体现了自由的普遍权利,而不是实现自由的普遍权利的偶然手段。同样的辩护也适用于其他特殊主义,比如一个人对自己朋友和亲密同事的喜爱。[②]

四、偏爱关系中优先性的限定

尽管偏爱关系的优先性能够得到人权原则的辩护,但要注意的是:只有当这种优先性不违反他人基本的道德权利时,才是能够得到辩护的。[③]

结合在本书第二章中谈及的几种冲突情境,我们来逐一分析。第一类冲突情境:处于公共角色中的个人面临的与偏爱关系的冲突。第二类冲突情境:非公共角色中的个人面临的与偏爱关系的冲突。这又分为两种情形:

---

① 参见徐向东编:《美德伦理与道德要求》,江苏人民出版社 2007 年版,第 225 页。
② 参见徐向东编:《美德伦理与道德要求》,江苏人民出版社 2007 年版,第 226 页。
③ 参见徐向东编:《美德伦理与道德要求》,江苏人民出版社 2007 年版,第 227 页。

一个是严重侵犯他人基本权利与偏爱之间的冲突,另一个是帮助他人与偏爱之间的冲突。

在第一类情境中,偏爱自己的家人或朋友是被禁止的。当家庭成员或朋友担任公职时,不管这个职位是公共机构里的还是自愿团体里的,这个角色都包含相应的责任。责任及其所依据的规则赋予了这个职位所影响到的人以相应的权利。这些人可能会受到直接的影响(如棒球比赛中球员与裁判)或者作为普通大众的成员而受到影响(就像刑法中的情形那样)。但是,在所有这些情形中,违背各自规则所要求的不偏不倚就是违背其他人的权利,无论他们是棒球选手、学生还是普通大众。偏爱关系要遵守这一限定,即不能违背不偏不倚的规则。在第二类情境中,在严重侵犯他人基本权利与偏爱关系发生冲突时,偏爱自己的家人或朋友也是被禁止的,如前面提到的那个母亲是否应该藏匿杀人儿子的例子。因为儿子侵犯他人的生存权利在先,所以这种行为应该受到法律的制裁。他人基本的生命权利、基本福祉方面的权利以及非减少性福祉的权利都是要首先得到保障的,所以在这种情形下,偏爱是道德上禁止的。

在帮助他人与偏爱发生冲突的情境中,又分为以下几种情况:第一,在涉及生命或基本福祉需要时,个体可以优先满足自己孩子的需要。比如,在个人具有有限能力或资源的前提下,面临着抚养自己的孩子还是捐钱去抚养别人孩子的选择,此时,个人可以选择抚养自己的孩子。换言之,在此种情形下,偏爱是被允许的,甚至是被道德所要求的。那些没有得到抚养的孩子应该通过国家的政策、政府和社会的救济组织来解决这个问题。第二,涉及对家人、朋友相对来说不太重要的需要和陌生人的必需品之间的冲突时,应该优先帮助陌生人。因此,如果面临是给自己的孩子(生活已经很充裕)买流行的玩具还是捐助挨饿孩子之间的冲突时,个体应该选择后者。个体对挨饿孩子的帮助是道德上要求的,是应该履行的义务;相反的行为则得不到道德上的辩护。个体之所以应该如此做是因为:一是,贫困孩子的境况是运气造成的,他们只是碰巧运气不好没有生在富裕的家庭,而运气是道德上不应得的。这些孩子并不能为这种运气负责。个体只对自己选择的和可以控制的事情负责。二是,社会是一个合作体系,除了对自己所爱之人负有责任外,每个人还需要承担对他人的责任或义务。三是,在日常的关怀照顾方面，你可以优先满足自己孩子的需要，如孩子半夜生病需要父母照顾，父母让孩子穿暖和点以免生病，等等。这些日常的关怀是父母不可能提供给别人的，因为身体上的接近性是这种关怀的基础。别的孩子离得较远，作为父母一个人不可能同时出现在两个地方。所以，就日常关怀方面，父母有优先照顾自己孩子的义务。[①]

总之，对家人、朋友的偏爱并不是在所有情况下都是优先的。[②] 除了家人、朋友之外，我们还负有对他人的责任或义务。优先性并不包含排他性。在生活的大多数情形中，人们可以偏爱自己的家人、朋友，同时也应关注其他陌生人的需求。然而，这种优先性是被限定的，即需遵守不违反他人基本道德权利的原则。

人权理论的原则或标准是分层次的、有序列的。在首要和基本的意义上，它体现了平等的非个人观点。每一个人都平等地享有生命权、自由权和各项福祉的权利。同时，这几个原则内部又是分层次的。生命权是首先需要被满足的，其次才是其他权利。在发生冲突时，对于行为主体来说更必要的权利比那些不太必要的权利具有优先性。另外，这种人权理论能够为家庭、友谊等偏爱关系提供一种内在的辩护，并赋予偏爱关系以相应的道德地位和道德价值。所以，在根本意义上，偏爱自己的家人、朋友是道德上要求的和允许的。然而，这种优先性是需要被限定的。优先性并不包含排他性。人们有道德上的义务帮助别人的家人或朋友实现某些基本的必要权利。

---

① 这一观点受益于詹姆斯·雷切尔斯的《道德、父母和孩子》一文。详见[美]詹姆斯·P.斯特巴：《实践中的道德》，李曦、蔡蓁等译，北京大学出版社 2006 年版，第 140～152 页的相关内容。

② 即使作为古典美德伦理学代表的亚里士多德也意识到了这个问题。亚里士多德在讨论不同回报责任之间的冲突问题时，其实从侧面表达了我们为什么要优先关心我们的家人和朋友。他认为，一般来说，我们显然应当先回报他人的善举，而不是先施惠于伙伴。也就是说，我们应当先归还所欠的。然而，亚里士多德也指出，我们也并不是总是这样做。他说："但是，如果用钱帮助另外一个人在高尚性与迫切性上超过了还钱，我们就应当先帮助。"详见[古希腊]亚里士多德：《尼各马可伦理学》，廖申白译，商务印书馆 2003 年版，第 262～264 页。

第六章　对中国特色社会主义伦理学建设的启示

尽管平等与偏爱关系问题是一个在西方文化传统中被广泛关注和讨论的问题，但是随着中国现代化进程中平等与偏爱关系问题的逐渐凸显，西方的讨论为我们处理平等与偏爱关系提供了重要的启发和借鉴意义。在中国延续几千年的、主流的道德文化传统中，家庭、友谊等偏爱关系是极其重要的道德价值，处理偏爱关系的"孝悌"也是道德规范。基于此，很多人认为中国传统儒家伦理思想的根本特征是强调血缘亲情，主张"爱有差等"，其实质是血亲情理文化。同时，在我们的常识道德中有一种逐渐得到认同的道德价值，即每一个人都是平等的。人人平等也是中国特色社会主义的本质特征。在实现这一目标的过程中，我们就面临着如何处理偏爱关系的问题。建立平等社会的要求与强调"爱有差等"的传统文化之间产生了一种冲突或内在张力。我们应该如何处理这个冲突呢？由于中西方不同的文化传统和社会背景，我们不能奉行"拿来主义"。但是，因为中西文化对道德理解的类似性、人性的共通性，我们又可以借鉴吸收他们关于平等与偏爱问题的相关思想。为了避免西方的错误、吸取其教训，我们不应该在忽视偏爱关系、忽视个体关注的前提下发展道德平等理论，而应该在基于偏爱的关系中去协调人与人之间的道德平等。这样建立起来的道德理论才可能是被人们真正接受和实行的理论。

随着社会主义市场经济的发展、社会结构的逐渐变迁，道德与社会经济发展之间出现脱节问题，导致社会各领域道德问题突出，亟须构建中国特色社会主义伦理学。中国特色社会主义伦理学建设需要在马克思主义原则的指导下，继承并转化传统文化中优秀的道德资源，借鉴并吸收西方文化中有益的道德资源。习近平总书记说："我们要善于融通古今中外各种资源，特别是要把握好三方面资源。一是马克思主义的资源，包括马克思主义基本原理，马克思主义中国化形成的成果及其文化形态，如党的理论和路线方针政策，中国特色社会主义道路、理论体系、制度，我国经济、政治、法律、文化、社会、生态、外交、国防、党建等领域形成的哲学社会科学思想和成果。这是中国特色哲学社会科学的主体内容，也是中国特色哲学社会科学发展的最大增量。二是中华优秀传统文化的资源，这是中国特色哲学社会科学发展十分宝贵、不可多得的资源。三是国外哲学社会科学的资源，包括世界所有国家哲学社会科学取得的积极成果，这可以成为中国特色哲学社会科学的有益滋养。要坚持古为今用、洋为中用，融通各种资源，不断推进知识创新、理论创新、方法创新。我们要坚持不忘本来、吸收外来、面向未来，既向内看、深入研究关系国计民生的重大课题，又向外看、积极探索关系人类前途命运的重大问题；既向前看、准确判断中国特色社会主义发展趋势，又向后看、善于继承和弘扬中华优秀传统文化精华。"[①]中国特色社会主义伦理学的建设必须综合地运用"中、西、马"三种资源，马克思主义伦理学理论是根本指导，它体现了马克思主义中国化的相关原理；中国优秀传统道德文化是宝贵资源，代表着中华文明的核心与精髓；西方道德文化是重要资源，提供了可以被借鉴的人类文明优秀道德成果。在此基础上，我们才能构建以马克思主义为指导、既继承传统又回应时代的中国特色社会主义伦理学体系。正如冯书生所说："虽然从指导思想的一贯性层面讲，中国特色社会主义伦理学本身就是马克思主义伦理学，但要突破目前三种资源大致平行发展的研究格局，凸显中国特色社会主义伦理学，以便有意识地综合运用三种资源，是非常必要的。"[②]

此外，"中、西、马"三种资源之间也需要互相学习借鉴、交流融合。尽管当前的马克思主义伦理学建设和中国优秀道德文化的创造性转化、创新性发展取得了丰富的成果，但是仍然存在一些问题。西方道德不偏不倚理论

---

① 习近平：《在哲学社会科学工作座谈会上的讲话》，人民出版社 2016 年版，第 16 页。

② 冯书生：《我国伦理学的研究传统及未来面向》，载《华中科技大学学报（社会科学版）》2019 年第 1 期。

与偏爱关系的争论和探讨为解决这些问题提供了有益的启发，尤其是为解决平等与偏爱问题的相关思想提供了很大启发。解决平等与偏爱争论需要诉诸对一种合理的道德理论的承诺和认知。这种合理的道德理论赋予或承认偏爱关系的道德价值，道德是非个人观点与个人观点的统一。一方面，在某些基本的层面，合理的道德要坚持平等的非个人观点；另一方面，在某些层面，合理的道德要保证个人观点的优先性和道德地位。在此基础上，中国特色社会主义伦理建设应该充分运用西方优秀道德思想，发掘完善马克思主义伦理学、中国传统道德文化中的相关思想，为解决公德私德问题奠定理论基础。

第一节 对马克思主义伦理学建设的启示

马克思主义伦理学是新中国伦理学发展的源头和指导思想。马克思主义伦理学是中国特色伦理学建设不可或缺的重要组成部分。新中国成立70年以来，马克思主义伦理文化发挥了重要的规范制约、价值引导的功能。但是，随着社会经济的发展，出现了新时代特有的课题，建构契合新时代精神诉求的马克思主义伦理学成为历史的必然。这种建构需要借鉴西方的道德资源，吸收其精华，避免其错误，为进一步建设马克思主义伦理学增砖添瓦。

这种借鉴具有内在的可能性和必要性。首先，马克思主义是在批判继承近代西方思想传统基础上产生的理论，二者具有同样的问题意识。正如龚群所说："我们一般认为，马克思主义伦理学是伦理思想史上的革命变革，它是无产阶级革命以及社会主义事业的道德理论。但我们不能将马克思主义伦理学与源远流长的西方伦理传统割裂开来。"[①]自启蒙运动以来，西方的道德理论强调平等，关注个人。马克思主义继承了西方传统的问题意识，并且批判地提出了创造性的见解。在个人与社会关系问题上，马克思主义同样关注个人；在平等问题上，马克思主义批判资本主义社会平等的虚伪性，主张实现真正的平等；在理论诉求上，马克思主义以人的自由全面发展为终极目标。二者对于个人、平等的共同关注为学习借鉴提供了可能性。其次，

① 龚群：《个人与社会的关系——伦理学基本问题及其范例》，载《道德与文明》2020年第1期。

尽管马克思主义强调个人和平等，但是在马克思主义伦理学中国化的过程中，对个人利益的关注和对平等道德价值的强调尚需进一步同伦理学理论进行融合。高国希等认为："当代中国马克思主义伦理学要体现'以人民为中心'的价值理念，鲜明地体现着以人民为中心的发展理念，充分反映人民群众在社会生活当中所需要的合理需求，展现中国特色社会主义发展的思想文化成果。"[①]人民是由个体组成的，以人民为中心就是保障每个人的利益，关注每个人的平等。当前中国马克思主义伦理学追求的目标就是美好生活。美好生活是个体的美好生活，是每个人的美好生活。为了实现这个目标，马克思主义伦理学必须关注个人和平等，这需要从西方平等与偏爱的争论中汲取优秀资源。

一、启示之一：挖掘马克思主义伦理学强调个人的思想

平等与偏爱的争论从根本上反映出道德观点与个人观点之间的张力。道德观点是非个人观点，偏爱关系则体现了个人观点。从个人观点来看，家庭、友谊等偏爱关系至高无上；但是，从道德观点来看，这种偏爱关系需要受到约束和限制。所以，批评者认为，即使西方道德不偏不倚理论承认偏爱关系是有价值的，这种价值仍然不是道德价值；即使偏爱关系被看作具有道德价值，仍然存在这样的问题：与平等、正义等道德原则相冲突时，偏爱关系必须让位于后者，因为后者是更高阶、更根本的原则，这个更根本的原则真正体现了个人之间的平等。其实，争论双方都关注个人、强调个人，只是关注和强调的方面不同而已，一个强调个人普遍性的平等权利，一个强调个人的特殊性偏爱。

中国特色社会主义道德的原则是集体主义。这一原则是以罗国杰为代表的老一辈思想家，在马克思主义的指导下，结合中国的国情提出的道德原则。这个原则在我们的生活中发挥着至关重要的作用。集体主义肯定个人利益的正当性，但由于中国传统对个人的忽视，导致各种伪集体主义的出现。伪集体主义通常打着"集体"的名义假公济私，忽视甚至损害个人的利益。正如某些学者所说："时至今日，作为传统整体主义变异的'伪集体主

① 高国希、叶方兴：《当代中国马克思主义伦理学的价值理路》，载《伦理学研究》2020年第5期。

义'仍然在社会生活中被高调提倡，群己权界没有得到清晰划分，公域挤压私域、公域权侵犯私域权、私域权之间相互侵扰和损害的现象仍然在现实社会生活中存在着。由此建立'真实集体'以消弭现代性群己矛盾，成为建构马克思主义伦理精神的迫切期待。"①此外，由于层次区分不清以及对于"集体主义就是要求大公无私"的片面解读和实践，导致片面强调"为人民服务"，从而造成集体主义道德原则要求过于严苛，忽视甚至否定个体的利益和诉求。"对个人利益的轻视、漠视甚至否定成了以强调和维护集体利益的集体主义道德原则的一个重要内容，舍己为人、大公无私成为集体主义道德原则的理想人格追求和现实的普遍的唯一的道德要求。"②为了解决对个体利益的忽视问题，我们需要借鉴西方优秀的道德资源，从道德不偏不倚理论与偏爱关系的争论中汲取有益的启示，尤其应借鉴他们对于个人权利、个人平等、个人承诺等对个人利益关注的思想。

对个体的强调和重视、对个人权利的保障、对个人平等与自由的追求是现代社会的重要特征，也是人类道德进步的重要体现。"由传统社会向现代社会转折的显著标志是社会生活的世俗化和'独立的个人'的出场，以及随之而来的'社会'、'国家'、'共同体'之神圣性的衰微。"③适应现代社会的中国特色社会主义伦理学当然也不能忽视对个人的重视和强调。我们应该挖掘马克思主义关注个人的思想，为今天的道德建设提供理论基础。

作为马克思主义的经典创始人，马克思的理论诉求是个人解放。个人是马克思思想的重要维度。"马克思对于随着商品经济发展和市民社会兴起而出场的'个人'有着敏锐而卓越的体会和把握，'个人'可以说是马克思哲学的固有维度和重要范畴，因而是创新发展马克思哲学、展现其当代性的不可或缺的重要视域。"④马克思思想的个人维度体现为两个方面：一是理论目标，二是理论根基。马克思思想的理论目标是人的自由而全面的发展。"代替那存在着阶级和阶级对立的资产阶级旧社会的，将是这样一个联合

---

① 肖祥：《建构中国马克思主义伦理精神：期许、问题与理路——新中国70年精神激励的伦理逻辑》，载《天津社会科学》2019年第6期。

② 叶昌友：《论马克思、恩格斯"个人与社会关系"思想的逻辑起点》，载《科学社会主义》2006年第4期。

③ 周世兴：《"个人"：创新发展马克思哲学的当代视域》，载《哲学研究》2012年第8期。

④ 周世兴：《"个人"：创新发展马克思哲学的当代视域》，载《哲学研究》2012年第8期。

体，在那里，每个人的自由发展是一切人的自由发展的条件。”[①]这种自由而全面的发展是每个个体的自由而全面的发展。马克思的理论根基是“现实的个人”。“现实的个人”是个性与社会性相统一的个人，是马克思区别于西方个人主义传统的重要标志。“在马克思看来，‘现实的人’是理解全部人类历史的第一前提，也是实现人是目的的根基。”[②]从“现实的个人”出发，其最终价值旨归是实现个人的自由全面发展。

马克思的“现实的个人”概念非常重要，是理解唯物史观等思想的理论基点，也为理解“道德是非个人观点与个人观点的统一”奠定了理论基础。平等与偏爱之间之所以会争论不休，是因为西方对个人权利和自由的过分强调导致了个人与社会之间的紧张对立关系。立基于马克思的“现实的个人”概念，个人与社会之间不是二元对立关系，而是互相依存、不可分割的共在关系。

“现实的个人”是在实践基础上形成的个人。实践是指人的自由自觉的能动性活动，是人所特有的对象性活动。马克思主义认为，实践是人的存在方式。马克思说：“人的类特性恰恰就是自由的自觉的活动。”[③]实践塑造了个体，创造了个体生存所依赖的物质生活条件，并且这些物质生活条件又作为客观的基础约束着个人。马克思和恩格斯说：“以一定的方式进行生产活动的一定的个人，发生一定的社会关系和政治关系。经验的观察在任何情况下都应当根据经验来揭示社会结构和政治结构同生产的联系，而不应当带有任何神秘和思辨的色彩。社会结构和国家总是从一定的个人的生活过程中产生的。但是，这里所说的个人不是他们自己或别人想象中的那种个人，而是现实中的个人，也就是说，这些个人是从事活动的，进行物质生产的，因而是在一定的物质的、不受他们任意支配的界限、前提和条件下活动着的。”[④]可见，“现实的个人”是实践的个人，是依赖客观物质条件的个人，由此形成的个人不是想象的、孤立的、离群索居的原子式个体。所以，马克思

① 《马克思恩格斯选集》第1卷，人民出版社2012年版，第422页。

② 肖祥：《建构中国马克思主义伦理精神：期许、问题与理路——新中国70年精神激励的伦理逻辑》，载《天津社会科学》2019年第6期。

③ 《马克思恩格斯全集》第42卷，人民出版社1979年版，第96页。

④ 《马克思恩格斯选集》第1卷，人民出版社2012年版，第151页。

和恩格斯说："它的前提是人，但不是处在某种虚幻的离群索居和固定不变状态中的人，而是处在现实的、可以通过经验观察到的、在一定条件下进行的发展过程中的人。"[①]"各个人的出发点总是他们自己，不过当然是处于既有的历史条件和关系范围之内的自己，而不是意识形态家们所理解的'纯粹的'个人。"[②]

"现实的个人"既是个性的存在，又是社会性的存在。个性与社会性二者相辅相成，互相成就。既然个人在实践中生成和确证自己的本质，实践本是一种社会性的活动，所以"现实的个人"也是社会关系性的存在。马克思说："首先应当避免重新把'社会'当做抽象的东西同个体对立起来。个体是社会存在物。因此，他的生命表现，即使不采取共同的、同他人一起完成的生命表现这种直接形式，也是社会生活的表现和确证。"[③]社会不是独立于个体的存在物、不是个人的对立面，而是人的本质属性。人是关系性存在物，必须在社会关系中存在与发展，获得自己生存与发展所需的一切，获得自己的内在本质。"只有在共同体中，个人才能获得全面发展其才能的手段，也就是说，只有在共同体中才可能有个人自由。……从前各个人联合而成的虚假的共同体，总是相对于各个人而独立的；由于这种共同体是一个阶级反对另一个阶级的联合，因此对于被统治的阶级来说，它不仅是完全虚幻的共同体，而且是新的桎梏。在真正的共同体的条件下，各个人在自己的联合中并通过这种联合获得自己的自由。"[④]所以，"虚假的共同体"导致个人与社会的分离。只有在"真正的共同体"中，个人与社会才是统一的。同时，对真假共同体的区分也表明，只有首先从社会性的、普遍性的维度理解个体，个体才有可能是现实的。刘森林指出："离开社会性仅仅从个体性、个性、独自性角度解释现实性，那是找不到真正的现实性的，倒必定陷入某种虚幻性。……撇开社会普遍性，仅仅从个性、独自性角度看待'现实的人'由此肯定利己主义，跟仅仅从普遍性出发，鼓吹为了普遍利益的自我牺牲，都是马克思、

① 《马克思恩格斯选集》第1卷，人民出版社2012年版，第153页。
② 《马克思恩格斯选集》第1卷，人民出版社2012年版，第199页。
③ 《马克思恩格斯文集》第1卷，人民出版社2009年版，第188页。
④ 《马克思恩格斯选集》第1卷，人民出版社2012年版，第199页。

恩格斯坚决反对的。在他们看来，也是不现实的。”[①]作为关系性存在的“现实的个人”，既是个性化的存在又是社会性的存在。个性中蕴含着社会性，社会性中体现着个性。个人视角与非个人视角同时蕴含在“现实的个人”之中。

可见，对于马克思主义而言，无论是其“现实的个人”之理论基础，还是实现人的自由全面发展的理论目标，都以关注个人为中心。因此，马克思主义伦理学的建构应以马克思主义经典作家对个人关注的相关思想作为理论基础。第一，“现实的个人”是马克思主义探讨个体权利、自由、平等问题的基础。有学者指出：“现实的个人”是唯物史观的理论前提和出发点，深入探讨“现实的个人”概念对坚持新时代以人民为中心的发展思想具有重要的理论意义和现实意义。[②] 以人民为中心的中国特色社会主义伦理学必须建立在“现实的个人”的基础上，才能真正体现以人为本。第二，马克思主义个人自由而全面发展的目标与中国特色社会主义实现美好生活的目标具有内在的逻辑一致性。人的自由而全面的发展就是美好生活，美好生活意味着人的自由而全面的发展，二者具有一致性。人的自由而全面的发展是每一个人的自由而全面的发展，美好生活也是每个人的美好生活，立足于每一个现实的、具体的个人。马克思主义伦理学与中国特色社会主义伦理学的价值目标和理论宗旨都是实现个人的自由而全面的发展。江畅等认为：“马克思主义和中国特色社会主义理论要求当代中国的道德必须是以人为本的道德，它必须以社会成员的自由而全面发展作为道德的终极目的和价值取向，其各方面的要求都要服从于和服务于这一目的的实现。”[③]只有满足现实的个人需要，中国特色社会主义伦理学才会得到人民的支持和拥护。关注和满足个人的需要，意味着保障“现实的个人”的利益。这些利益包括对物质的合理追求、对个人权利的保障等等。

首先，马克思主义伦理学应该肯定个体对物质利益和自身欲望的合理

① 刘森林：《何为“现实的个人”之现实性？》，载《马克思主义理论学科研究》2017年第4期。

② 参见万光侠：《马克思“现实的个人”的唯物史观审思》，载《中国高校社会科学》2021年第1期。

③ 江畅、范蓉：《论当代中国道德体系的构建》，载《湖北大学学报（哲学社会科学版）》2015年第1期。

满足。现实的个人是有血有肉的生命,其存在本身依赖于物质生活资料。个体的物质需要应该首先被满足。马克思和恩格斯说:“因此我们首先应当确定一切人类生存的第一个前提,也就是一切历史的第一个前提,这个前提是:人们为了能够‘创造历史’,必须能够生活。但是为了生活,首先就需要吃喝住穿以及其他一些东西。因此第一个历史活动就是生产满足这些需要的资料,即生产物质生活本身,而且,这是人们从几千年前直到今天单是为了维持生活就必须每日每时从事的历史活动,是一切历史的基本条件。”①合理的道德理论应该肯定个体的欲望和利益,使其处在合理的范围之内,实现道德非个人观点与个人观点的统一。偏爱属于个体的欲望和利益,偏爱自己和偏爱家人或朋友是人之常情,且这种偏爱对个体的存在具有重要意义。所以,道德理论应该肯定合理的偏爱,尤其应赋予对家人或朋友的偏爱以相应的道德价值。既然如此,我们应该改变关于道德就是“存天理,灭人欲”的错误看法,“改变道德意味着自我牺牲的观念,确立道德是有利于人更好生存的生存智慧的观念”②。

合理的道德理论肯定个体利益的正当性,但并不是个体所有的利益都应该无条件得到满足,只有合理的利益才会被满足。合理的限度是指在追求自我利益的过程中,个体不能侵害、损害他人、社会和国家的利益,这是道德的底线要求。“道德肯定人们追求自己的利益和权利的合理性和正当性,但告诉人们这种追求有两种方式:一种是不道德的方式,另一种是道德的方式。不道德的方式就是唯利是图、不择手段的方式。人们按照这种方式行事,不仅会伤害他人和共同体,而且会最终伤害自己。因为如果每一个体都无所顾忌地行事,必然导致人与人之间的相互伤害,最终行为者自己也必然会受到伤害。与不道德的方式不同,道德方式要求人们在追求自己的利益和权利的时候不能伤害他人和共同体,这是道德的底线要求。”③在不违背这个底线原则的前提下,个人可以自由追求各种利益。

---

① 《马克思恩格斯选集》第1卷,人民出版社2012年版,第158页。

② 江畅、范蓉:《论当代中国道德体系的构建》,载《湖北大学学报(哲学社会科学版)》2015年第1期。

③ 江畅、范蓉:《论当代中国道德体系的构建》,载《湖北大学学报(哲学社会科学版)》2015年第1期。

其次，马克思主义伦理学应该关注和保障个体的权利。为了更好地满足个体的物质利益及其他利益，一种合理的道德理论应该注重捍卫和保障个体的权利，使其成为真正的人。解决平等与偏爱争论的道德理论应该如此：在首要的意义上，它是平等的非个人观点。每一个人都平等地享有生命权、自由权、发展权等各项权利。同时，这几个权利原则内部又是分层次的。生命权是需要首先被满足的，其次才是其他权利。在这几个权利之间发生冲突时，对于行为主体来说更必要的权利对于那些不太必要的权利是具有优先性的。马克思主义的理论诉求之一是实现个体的真实权利，在阶级社会中，只有统治阶级的权利是真实的，其他人的权利都是字面意义上的形式性“权利”，都是虚假的伪善，因为“权利决不能超出社会的经济结构以及由经济结构制约的社会的文化发展”①。因此，“消除人的异化、争取人的权利，是马克思主义伦理学一以贯之的伦理目标，并以对资产阶级的自由、平等、民主和人权的伦理批判为主题”②。

中国共产党一直致力于发展和保障人民的各项权利。在中国共产党的领导下，中国人民推翻了三座大山，摆脱受剥削、受压迫的境地，真正站起来，使人民获得自由权、平等权、生命权等。新中国成立伊始，人民代表大会等制度的确立确保人民当家作主的权利，为人民充分享有其他权利提供根本制度保障。改革开放后通过实施一系列大政方针，党带领人民实现经济的迅猛发展，为切实保障人民的生存权、发展权及其他各项权利奠定了雄厚的经济基础。1991 年，国务院新闻办公室发布第一份《中国的人权状况》白皮书，明确提出：“人权首先是人民的生存权。没有生存权，其他一切人权均无从谈起。”③此外，还包括公民政治权利和经济、文化、社会等方面的权利。“1997 年，中共十五大明确提出，保证人民依法享有广泛的权利和自由，尊重和保障人权。2002 年，尊重和保障人权作为社会主义政治文明建设的重要目标写入中共十六大报告。2007 年，中共十七大报告进一步指出要尊重和

---

① 《马克思恩格斯选集》第 3 卷，人民出版社 2012 年版，第 364 页。

② 肖祥：《建构中国马克思主义伦理精神：期许、问题与理路——新中国 70 年精神激励的伦理逻辑》，载《天津社会科学》2019 年第 6 期。

③ 国务院新闻办公室：《1991 年：中国的人权状况》，国务院新闻办公室网站，http://www.scio.gov.cn/ztk/dtzt/90/11/Document/1253739/1253739.htm。

保障人权，依法保证全体社会成员平等参与、平等发展的权利。同年，尊重和保障人权首次载入《中国共产党章程》。2012 年中共十八大召开，中国特色社会主义进入新时代，在习近平新时代中国特色社会主义思想指引下，坚持以人民为中心的发展思想，大力保障和改善民生，加强人权法治保障，中国人权事业得到全面发展。新时代中国特色社会主义将人权得到切实尊重和保障作为全面建成小康社会的重要目标。"①新时代，我国的主要矛盾是人民日益增长的美好生活需要与不平衡不充分的发展之间的矛盾。这个基本矛盾确立的初衷是为了更好地保障个体的权利。为了实现这个目标，中国特色社会主义必须坚持以人民为中心的发展思想，不断促进人的全面发展，实现共建，共享发展成果。脱贫攻坚任务也是对贫困群体的生存权、发展权的保证。

新中国 70 年人权发展的历程表明，人民生活幸福是最大的人权。中国特色社会主义继承了马克思主义对真实人权的追求，以保障和实现个体的生存权和发展权为起点，致力于实现每个人的美好生活，进而实现人的自由而全面发展的终极目标。"全面发展既意味着每一个人的所有个性和内在素质得以全面的外化和激活，也蕴含着所有人平等地占有生产资料和社会财富的内涵，更意指人人获得均衡而充分的发展的权利。"②

以人权理论为依托，当前的马克思主义伦理学建设应该维护个体的自由权、生存权、发展权、平等权等。这需要把道德理解为非个人观点与个人观点的统一，需要对集体主义进行详细的层次区分。集体主义并不是单一的道德要求，它应被分为三个层次。最低层次的要求是不伤害他人、尊重他人生命、平等待人等公民最基本的道德义务；中间层次是先人后己，力所能及地帮助他人；最高层次是舍己为人，大公无私。集体主义并不要求在任何情况下个人都应该无条件牺牲自己的权利和利益。中国特色社会主义伦理学建设应首先明确集体主义是保障个人权利和利益的，尤其是保障个人的生存权、生命权等最基本的人权。只有当个人与集体、国家利益发生严重不可调和和冲突时，即不牺牲个人利益不足以保全集体或国家利益时，才要求

① 国务院新闻办公室：《为人民谋幸福：新中国人权事业发展 70 年白皮书》，国务院新闻办公室网站，http://www.scio.gov.cn/ztk/dtzt/39912/41810/index.htm。

② 汪习根：《马克思主义人权理论中国化及其发展》，载《法制与社会发展》2019 年第 2 期。

个体作出这种牺牲，当然这种牺牲也不是每一个个体必须履行的道德义务。

二、启示之二：挖掘马克思主义伦理学强调平等的思想

平等是现代社会的共识。“作为近代以来的伦理共识或价值共识，平等、民主等观念并非凭空而起，而是以近代社会的平民化走向对传统社会等级制的超越为其历史前提。”[①]在平等与偏爱的争论中，道德不偏不倚理论最根本的承诺是平等。尽管偏倚论者批判道德不偏不倚的观点，但是他们也不否认平等。任何一种合理的道德理论都应该把平等作为一个首要原则，它体现了道德的非个人性。平等是指每一个道德主体都同等重要，没有任何一个人比其他人具有更多的内在重要性或能够凭借他是谁拥有更多的关注。这并不意味着所有人、在所有方面、在所有情况下都是平等的，而是指每一个人必须被作为平等的个体被对待，按照他们所应得的诸如权利、合法要求等事物对待每个个体。

当前中国社会尚未充分认识到平等在理论上的重要性，很多马克思主义理论研究者认为马克思、恩格斯是反对平等的。因为他们认为，“平等”是资产阶级提出的蒙骗大众的统治手段，目的是为了攫取一己之私利。这种“平等”只是形式上的或者法律条文中的“平等”，而不是真实的平等。所以，平等被看作是资本主义社会的研究主题，国内较少对马克思主义的平等进行研究。如陈培永所说：“从马克思、恩格斯的论述中，能明显看到他们对这种现代平等理念本身以及对这种平等理论所发挥的实际作用的认同，但在之后的理论研究者也包括现如今我们很多人的观念中，马克思、恩格斯整体上对现代平等持批判态度，把平等当成资产阶级的口号和资产阶级统治的工具，认定人人平等只是名义上的，实际上则是少数人的、一部分人的平等，是形式上的平等而不是实质意义上的平等。正是因为有这种理解，长期以来平等往往被看作自由主义的话题，在马克思主义理论领域很少公开进行讨论，平等（与公平、正义）一直没有作为关键词出现在马克思主义基本原理中，在实际的政治生活中，对政治平等、法律平等并没有突出强调，甚至还导致在追求实质意义上平等的过程中公然践踏一些人作为公民的合法的平等

① 杨国荣：《论伦理共识》，载《探索与争鸣》2019 年第 2 期。

权利的现象。”[①]相应地，马克思主义伦理学建设忽视了平等的道德价值，在对道德的根本认知层面尚未与平等有机结合。

在中国的现代化进程中，这种结合具有重要意义。首先，与平等的有机结合彰显了马克思主义伦理学是现代伦理理论探讨的重要方式之一，能够蕴含现代社会重要的道德共识。正如李义天所说：“马克思主义是人类理解和建构现代社会的一条基本路径，马克思主义伦理学亦是现代伦理知识谱系中的重要范式之一。因此，积极的马克思主义伦理学必须蕴涵现代伦理学的基本价值诉求与政治理念，并表现为围绕相关问题的独特讨论。而在现代伦理学的诸多主题中，‘平等’居于一个优先与基础的地位，它甚至要比人们津津乐道的正义或自由概念更加重要。这是因为，在特定意义上，现代伦理学的正义和自由概念恰恰要通过‘平等’而得到说明与辩护。”[②]因此，建构具有中国特色的马克思主义伦理学需要深度挖掘平等的道德价值思想。其次，平等是最能体现社会主义性质的道德观念。社会主义的最大魅力就是其对真实平等的承诺和实现。社会主义不仅是社会制度，是革命运动，而且它是重要的道德价值理念。这种重要的道德价值就是平等。“社会主义不仅是一种运动、一种制度，同时还是以自由、平等和人的全面发展为核心的价值观，而平等则是社会主义核心价值观的基石。”[③]分析马克思主义的研究者把“平等”这一价值要素视为社会主义的内核，凯·尼尔森（Kai Nielsen）指出：“作为启蒙运动的继承者，马克思和恩格斯坚守着平等这种信念。”[④]习近平新时代中国特色社会主义思想中的共享理念强调对发展成果的平等共享。习近平总书记强调：“我们保证人民平等参与、平等发展权利，维护社会公平正义……不断实现好、维护好、发展好最广大人民根本利益，使发展成果更多更公平惠及全体人民。”[⑤]为了实现以上目标，我们应该从马克思主义中挖掘平等的相关思想，为马克思主义伦理学建设提供理论基础。

---

① 陈培永：《平等问题的唯物史观透视与马克思主义平等论的当代建构》，载《求索》2020年第5期。

② 李义天：《马克思的平等概念：质疑与重构》，载《湖南师范大学社会科学学报》2018年第1期。

③ 常泓：《柯亨对社会主义平等观的重构及其现实意义》，载《湖北社会科学》2016年第4期。

④ 转引自韦庭学：《21世纪以来英语学界的马克思主义伦理学研究新动向》，载《马克思主义与现实》2020年第2期。

⑤ 《习近平谈治国理政》，外文出版社2014年版，第41页。

马克思、恩格斯一直非常关注和强调平等。不过，他们不是直接论述平等，而是通过批判资本主义社会“平等”的虚伪性彰显自己的平等理念。他们认为，“平等”是资产阶级提出的口号，在反对封建专制社会的斗争中发挥了巨大的积极作用，具有历史进步性。但是，在阶级社会中，平等的对象不是每个人，而是特定的统治阶级。即使资本主义社会的法律确立了“人人平等”的原则，“人人平等”也只是空洞的宣传口号，是资产阶级为了维护自己的私利创造出来的，其实质是资产阶级的平等。“所以，在这里平等的权利按照原则仍然是资产阶级权利……虽然有这种进步，但这个平等的权利总还是被限制在一个资产阶级的框框里。……所以就它的内容来讲，它像一切权利一样是一种不平等的权利。”①只有消灭了阶级，才会实现真实的平等。马克思说：“随着阶级差别的消灭，一切由这些差别产生的社会的和政治的不平等也自行消失。”②“那时，每个人的需要都具有平等的重要性，并且有足够的现实条件平等地满足每个人的需要，这将是一种实质性的平等。”③正如尼尔森所言，马克思、恩格斯对无阶级状态的强调实质上是对平等的承诺，而且实现无阶级状态，是消除不平等的一个必要条件。平等使得个体的自由而全面的发展成为可能，使得人类繁荣成为可能。④

通过批判资本主义社会的伪善、批判资产阶级对无产阶级的残酷剥削和压迫，马克思、恩格斯试图揭示符合人性的、个体真实的存在状态和伦理关系。这种真实的伦理“主要表现为社会经济资源的平等共享、政治权利和地位的平等以及在此基础上建构的合理的正义的社会形态”⑤。在此基础上，人的自由而全面发展的目标得以实现。这个目标不是抽象的、空洞的，而是个体摆脱异化、实现人之为人的真实存在状态。“所以，我们从中很容易看到马克思持有的一种异常鲜明的规范性立场，即一种旨在强调每个人的自由发展、旨在从深层次上尊重人的生存权的平等主义立场。……事实

① 《马克思恩格斯选集》第3卷，人民出版社2012年版，第363～364页。

② 《马克思恩格斯选集》第3卷，人民出版社2012年版，第371页。

③ 李义天、杨磊：《为平等而辩——马克思主义平等观念面临的挑战及其回应》，载《学术交流》2020年第4期。

④ 参见[加]凯·尼尔森：《马克思主义与道德观念》，李义天译，人民出版社2014年版，第263～264页。

⑤ 牛小侠：《论马克思对“社会伦理”的批判与建构》，载《江汉论坛》2020年第8期。

上，权利、自由、平等、公正构成了一个具有同类意义的价值组合，这个价值组合透显出的根本思想旨趣，就是平等待人。”①

马克思、恩格斯如此重视平等的根本地位和道德价值，因此当前的马克思主义伦理学建设要自觉把平等的概念纳入其中。“近现代以来，人类政治社会的发展一直致力于解决和回答人能够享有何种范围和何种程度的实质平等待遇问题，目前来看似乎越来越趋向两个不同的面向：其一指向现代民主社会中公民身份的平等，其二指向现代民主社会中公民生活境遇的平等。”②马克思主义伦理学要同时容纳这两个面向，明确平等待人的两层含义：一是底线意义上的平等待人。这是指每个人拥有平等的自由权利和机会平等。因为受到出生地、家庭环境、个人的体力和智力等因素的影响，权利平等和机会平等会造成实质上的不平等，进而威胁个体的权利和机会平等。为了改变这个问题，平等待人的第二层含义是通过削弱偶然因素对个体的影响，实现起点平等、结果平等和实质平等。具体来说，实现平等待人的目标需要从尊严平等、政治地位与权利平等、经济平等、人的自由而全面发展的平等等方面入手。

第一，每个人都享有平等的尊严，这是平等的基础。不论个人的出身、地位、背景等外在条件是什么，每个个体都享有平等的人格尊严和被尊重的权利。吴向东等指出：“共产主义之所以是一种可欲的社会理想就在于它对人之尊严的平等承认，因为它排除一切不依赖于个人而存在的东西，并以每个人的自由而全面的发展为基本原则，而每个人的自由发展是一切人的自由发展的条件，就是平等尊严的最好注解。”③每个人就是目的本身，具有目的性价值。个体的目的性价值来源于人的实践性存在本质。“这种产生和体现着人的自觉能动性的实践活动，正是人的生命表现和本质特征。”④实践是人的存在方式，实践活动体现人的自觉性、能动性、主动性和创造性。这

① 李佃来：《马克思政治哲学的构建何以可能？》，载《哲学研究》2019年第5期。

② Robert E. Goodin, Philip Pettit and Thomas Pogge (eds.), *A Companion to Contemporary Political Philosophy*, Oxford: Blackwell Publishing Ltd., 2007, p.593.

③ 吴向东、高影：《劳动、可行能力与人的尊严——马克思与纳斯鲍姆的尊严观对勘》，载《山东社会科学》2020年第6期。

④ 袁贵仁、杨耕：《当代学者视野中的马克思主义哲学·中国学者卷》（上），北京师范大学出版社2012年版，第374页。

恰恰体现了人的目的性价值,体现了人的尊严。“能给人以尊严的只有这样的职业,在从事这种职业时我们不是作为奴隶般的工具,而是在自己的领域内独立地进行创造。”[①]可见,实践是个体尊严的主体基础。但是,从根本上来说,尊严具有历史性,人的尊严受到社会物质生活条件的制约。无产阶级的尊严只有在社会主义社会和共产主义社会才能真正实现,在资本主义社会,无产阶级个体不会有平等的尊严。马克思说:“强制提高工资(且不谈其他一切困难,不谈强制提高工资这种反常情况也只有靠强制才能维持),无非是给奴隶以较多工资,而且既不会使工人也不会使劳动获得人的身份和尊严。”[②]马克思主义伦理学应该首先保障个体的平等人格和平等尊严,保证其在理论之中的基础地位。

第二,每个个体享有平等的政治地位和权利,这是平等的重要保障。尽管马克思、恩格斯一直在批判资本主义平等权利的虚伪性,但是他们并没有否定政治方面的平等在实现真正平等过程中的重要性。马克思对共产主义第一阶段中按劳分配的描述就是对平等权利和自由的坚持。恩格斯说:“一切人,或至少是一个国家的一切公民,或一个社会的一切成员,都应当有平等的政治地位和社会地位。”[③]如果没有政治地位和权利的平等,个体有可能被奴役、被歧视、被践踏,就更不可能实现真正的平等。“毫无疑问,平等的公民身份和其他自由权利的平等享有是社会平等的重要前提,在一个存在部分成员的政治身份和权利受歧视的社会是不可能实现社会平等的。”[④]马克思主义伦理学应注重制度建设,因为平等的政治地位和权利需要相应制度予以保障。同时,马克思主义伦理学还应消除阻碍平等政治地位和权利实现的消极因素。“在社会建设中,要尽力消除特权、歧视和贫富悬殊,因为它们不仅和平等不相容,而且是破坏平等的劲敌。”[⑤]

第三,每个个体享有经济平等的权利,这是真正的平等。恩格斯说:“平

① 《马克思恩格斯全集》第1卷,人民出版社1995年版,第458页。

② 《马克思恩格斯选集》第1卷,人民出版社2012年版,第61页。

③ 《马克思恩格斯选集》第3卷,人民出版社2012年版,第480页。

④ 林育川:《分配平等与社会平等的关系——兼及马克思主义平等观的特质》,载《山东社会科学》2020年第6期。

⑤ 杜帮云:《马克思主义自由平等观与社会主义自由平等的实现》,载《理论月刊》2016年第12期。

等应当不仅仅是表面的，不仅仅在国家的领域中实行，它还应当是实际的，还应当在社会的、经济的领域中实行。”[①]只有在共产主义社会，在生产力极大发展之后，才能超越资产阶级权利的狭隘性，才能“各尽所能，按需分配”。“由此可见，实现真正平等的根源在经济领域内，而不应该存在于法律或是原则之中。”[②]经济平等之所以重要，是因为它会影响政治平等和尊严平等。林育川指出，物质资源的分配不平等最终会导致个人无法实际地享有平等的公民身份和其他自由权利；一旦经济分配不平等，个人的生活水准和行动能力也将会不平等，个人在社会生活领域里也必然是不平等的。[③] 按需分配是平等待人的体现，因为它考虑到了个体的差异性需求，根据每个人的不同需求予以满足，恰恰是把每一个个体都当作目的本身和平等的个体来对待的体现。如尼尔森所指出的，按需分配除了要求个别地对待不同人的需求外，还要求所有人都应当被平等地对待。“对我们每个人而言，我们的需求得到满足，这才是最为迫切的。在这方面，我们不可能正当地或公平地忽略任何一个人。这是(以一种不平等的方式)来说明平等社会的本质。”[④]恩格斯说：“由社会全体成员组成的共同联合体来共同地和有计划地利用生产力；把生产发展到能够满足所有人的需要的规模；结束牺牲一些人的利益来满足另一些人的需要的状况；彻底消灭阶级和阶级对立；通过消除旧的分工，通过产业教育、变换工种、所有人共同享受大家创造出来的福利，通过城乡的融合，使社会全体成员的才能得到全面发展……这就是废除私有制的主要结果。”[⑤]作为共产主义初级阶段的社会主义也应该体现某种经济平等。因为这个阶段物质生产还没有极大丰富，以按劳分配为主。按劳分配已经超越了资本主义社会经济平等的虚伪性。它也是真实的经济平等，体现了以劳动为尺度的经济平等。马克思主义伦理学要自觉把经济平等纳入理论体系之中。

---

① 《马克思恩格斯选集》第3卷，人民出版社2012年版，第484页。

② 谢伟光：《从马克思主义平等观看共享发展》，载《红旗文稿》2016年第15期。

③ 参见林育川：《分配平等与社会平等的关系——兼及马克思主义平等观的特质》，载《山东社会科学》2020年第6期。

④ [加]凯·尼尔森：《马克思主义与道德观念》，李义天译，人民出版社2014年版，第266～267页。

⑤ 《马克思恩格斯选集》第1卷，人民出版社2012年版，第308～309页。

第四,平等的终极目标是人的自由而全面的发展。经济平等只是平等的基础要求,平等最高层次的目标是实现人的自由而全面的发展。[①] 马克思、恩格斯指出:"代替那存在着阶级和阶级对立的资产阶级旧社会的,将是这样一个联合体,在那里,每个人的自由发展是一切人的自由发展的条件。"[②]人的自由而全面的发展是每个人的自由而全面的发展,这也是平等的体现。在这样一个联合体中,"只要有可能,就应当让每个人都获得那些实现幸福、相互关心、尊重和消灭剥削的条件。这种想法并非或至少不一定植根于嫉妒,即担心别人得到的东西比你多。更多地,它建立在一种公平感和关心人类的基础上。摆在我们面前的是一整套相互依赖的基本价值。但是,如果平等不能作为终极价值而构成其中的一部分,那么我们的道德框架就不完整,我们就无法拥有一个彻底无阶级的社会,在那里,只要有可能,人们便会建立彼此关心幸福和尊严的关系"[③]。个体的自由而全面发展体现了人类终极的平等价值。马克思主义伦理学应以此为自己的终极道德目标。

综上,平等是马克思主义伦理学的根本承诺之一。在"现实的个人"基础上,在真实的共同体中,才有可能实现真正的平等。

第二节　对中国传统伦理学发展与转化的启示

一、中国的"兼爱""仁爱"争论

囿于时代和传统,中国传统道德文化中没有关于平等与偏爱的争论,但是存在类似的争论。这指的是儒家的"仁爱"与墨家的"兼爱"争论,即"爱有差等"与"爱无差等"之争论。儒家主张"仁爱""爱有差等",墨家主张"兼爱""爱无差等"。

墨子认为,天下大乱的根源是人与人之间不相爱。每个人只爱自己,不爱别人。作为儿子不爱父亲,作为父亲不爱儿子,为了一己之私利不惜损害对方的利益;作为弟弟不爱兄长,作为兄长不爱弟弟,为了一己之私利不惜

---

① 参见谢伟光:《从马克思主义平等观看共享发展》,载《红旗文稿》2016 年第 15 期。

② 《马克思恩格斯选集》第 1 卷,人民出版社 2012 年版,第 422 页。

③ [加]凯·尼尔森:《马克思主义与道德观念》,李义天译,人民出版社 2014 年版,第 241 页。

损害对方的利益;作为臣子不爱君主,作为君主不爱臣子,为了自己的利益损害对方的利益。每个家只知爱一己之家,不知爱他人之家;每个诸侯只知爱自己之国,不爱他人之国。以上种种不相爱的情况就是天下大乱的根本原因。

> 圣人以治天下为事者也,不可不察乱之所自起。当察乱何自起?起不相爱。臣子之不孝君父,所谓乱也。子自爱,不爱父,故亏父而自利;弟自爱,不爱兄,故亏兄而自利;臣自爱,不爱君,故亏君而自利。此所谓乱也。虽父之不慈子,兄之不慈弟,君之不慈臣,此亦天下之所谓乱也。父自爱也不爱子,故亏子而自利;兄自爱也不爱弟,故亏弟而自利;君自爱也不爱臣,故亏臣而自利。是何也?皆起不相爱。虽至天下之为盗贼者亦然。盗爱其室不爱其异室,故窃异室以利其室;贼爱其身不爱人,故贼人以利其身。此何也?皆起不相爱。虽至大夫之相乱家,诸侯之相攻国者亦然。大夫各爱其家,不爱异家,故乱异家以利其家;诸侯各爱其国,不爱异国,故攻异国以利其国,天下之乱物具此而已矣。察此何自起?皆起不相爱。①

为了解决天下大乱的问题,墨子主张兼爱。只有兼爱,才能父慈子孝、兄友弟恭、君臣和谐,家与家、国与国和谐共处。"兼爱"的第一层含义是爱人如己。这标志着爱之程度。个人对父兄、君主、臣子、他人、他人之家、他人之国等像对待自己的一样,把他们的身体等利益看作自己的一样去关爱,一视同仁,就会天下和谐。

> 若使天下兼相爱,爱人若爱其身,犹有不孝者乎?视父兄与君若其身,恶施不孝?犹有不慈者乎?视弟子与臣若其身,恶施不慈?故不孝不慈亡有,犹有盗贼乎?故视人之室若其室,谁窃?视人身若其身,谁贼?故盗贼亡有。犹有大夫之相乱家、诸侯之相攻国者乎?视人家若其家,谁乱?视人国若其国,谁攻?故大夫之相乱家、诸侯之相攻国者亡有。若使天下兼相爱,国与国不相攻,家与家不相乱,盗贼无有,君臣父子皆能孝慈,若此则天下治。故圣人以治天下为事者,恶得不禁恶而

---

① 张永祥、肖霞:《墨子译注》,上海古籍出版社 2015 年版,第 106 页。

劝爱？故天下兼相爱则治，交相恶则乱。[①]

“兼爱”的第二层含义是没有偏私、普遍地爱一切人。这里的“无偏私”强调个体对他人之爱的普遍性。这标志着爱之范围。墨家认为“兼爱”是效仿先圣六王的公正无私、博爱众人之思想。文王兼爱天下之人，像日月普照天下一样没有偏私；文王、武王分配公正，赏罚分明，从不偏袒自己的亲人。所以，“兼爱”意味着普遍之爱、公正无私之爱。

《泰誓》曰：“文王若日若月乍照，光于四方，于西土。”即此言文王之兼爱天下之博大也，譬之日月兼照天下之无有私也。即此文王兼也，虽子墨子之所谓兼者，于文王取法焉。[②]

《周诗》曰：“王道荡荡，不偏不党，王道平平，不党不偏。其直若矢，其易若底，君子之所履，小人之所视。”若吾言非语道之谓也，古者文武为正，均分赏贤罚暴，勿有亲戚弟兄之所阿，即此文武兼也。虽子墨子之所谓兼者，于文武取法焉。不识天下之人，所以皆闻兼而非之者，其故何也？[③]

“兼爱”的第三层含义是爱他人不会妨害孝道。因为如果孝子为双亲考虑的话，他就希望别人关爱自己的父母。只有孝子先关爱别人的父母，作为回报，别人才会善待他的父母。

子墨子曰：“姑尝本原之孝子之为亲度者。吾不识孝子之为亲度者，亦欲人爱利其亲与？意欲人之恶贼其亲与？以说观之，即欲人之爱利其亲也。然即吾恶先从事即得此？若我先从事乎爱利人之亲，然后人报我爱利吾亲乎？意我先从事乎恶人之亲，然后人报我以爱利吾亲乎？即必吾先从事乎爱利人之亲，然后人报我以爱利吾亲也。”[④]

墨家弟子夷子把墨家的“兼爱”主张概括为：爱无差等，施由亲始。以孟子为代表的儒家认为一视同仁的兼爱是违背人性的，是个人难以做到的，主

---

① 张永祥、肖霞：《墨子译注》，上海古籍出版社 2015 年版，第 107 页。

② 张永祥、肖霞：《墨子译注》，上海古籍出版社 2015 年版，第 126 页。

③ 张永祥、肖霞：《墨子译注》，上海古籍出版社 2015 年版，第 128 页。

④ 张永祥、肖霞：《墨子译注》，上海古籍出版社 2015 年版，第 128～129 页。

张“爱有差等”。“由墨子的‘天志’推导出来的只能是兼爱，那是人间的无区别的爱，与儒家的由亲亲开始的、‘老吾老以及人之老，幼吾幼以及人之幼’的仁（或称‘博爱’）是不同的，因为博爱是有差等的。”[①]孟子批评墨家的兼爱是“二本”。

> 他日又求见孟子。孟子曰：“吾今则可以见矣。不直，则道不见；我且直之。吾闻夷子墨者。墨之治丧也，以薄为其道也。夷子思以易天下，岂以为非是而不贵也？然而夷子葬其亲厚，则是以所贱事亲也。”徐子以告夷子。夷子曰：“儒者之道，古之人‘若保赤子’，此言何谓也？之则以为爱无差等，施由亲始。”徐子以告孟子。孟子曰：“夫夷子，信以为人之亲其兄之子，为若亲其邻之赤子乎？彼有取尔也。赤子匍匐将入井，非赤子之罪也。且天之生物也，使之一本，而夷子二本故也。[②]

夷子认为爱人没有亲疏厚薄之分，只是从自己的父母开始施行而已，所以厚葬自己的父母没有问题，以此来应对孟子对其自相矛盾的指责。孟子指出，夷子混淆了恻隐之心与爱无差等。当看到婴孩即将跌入井中时，即使婴孩是陌生人的孩子，个人仍会产生帮助婴孩的恻隐之心，夷子认为这是爱无差等，其实这是恻隐之心，二者并不相同。恻隐之心人皆有之，差等之爱人皆有之。爱有差等，爱有亲疏远近之分，爱自己的侄儿与邻人的孩子是不同的。孟子说：“仁者无不爱也，急亲贤之为务。尧舜之知而不遍物，急先务也；尧舜之仁不遍爱人，急亲贤也。”[③]仁者爱一切人，但是务必先爱亲人，这是最重要的事情。亲亲才能仁民，仁民方能爱物。“人之有爱，本由亲立；推而及物，自有等级。”[④]因为天生万物的根源只有一个。对于人来说，这个根源就是具有血缘关系的父母。爱人首先要从爱父母开始，并且爱父母的程度与爱邻人父母的程度是不同的，这才是符合自然秩序、符合天道的。朱熹指出：“孟子言人之爱其兄子与邻之子，本有差等。书之取譬，本为小民无知而犯法，如赤子无知而入井耳。且人物之生，必各本于父母而无二，乃自然

---

① 郭齐勇编：《儒家伦理争鸣集——以亲亲互隐为中心》，湖北教育出版社 2004 年版，第 452 页。

② 杨伯峻：《孟子译注》，中华书局 2008 年版，第 101 页。

③ 杨伯峻：《孟子译注》，中华书局 2008 年版，第 252 页。

④ 朱熹：《朱子语类·卷第五十五》，中华书局 1994 年版，第 1313 页。

之理，若天使之然也。故其爱由此立，而推以及人，自有差等。今如夷子之言，则是视其父母本无异于路人，但其施之之序，姑自此始耳。非二本而何哉?”[①]夷之却认为自己的父母与别人的父母没有任何差别，主张一视同仁地爱，这是把别人的父母和自己的父母都看作根源，所以是“二本”，甚至是“万本”。“事他人之亲，如己之亲，则是两个一样重了，如一本有两根也。”[②]一视同仁地对待自己父母与他人父母是违背仁爱的，也是违背天道的。因此，孟子说：“墨氏兼爱，是无父也。无父无君，是禽兽也。”[③]朱熹又进一步解释为何“兼爱”是“无父”。

> 墨氏见世间人自私自利，不能及人，故欲兼天下之人人而尽爱之。然不知或有一患难，在君亲则当先救，在他人则后救之。若君亲与他人不分先后，则是待君亲犹他人也，便是无父。此二者之所以为禽兽也。[④]
>
> 问：“墨氏兼爱，何遽至于无父?”曰：“人也只孝得一个父母，那有七手八脚，爱得许多！能养其父无阙，则已难矣。想得他之所以养父母者，粗衣粝食，必不能堪。盖他既欲兼爱，则其爱父母也必疏，其孝也不周至，非无父而何。”[⑤]

在亲人和邻人遇险时，应该先救亲人，后救邻人。如果亲人与邻人不分先后，甚至先救邻人，就是不遵守血缘基础上的自然秩序，是“无父”的体现。此外，人的能力和精力是有限的，只能孝顺自己的父母。因为孝养自己的父母尚属难事，如果再兼顾他人父母，便不能很好地照顾自己的父母，这也是“无父”的体现。

随着历史发展，墨学逐渐趋于没落，儒家的仁爱道德文化占据主流。儒家“仁爱”的超越性指向与血缘亲情的局限性之间存在内在张力或矛盾。为了解决这一矛盾，宋明儒学家提出了“理一分殊”。为解答弟子杨时对张载《西铭》思想流于“兼爱”的质疑，程颐提出“理一分殊”进行回应：“《西铭》明理一而分殊。墨氏则二本而无分。分殊之蔽，私胜而失仁；无分之罪，兼爱

---

① 朱熹：《四书章句集注·孟子集注卷五》，中华书局2016年版，第266页。
② 朱熹：《朱子语类·卷第五十五》，中华书局1994年版，第1314页。
③ 杨伯峻：《孟子译注》，中华书局2008年版，第116页。
④ 朱熹：《朱子语类·卷第五十五》，中华书局1994年版，第1320页。
⑤ 朱熹：《朱子语类·卷第五十五》，中华书局1994年版，第1320页。

而无义。分立而推理一，以止私胜之流，仁之方也。无别而迷兼爱，至于无父之极，义之贼也。”[①]程颐认为，张载的“民胞物与”思想表达了万物一体、仁爱他人的观点。其中“理一”就是仁爱。仁爱是为了抵御一己之私欲，同时它又不是兼爱。因为兼爱不加分别地一视同仁，这不符合道义。仁爱他人要符合人际关系的道义，这才是真正的分殊。朱熹进一步发展了这种思想。

> 理只是这一个，道理则同，其分不同，君臣有君臣之理，父子有父子之理。[②]

> 万物皆有此理，理皆同出一原。但所居之位不同，则其理之用不一。如为君须仁，为臣须敬，为子须孝，为父须慈，物物各具此理，而物物各异其用，然莫非一理之流行也。[③]

> 因问：“如先生后论云：‘推亲亲之恩以示无我之公，因事亲之诚以明事天之实。’看此二句，足以包括《西铭》一篇之统体，可见得‘理一分殊’处分晓。”曰：“然。”[④]

> 林子武问：“龟山语录曰：‘《西铭》理一而分殊。’知其理一，所以为仁；知其分殊，所以为义。”先生曰：“仁，只是流出来底便是仁；各自成一个物事底便是义。仁只是那流行处，义是合当做处。”[⑤]

“仁”是贯彻在其他一切道德规范和行为之中的“天理”，这就好像“月印万川”一样，“一月普现一切水，一切水月一月摄”[⑥]。爱人之理是共同的，但是由于情境的不同、人的不同，我们对待亲人和他人的爱又是不一样的。爱人是一般的原则，但是体现仁爱的具体原则又是有差异的，这就是“分殊”。仁爱原则应用在亲人身上，就是孝。一般来说，由于人性的有限性，我们会给亲人和朋友更多的关心和爱护，但这并不会影响我们在特定情境下优先选择照顾和帮助亲友之外的他人。在此观念下，仁和孝之间没有必然的冲突，也就是说，仁能够包容偏爱关系，并且赋予偏爱关系重要的道德地位和

---

① 程颢、程颐：《二程集·河南程氏文集卷第九》，中华书局1981年版，第609页。

② 朱熹：《朱子语类·卷第十五》，中华书局1994年版，第99页。

③ 朱熹：《朱子语类·卷第十八》，中华书局1994年版，第398页。

④ 朱熹：《朱子语类·卷第九十八》，中华书局1994年版，第2522页。

⑤ 朱熹：《朱子语类·卷第九十八》，中华书局1994年版，第2527页。

⑥ 朱熹：《朱子语类·卷第十八》，中华书局1994年版，第399页。

道德价值。朱熹总结道:“一统而万殊,则虽天下一家、中国一人,而不流于兼爱之弊;万殊而一贯,则虽亲疏异情、贵贱异等,而不牿于为我之私。”①

关于具体情境中“兼爱”与“仁爱”的冲突问题主要通过“亲亲相隐”的争论体现出来。21世纪初,学术界关于“亲亲相隐”问题进行了长达十几年的争鸣。这场争论主要围绕“父子相隐”“窃负而逃”“封象有庳”三个例子展开,进而深入到对儒家伦理的深层次解读之中。三个例子如下:

叶公语孔子曰:“吾党有直躬者,其父攘羊,而子证之。”孔子曰:“吾党之直者异于是。父为子隐,子为父隐,直在其中矣。”②

桃应问曰:“舜为天子,皋陶为士,瞽瞍杀人,则如之何?”孟子曰:“执之而已矣。”“然则舜不禁与?”曰:“夫舜恶得而禁之?夫有所受之也。”“然则舜如之何?”曰:“舜视弃天下犹弃敝屣也。窃负而逃,遵海滨而处,终身訢然,乐而忘天下。”③

万章问曰:“象日以杀舜为事,立为天子则放之,何也?”孟子曰:“封之也;或曰,放焉。”万章曰:“舜流共工于幽州,放欢兜于崇山,杀三苗于三危,殛鲧于羽山,四罪而天下咸服,诛不仁也。象至不仁,封之有庳。有庳之人奚罪焉?仁人固如是乎——在他人则诛之,在弟则封之?”曰:“仁人之于弟也不藏怒焉,不宿怨焉,亲爱之而已矣。亲之,欲其贵也;爱之,欲其富也。封之有庳,富贵之也。身为天子,弟为匹夫,可谓亲爱之乎?”“敢问或曰放者,何谓也?”曰:“象不得有为于其国,天子使吏治其国,而纳其贡税焉,故谓之放。岂得暴彼民哉?虽然,欲常常而见之,故源源而来,‘不及贡,以政接于有庳。’此之谓也。”④

一方认为,这三个例子表明儒家伦理是导致腐败的根源。因为儒家伦理强调家庭私德至上,主张只有家庭私德是最高价值,具有至高无上的地位。儒家伦理的血亲情理性特征造成了儒家伦理的深度悖论。刘清平说:“孔孟儒学一方面真诚地想在血缘亲情的基础上实现仁者爱人的理想,另一

① 张载:《张子全书·卷一》,商务印书馆1935年版,第8页。
② 刘宝楠:《论语正义·子路第十三》,中华书局1990年版,第536页。
③ 杨伯峻:《孟子译注》,中华书局2008年版,第247～248页。
④ 杨伯峻:《孟子译注》,中华书局2008年版,第164页。

方面却又同样真诚地赋予血缘亲情以至高无上的地位，因而在出现冲突时必然主张‘舍仁而取孝’，即凭借血缘亲情否定仁者爱人，这构成了它自身难以消解的深度悖论或是‘怪圈’。这种深度悖论导致儒学忽视和压抑社会公德。为了维护亲情，制造特权，否定普遍法则与普遍公正，爱有差等，所以导致腐败。”①另一方认为，儒家伦理与腐败没有必然联系。儒家的核心概念“仁”具有超越性。它没有局限在血缘亲情内部，而是主张在孝的基础上，推恩于天下，爱天下之人。孝是仁的基础，这并不意味着孝高于仁。当二者发生冲突时，儒家试图平衡二者，但是绝不会用私恩损害公义。无论是“父子相隐”还是“窃负而逃”抑或是“封象有庳”，都是在符合当时社会正义的框架内维护父子、兄弟之间的亲情和孝悌。

概言之，中国传统道德中的“兼爱”与“仁爱”以及“亲亲相隐”之争论是“爱无差等”与“爱有差等”的争论。“爱无差等”强调要同等地爱一切人，既有爱之范围的普遍性又有爱之程度的同等性，体现了平等待人的思想。“爱有差等”强调根据对象亲疏远近的不同，爱之程度和方式随之不尽相同，对偏爱之情予以道德肯定。“爱无差等”与“爱有差等”之间的争论也是平等与偏爱之间的争论，与西方的平等偏爱争论具有类似性和相通性。西方道德不偏不倚理论与偏爱关系争论处理的核心问题是：第一，偏爱关系的道德地位是什么？或者说偏爱关系是否具有道德价值？第二，道德如何处理非个人观点与个人观点之间的关系？合理的道德理论应该承认偏爱关系的道德价值，进而主张道德是非个人观点与个人观点的统一。中国传统儒家伦理思想也涉及如何处理偏爱关系的问题，主张偏爱关系具有重要的道德价值，道德是非个人观点与个人观点的统一。但是，由于时代的局限性，现代意义上的平等观念没有进入传统儒家“仁爱”伦理的视野。为了成为适应现代社会的伦理，传统儒家伦理需要借鉴西方的优秀道德资源，从平等偏爱争论对核心问题的处理中获得转化的思路，挖掘传统中类似的道德资源，为传统与现代的接力贡献中国智慧，为传统道德文化的创造性转化和创新性发展贡献一点绵薄之力，为当前的道德建设提供丰富资源。

---

① 郭齐勇编：《儒家伦理争鸣集——以亲亲互隐为中心》，湖北教育出版社 2004 年版，第 912 页。

二、启示之一:挖掘阐释儒家的"仁"是一种非个人观点

偏爱是人之常情,道德需要处理的核心问题是在何种意义上矫正自然之情,从而超越自我情感和认知的局限,照顾他人的利益。通过这种矫正活动,我们占据了非个人的观点。这里的"非个人"指的是超越一己私欲、超越偏爱之情,关爱他人利益。中西道德理论都试图在某种意义上矫正偏爱之情,凸显道德的非个人特征。西方近现代道德理论认为道德观点必须远离个人的偏爱之情,才能保证其客观性和普遍性。中国传统道德理论认为道德需要超越偏爱之情、超越一己私欲。儒家和墨家都主张"仁"具有超越性,超出一己之私,爱天下之人。墨家强调超越自己狭隘的私利,把父亲、兄弟、他人、家、国等当作自己一样去爱。儒家强调"大道为公""民胞物与""万物一体"等,因此应该"泛爱众",超越血缘亲情,扩充仁爱之心。

尽管时代和国别不同,但是中西对于道德的本质认知具有相通性,因此,传统道德的现代转化需要挖掘传统儒家伦理的非个人观点。传统儒家伦理的核心是"仁"。"仁"包含其他的道德规范。孔子说:"刚、毅、木、讷近仁。"[①]"能行五者于天下,为仁矣。"请问之。曰:"恭,宽,信,敏,惠。恭则不侮,宽则得众,信则人任焉,敏则有功,惠则足以使人。"[②]只有先做到以上诸种德性,才能获得"仁"的德性,所以"仁"是全德。白奚指出,孔子的"仁"既自为一德,又高于诸德,是能够统摄涵盖诸德的全德。[③] 孟子认为四德是"仁义礼智",其中"仁"是核心。宋明理学主张"仁包四德"。朱熹说:"百行万善,固是都合着力,然如何件件去理会得!百行万善总于五常,五常又总于仁,所以孔孟只教人求仁。"[④]"圣人亦只教人求仁。盖仁义礼智四者,仁足以包之。若是存得仁,自然头头做着,不用逐事安排。故曰:'苟志于仁矣,无恶也。'"[⑤]可见,仁是涵盖或统摄其他道德规范的全德。作为儒家伦理核心的"仁"具有超越性,超越一己之私欲,超越血缘亲情,超越偏爱关系。陈来

---

① 刘宝楠:《论语正义·子路第十三》,中华书局1990年版,第548页。

② 刘宝楠:《论语正义·阳货第十七》,中华书局1990年版,第683页。

③ 参见白奚:《先秦哲学沉思录》,中国社会科学出版社2007年版,第21页。

④ 朱熹:《朱子语类·卷第六》,中华书局1994年版,第113页。

⑤ 朱熹:《朱子语类·卷第六》,中华书局1994年版,第113页。

说："儒家的道德修身指向自我，儒家的伦理则指向他人。"[①]"仁"代表了一种非个人的观点。这种非个人观点是超越自己的私欲、关爱他人的观点。尽管基于血缘亲情的孝是非常重要的道德规范，但是儒家伦理并没有止步于此，而是超越血缘之爱的狭隘性，致力于实现大同的社会理想。"大道之行也，天下为公，选贤与能，请(讲)信修睦。故人不独亲其亲，不独子其子，使老有所终，壮有所用，幼有所长，鳏寡孤独废疾者皆有所养。"[②]

首先，"仁"的非个人特征体现在爱人方面，这里的"人"是指自我之外的他人。庞朴指出，孔子把"仁"推广为处理人我关系的一般准则。在孔子之前，有不少关于仁是美德的记载。孔子之前的仁德大多指统治者对下仁慈。"'君子有不仁者有矣夫，未有小人而仁者也。'(《论语·宪问》)孔子把仁的范围下移了，扩大到一切己和人的关系中。"[③]

> 樊迟问仁。子曰："爱人"。[④]
>
> 弟子，入则孝，出则第，谨而信，泛爱众，而亲仁。[⑤]
>
> 仁者无不爱也。[⑥]
>
> 仁之法在爱人，不在爱我。[⑦]
>
> 仁主于爱。[⑧]

"仁"没有止步于亲情，而是超出血缘亲情，指向一般的人际关系，并且以博爱对待他人。正如唐纪宇所说："在程颐的思想中'仁'和'理一'所强调的都是在伦理学意义上对'私'的破除而实现儒家'物我兼照'的道德理想。"[⑨]梁漱溟同样认为中国伦理的精髓是不以自己为中心，而以对方为重。[⑩]

---

① 陈来：《仁学本体论》，生活·读书·新知三联书店2014年版，第83页。

② 王文锦：《礼记译解·礼运第九》，中华书局2001年版，第287页。

③ 庞朴：《儒家辩证法研究》，中华书局2009年版，第16页。

④ 刘宝楠：《论语正义·颜渊第十二》，中华书局1990年版，第511页。

⑤ 刘宝楠：《论语正义·学而第一》，中华书局1990年版，第18页。

⑥ 杨伯峻：《孟子译注》，中华书局2008年版，第252页。

⑦ 苏舆：《春秋繁露义证·仁义法二十九》，中华书局1992年版，第250页。

⑧ 朱熹：《四书章句集注》，中华书局2016年版，第48页。

⑨ 唐纪宇：《道德实践的形而上学基础——论程颐的"理一"思想》，载《天津社会科学》2015年第5期。

⑩ 参见《梁漱溟全集》第5卷，山东人民出版社2005年版，第254页。

以对方为重，关爱对方，意味着个体需要克除自己的私欲，所以王阳明说："圣人有忧之，是以推其天地万物一体之仁，以教天下，使之皆有以克其私，去其蔽，以复其心体之同然。"①

其次，"仁"的非个人特征体现在无偏私、公平正直方面。子曰："唯仁者能好人，能恶人。"②真正的仁人在作出评判时，依据的不是一己之私利，而是天下之公理。朱熹也突出这一观点："盖无私心，然后好恶当于理。程子所谓'得其公正'是也。"③只有当个体没有私心时，他作出的善恶评价才是公正的。因为仁人不会因个人私欲厚此薄彼，只按照义的原则去做事。子曰："君子之于天下也，无适也，无莫也，义之与比。"④仁人与义合一，没有分别之心，只是随着境遇的不同给予每个人合于义的对待。这意味着，无亲疏之别不是对待每个人都一模一样，而是随义对待，这是公正无偏的体现。所以，程伊川先生说："仁之道，要之只消道一公字。公只是仁之理，不可将公便唤做仁。一本有将字。公而以人体之，故为仁。只为公，则物我兼照，故仁，所以能恕，所以能爱，恕则仁之施，爱则仁之用也。"⑤朱熹也认为只有公，才能实现仁。"问：'公便是仁否？'曰：'非公便是仁，尽得公道所以为仁耳。求仁处，圣人说了：克己复礼为仁。须是克尽己私，以复乎礼，方是公；公，所以能仁。'"⑥以"公"来解释仁，可以避免仁爱的普遍性和血缘基础之间的冲突。"公"是天理的体现，"爱有差等"是因为爱所施及的对象不同。爱基于"公"，所以能推广至一切事物。⑦

最后，"仁"的非个人特征之理论基础是物我一体。天地是我们的父母，他人与我是一体不可分割的，我们就是同一个人，他人就是我的一部分。这个意义上的自我已经超越狭隘性的小我，而变成一个包容万物的大我。通过这个大我，消除人己分别，认识到他人利益就是自己的利益，自觉关爱他人利益。"在宋明儒者看来，'我'之所以应当仁爱天下之人乃至天下之物，

---

① 王守仁：《王阳明全集》下卷，上海古籍出版社1992年版，第54页。
② 刘宝楠：《论语正义·里仁第四》，中华书局1990年版，第141页。
③ 朱熹：《四书章句集注》，中华书局2016年版，第69页。
④ 刘宝楠：《论语正义·里仁第四》，中华书局1990年版，第147页。
⑤ 程颢、程颐：《二程集·河南程氏遗书卷第十五》，中华书局1981年版，第153页。
⑥ 朱熹：《朱子语类·卷第四十一》，中华书局1994年版，第1067页。
⑦ 参见干春松：《多重维度中的儒家仁爱思想》，载《中国社会科学》2019年第5期。

乃是因为万物一体；‘我’在泛爱天下人、物的过程中之所以应当有所分别对待，乃是因为天下万物虽为一体但不同境域中的个体存在仍有所区别。”①

乾称父，坤称母；予兹藐焉，乃混然中处。故天地之塞，吾其体；天地之帅，吾其性。民，吾同胞；物，吾与也。②

仁者，以天地万物为一体，莫非己也。③

若夫至仁，则天地为一身，而天地之间，品物万形为四肢百体。夫人岂有视四肢百体而不爱者哉？④

大人者，以天地万物为一体者也，其视天下犹一家，中国犹一人焉。⑤

物我一体的思维方式使主体把他人看成与自己一体的，在此基础上强调仁的非个人性。因为有人己之分就有私，所以儒家伦理强调克服一己之私，达致人我一体的境界。朱熹指出：“无私，是仁之前事；与天地万物为一体，是仁之后事。惟无私，然后仁；惟仁，然后与天地万物为一体。”⑥“只有真正认识到人与万物在更高意义上是彼此同一的，才能克服私我建立起一种对他者（物）真实的关切。”⑦

二、启示之二：挖掘儒家伦理中偏爱关系具有道德价值的思想

西方关于平等与偏爱的争论焦点是如何重塑家庭、友谊等偏爱关系的道德价值。中国关于“爱无差等”与“爱有差等”的争论焦点是如何限制家庭、友谊等偏爱关系。儒家伦理学认为，偏爱自己的家人和朋友是很自然的事情，同时这种偏爱具有重要的道德价值，这也是当前西方道德理论试图重新强调和复归的方面。

---

① 陈乔见：《普遍之爱与特殊之爱的统一如何可能——以宋明儒者仁义说为中心的考察》，载《华东师范大学学报（哲学社会科学版）》2012 年第 1 期。

② 张载：《张子正蒙·乾称篇》，上海古籍出版社 2000 年版，第 231 页。

③ 程颢、程颐：《二程集·河南程氏遗书卷第二上》，中华书局 1981 年版，第 15 页。

④ 程颢、程颐：《二程集·河南程氏遗书卷第四》，中华书局 1981 年版，第 74 页。

⑤ 王守仁：《王阳明全集》下卷，上海古籍出版社 1992 年版，第 968 页。

⑥ 朱熹：《朱子语类·卷第六》，中华书局 1994 年版，第 117 页。

⑦ 唐纪宇：《道德实践的形而上学基础——论程颐的“理一”思想》，载《天津社会科学》2015 年第 5 期。

一般认为，家庭、友谊等偏爱关系是人类生活的一个重要组成部分。对于人类的幸福生活或好生活来说，偏爱关系是不可或缺的。家庭、友谊等在人类对好生活的理解中占据重要的地位，具有重要的价值。对特殊个人的偏爱是被道德所称赞的，甚至是被道德所要求的，如父母有道德上的义务照顾自己的孩子。既然如此，合理的道德理论就应该重视偏爱关系，赋予这些特殊的个人关系一种适当的道德地位。道德既要出于自然，又超越自然。一方面，道德应超越人性的局限；另一方面，道德又应重视人类的自然之情，如对家人、朋友的偏爱之情。此外，道德是为了人本身，而不是人为了道德。任何道德理论的存在都是为了让人生活得更幸福，而不是相反。道德理论应该有能力使个体认识到这一点并且真正地认同道德。这意味着，从主体自己的角度来看，他确实有理由按照道德的要求去做。为了实现这个目标，一个合理的道德理论应该重视人类的自然本性中那些根深蒂固的偏爱动机。曾晓五说："就其现实性而言，血缘亲情正是人的个体性与社会性之间过渡的桥梁。所以，任何一种人文理论，假如缺少了血亲情理这一维度，它将是不完全的、片面的，从而要么陷入个人主义，要么陷入形式主义或僵死的普遍主义。"[①]因此，与保持和促进偏爱关系相冲突的道德理论就是片面的，是需要修正的。

尽管中西道德理论都认为如何处理偏爱关系是道德的核心问题，但是偏爱关系在双方理论中的地位却截然不同。西方道德不偏不倚理论的支持者指出，合理限度之内的偏爱在道德上是允许的，偏爱关系具有价值，但是这种价值不是道德价值。与之不同，中国传统儒家伦理认为偏爱具有重要的道德价值。一方面，传统儒家伦理矫正不合理的偏爱，主张偏爱不能违背道义；另一方面，儒家伦理把处理偏爱关系的规范上升为道德规范，如孝是重要的道德规范。

传统儒家伦理强调家庭、友谊等偏爱关系的道德价值，尤其重视孝的道德规范。因为孝是国家秩序的基础。中国古代的社会制度是血缘宗法制，家国同构。家庭在社会结构中处于核心地位。萧建华说："儒家伦理是以家

① 郭齐勇编：《儒家伦理争鸣集——以亲亲互隐为中心》，湖北教育出版社 2004 年版，第 759 页。

国同构为主要特征，而把家庭伦理完全局限在家庭内部的思想不占主流。家庭伦理不只是为了建立家庭的道德秩序，而是为了建立国家的社会秩序，这才是家国同构的实质。儒家伦理讲孝悌、讲亲亲最终的落脚处并不是要反归自然的血缘，而是推恩，保天下，是社会和国家秩序。"[①]此外，儒家重视偏爱关系，是因为儒家认为顺其自然之序是诚于天道的体现。偏爱之情是人之常情。父母对儿女有哺育之恩，同时也对子女有一种天然的血缘亲情。子女也对父母怀有天然的爱。血缘亲情是最自然和自发的情感，它的强度随着关系的远近而有所变化。对父母、兄弟姐妹等至亲的爱感情最强，对祖父母、叔伯姑舅等近亲属的爱次之，对远亲的爱更弱。血缘关系越远，爱的情感越弱。这种亲情之爱是孝的自然感情基础，但不是孝的全部。因为这种亲情之爱类似于动物的自然本能，它们具有盲目性、自发性和被动性。没有人天生就是孝子，尤其是子女对父母的爱远不及父母对子女的爱，需要孝的道德规范引导、约束人性。亚里士多德说："道德既不出于自然，又不反乎自然。"[②]孝的道德规范不是人生来自然而然就具有的，但是它们又不违反自然，是循人之情而产生的。蒙培元指出，孝出于真情实感，虽出于自然又高于自然。[③] 这种自然感情在孝中上升为"敬"的感情。"子游问孝。子曰：'今之孝者，是谓能养。至于犬马，皆能有养。不敬，何以别乎？'"[④]"子夏问孝，子曰：'色难。有事，弟子服其劳；有酒食，先生馔，曾是以为孝乎？'"[⑤]孝不但要有真情实感，而且要合于理性的约束，合于礼制的规定。"樊迟御。子告之曰：'孟孙问孝于我，我对曰，无违。'樊迟曰：'何谓也？'子曰：'生，事之以礼；死，葬之以礼，祭之以礼。'"[⑥]个人只有按照礼的规定侍奉父母，才能成为孝子。冯友兰强调，人必有真性情，然后可以行礼，否则礼为虚伪形式。不仁之人，无真性情；孔子尚直，直虽可贵须以礼行之。孔子心目中之君子，是

---

① 郭齐勇编：《儒家伦理争鸣集——以亲亲互隐为中心》，湖北教育出版社 2004 年版，第 236 页。

② ［古希腊］亚里士多德：《尼各马可伦理学》，廖申白译，商务印书馆 2003 年版，第 36 页。

③ 参见郭齐勇编：《儒家伦理争鸣集——以亲亲互隐为中心》，湖北教育出版社 2004 年版，第 457 页。

④ 刘宝楠：《论语正义・为政第二》，中华书局 1990 年版，第 49 页。

⑤ 刘宝楠：《论语正义・为政第二》，中华书局 1990 年版，第 51 页。

⑥ 刘宝楠：《论语正义・为政第二》，中华书局 1990 年版，第 46 页。

能以真性情行礼者，仁者也就是人的性情是真的并且是合礼的流露。[①] 在"亲亲相隐"的道德难题中，孝与正义两种道德规范之间存在激烈的冲突，但儒家并没有放任亲情，而是认为亲亲之情应受到正义规范的约束，不能为所欲为，所以舜并没有为了救父滥用权力阻止皋陶秉公办案。

尽管儒家强调孝，但是并没有赋予孝以至高无上的道德地位。"孝"不是儒家伦理的核心，"仁"才是儒家伦理的核心。孝是行仁的起点。一个人要成为仁人，应该从身边做起，从爱父母做起。"孝弟也者，其为仁之本与！"[②]"为仁"是实践仁德，"本"即是根本、始基，引申为出发点的意思，所以孝悌是实践仁德的开端，爱他人需要从爱自己家人开始。《礼记》中也说："立爱自亲始，教民睦也。"[③]宋明儒学思想家认为，从根源上而言，仁是孝悌之本；从实践路径而言，孝悌是为仁之本。

> 问："孝弟为仁之本，此是由孝弟可以至仁否？"曰："非也。谓行仁自孝弟始。盖孝弟是仁之一事，谓之行仁之本则可，谓之是仁之本则不可。盖仁是性一作本也，孝弟是用也。性中只有仁义礼智四者，几曾有孝弟来？赵本作几曾有许多般数来？仁主于爱，爱莫大于爱亲。故曰：'孝弟也者，其为仁之本欤！'"[④]
>
> 曰："固是。人若不孝弟，便是这道理中间断了，下面更生不去，承接不来，所以说孝弟仁之本。"[⑤]
>
> 或问"孝弟为仁之本"。曰："这个仁，是爱底意思。行爱自孝弟始。"又曰："亲亲、仁民、爱物，三者是为仁之事。亲亲是第一件事，故'孝弟也者，其为仁之本与'。"[⑥]
>
> 问"孝弟为仁之本"。曰："论仁，则仁是孝弟之本；行仁，则当自孝弟始。"[⑦]

---

① 参见蔡尚思：《十家论孔》，上海人民出版社 2006 年版，第 153～155 页。

② 刘宝楠：《论语正义·学而第一》，中华书局 1990 年版，第 7 页。

③ 王文锦：《礼记译解·祭义》，中华书局 2001 年版，第 685 页。

④ 程颢、程颐：《二程集·河南程氏遗书卷第十八》，中华书局 1981 年版，第 74 页。

⑤ 朱熹：《朱子语类·卷第二十》，中华书局 1994 年版，第 459 页。

⑥ 朱熹：《朱子语类·卷第二十》，中华书局 1994 年版，第 461 页。

⑦ 朱熹：《朱子语类·卷第二十》，中华书局 1994 年版，第 463 页。

"亲亲"是为仁的根基,它有固本培元的作用。父母对自己有养育之恩和无私之爱,如果连如此爱自己的人都不爱、都不承担相应的义务,又怎么能指望他去爱别人呢?"一个连自家父母兄弟都不爱的人,无法想象会去爱他人的父母兄弟、爱天下人的父母兄弟、以天地万物为一体,故实际上其怵惕恻隐之仁心已失,'仁性'的根子已死,'己'已麻木如此,根本就不可能推己及人,根本也不可能'仁民'、'爱物'。"[①]因此,"亲亲"是为仁最易入手、最近之事,从此开始进行实践,方能实现目标。朱熹说:"且如爱亲、仁民、爱物,无非仁也,但是爱亲乃是切近而真实者,乃是仁最先发去处;于仁民、爱物,乃远而大了。义之实亦然。"[②]梁漱溟也认为:"孝悌实在是孔教唯一重要的提倡,他这也没有别的意思,不过是他要让人作他那种富情感的生活,自然要人从情感发端的地方下手罢了。"[③]

为仁不从"爱亲"而从爱他人开始,则会违背人性、难以施行,最后流于空谈。学生问程颐为仁先从爱物上推来,如何呢?程颐说:"不敬其亲而敬他人者,谓之悖礼,不爱其亲而爱他人者,谓之悖德,故君子'亲亲而仁民,仁民而爱物'。能亲亲,岂不仁民?能仁民,岂不爱物?若以爱物之心推而亲亲,却是墨子也。"[④]真正的仁者应从对亲人之爱扩展到爱他人,所以孟子才会说:"仁者以其所爱及其所不爱,不仁者以其所不爱及其所爱。"[⑤]中国文化的特点就是从家庭关系的伦理出发组织和看待整个社会。儒家一方面强调"亲亲"是基础,"爱亲"是为仁的起点;另一方面主张超越"亲亲"之情,推己及人,达到对他人的仁爱。"所以虽然家庭之爱本身是重要的,但家庭之爱之所以重要还因为它是道德的必要起点,而道德正是对家庭之爱的扩展。"[⑥]

综上,传统儒家伦理肯定和强调偏爱关系的道德价值,赋予偏爱关系在整个伦理体系中以适当地位,主张"亲亲"之情是走向超越性的开端。李景

---

① 郭齐勇编:《儒家伦理争鸣集——以亲亲互隐为中心》,湖北教育出版社 2004 年版,第 316 页。

② 朱熹:《朱子语类·卷第五十六》,中华书局 1994 年版,第 1333 页。

③ 《梁漱溟全集》第 1 卷,山东人民出版社 2005 年版,第 467 页。

④ 程颢、程颐:《二程集·河南程氏遗书卷第二十三》,中华书局 1981 年版,第 310 页。

⑤ 杨伯峻:《孟子译注》,中华书局 2008 年版,第 254 页。

⑥ 黄勇、蒋艳艳:《二程的道德哲学:在普遍主义与特殊主义之间》,载《东南大学学报(哲学社会科学版)》2018 年第 6 期。

林指出："按儒家的看法，人之自爱、爱人、爱物之间，本存在着次第远近之区别，这种等差性具有一种天然本真性的意义。这亲亲之爱作为'中'或中介性原则，既包含等差性的意义，同时，亦本具由自爱或'爱其身'之一端超越地指向于他者的原初的超越性意义。"①

三、启示之三：阐释"理一分殊"是非个人观点与个人观点相统一的思想

平等与偏爱争论处理的核心问题是：偏爱关系是否有道德价值？道德是不是非个人观点与个人观点的统一？道德不偏不倚理论代表了非个人观点，否定或排斥道德是个人性的观点；批评者从个人观点出发指出，偏爱关系这种深层次的个人承诺是有道德价值的。为了解决二者之间的矛盾，合理的道德理论应该在非个人观点与个人观点之间实现恰当的平衡。宋明儒学的"理一分殊"思想避免了西方的这种二元对立，在某种意义上实现了道德的非个人性与个人性的统一，因此，我们需要对其进行挖掘阐释，借以实现传统道德的现代性转化，也为解决平等与偏爱的争论提供一种可能思路。

"理一分殊"中的仁孝关系体现了道德的非个人观点与个人观点的统一。

第一，就理论层面而言，仁孝是非个人观点与个人观点的统一。从根源上来说，仁爱是天下之理，孝属于仁爱的范畴，孝来源于仁爱。"理一"就是爱人之理，就是仁爱之理。仁具有超越性，超越一己私欲，着眼于他人，这是一种非个人观点。"分殊"是根据不同的对象，施以不同种类的爱，对待父母、兄弟、子女、亲戚、朋友等爱之程度和方式都是不同的，与自己血缘关系愈近之人，越是偏爱。这体现了个人性的观点。"理一"体现在"分殊"中，"分殊"中蕴含着"理一"。仁与孝的关系是"理一"与"分殊"的关系。仁是体，孝是用，二者具有内在统一性。

> 道理都自仁里发出，首先是发出为爱。爱莫切于爱亲，其次便到弟其兄，又其次便到事君以及于他，皆从这里出。如水相似，爱是个源头，渐渐流出。②

---

① 李景林：《孟子的"辟杨墨"与儒家仁爱观念的理论内涵》，载《哲学研究》2009年第2期。

② 朱熹：《朱子语类·卷第二十》，中华书局1994年版，第472页。

问："孝根原是从仁来。仁者，爱也。爱莫大于爱亲，于是乎有孝之名。既曰孝，则又当知其所以孝。"……曰："凡论道理，须是论到极处。"以手指心曰："本只是一个仁，爱念动出来便是孝。……譬如一粒粟，生出为苗。仁是粟，孝弟是苗，便是仁为孝弟之本。"①

性中何尝有许多般，只有个仁。自亲亲至于爱物，乃是行仁之事，非是行仁之本也。故仁是孝弟之本。②

另外，儒家所强调的不是根据血缘远近依次减弱的爱，而是随着对象的不同，爱的程度和方式也是不同的，这就是不同的"义"。朱熹说："仁只是发出来底；及至发出来有截然不可乱处，便是义。且如爱其亲，爱兄弟，爱亲戚，爱乡里，爱宗族，推而大之，以至于天下国家，只是这一个爱流出来；而爱之中便有许多等差。且如敬，只是这一个敬；便有许多合当敬底，如敬长、敬贤，便有许多分别。"③蒙培元说："仁是一理，义是分殊，由仁及义便是'理一分殊'……在程颐看来，仁是普遍的、无私的，但在实现的过程中表现出差异性，故不能离义而谈仁；义是有分的、有差异性的，但其中又包含了仁的普遍本质，故不能离仁而谈义。只有将二者结合起来，才能说明人与人之间的关系，否则，就会出现偏蔽。"④

第二，从成仁路径上来说，孝是为仁的起点。非个人观点的实现需要依赖于个人观点。尽管仁爱是普遍之理，但是其流行发生必须有个开端，才能生生不息，这个开端就是为仁之根。亲亲之爱就是为仁之根。尽管墨家的"兼爱"也主张仁爱之理，但是因为一视同仁地看待所有人，导致其丧失为仁的根本。

问："'孝弟是行仁之本'，则上面'生'字恐著不得否？"曰："亦是仁民爱物，都从亲亲上生去。孝弟也是仁，仁民爱物也是仁。只孝弟是初头事，从这里做起。"⑤

---

① 朱熹：《朱子语类·卷第二十》，中华书局1994年版，第472页。

② 朱熹：《朱子语类·卷第二十》，中华书局1994年版，第474页。

③ 朱熹：《朱子语类·卷第九十八》，中华书局1994年版，第2527页。

④ 蒙培元：《朱熹关于世界的统一性与多样性——"理一分殊说"》，载《北京大学学报（哲学社会科学版）》2008年第3期。

⑤ 朱熹：《朱子语类·卷第二十》，中华书局1994年版，第478页。

又如木有根，有干，有枝叶，亲亲是根，仁民是干，爱物是枝叶，便是行仁以孝弟为本。①

但是爱亲爱兄是行仁之本。仁便是本了，上面更无本。如水之流，必过第一池，然后过第二池，第三池。未有不先过第一池，而能及第二第三者。仁便是水之原，而孝弟便是第一池。不惟仁如此，而为义礼智亦必以此为本也。②

仁如水之源，孝弟是水流底第一坎，仁民是第二坎，爱物则三坎也。③

问："程子云'仁者以天地万物为一体'，何墨氏'兼爱'反不得谓之仁？"先生曰："此亦甚难言，须是诸君自体认出来始得。仁是造化生生不息之理，虽弥漫周遍，无处不是，然其流行发生，亦只有个渐，所以生生不息。如冬至一阳生，必自一阳生，而后渐渐至于六阳，若无一阳之生，岂有六阳？阴亦然。惟其渐，所以便有个发端处；惟其有个发端处，所以生；惟其生，所以不息。譬之木，其始抽芽，便是木之生意发端处；抽芽然后发干，发干然后生枝生叶，然后是生生不息。若无芽，何以有干有枝叶？能抽芽，必是下面有个根在。有根方生，无根便死。无根何从抽芽？父子兄弟之爱，便是人心生意发端处，如木之抽芽。自此而仁民，而爱物，便是发干生枝生叶。墨氏兼爱无差等，将自家父子兄弟与途人一般看，便自没了发端处；不抽芽便知得他无根，便不是生生不息，安得谓之仁？孝弟为仁之本，却是仁理从里面发生出来。"④

第三，"理一分殊"是介于"兼爱"与"为我"两个极端之间的中庸状态。宋明儒学家提出"理一分殊"是为了解决"兼爱"与"为我"以及"爱无差等"与"爱有差等"之间的矛盾问题。"兼爱"代表了极端的非个人观点，"为我"代表了极端的个人观点。"理一分殊"是非个人观点与个人观点的统一。朱熹说："言理一而不言分殊，则为墨氏兼爱；言分殊而不言理一，则为杨氏为我。

① 朱熹：《朱子语类·卷第二十》，中华书局1994年版，第472页。
② 朱熹：《朱子语类·卷第二十》，中华书局1994年版，第463页。
③ 朱熹：《朱子语类·卷第二十》，中华书局1994年版，第463页。
④ 王守仁：《王阳明全集》上卷，上海古籍出版社1992年版，第25～26页。

所以言分殊，而见理一底自在那里；言理一，而分殊底亦在，不相夹杂。"[①]"理一"中包含了"爱有差等"，不同于墨家的"兼爱"；"分殊"中包含了"仁爱"之理，不同于杨朱的"为我"。"理一分殊"既承认事物的特殊性、差异性，又承认事物的共同性，其理论诉求是差异性与共同性的统一。唐文明说："'理一分殊'表现于成就人伦的情感，就是爱能博施与爱有差等的关系。质言之，爱能博施正是基于理的普遍性与统一性，爱有差等正是基于分的特殊性与差异性；在'理一分殊'的观念下，博施与差等二义不仅相即无碍，而且相得圆融。"[②]通过"理一分殊"，儒学解决了"兼爱"与"为我"之间的冲突问题，解决了"爱无差等"与"爱有差等"之间的冲突问题，实现了道德的非个人观点与个人观点的统一。

第四，作为"理一分殊"思想基础的"民胞物与"观点也是非个人观点与个人观点的统一。天地是父母，天下之人都是天地之子，我们都是同胞兄弟，具有共同性。在此基础上，个体能超越狭隘性，关爱他人，这是"理一"，是非个人观点的体现。同时，个体还应有亲疏之别，对待自己父母、兄弟与对待别人有所不同，这是"分殊"，是个人观点的体现。

《西铭》大纲是理一而分自尔殊。然有二说：自天地言之，其中固自有分别；自万殊观之，其中亦自有分别。不可认是一理了，只滚做一看，这里各自有等级差别。且如人之一家，自有等级之别。所以乾则称父，坤则称母，不可弃了自家父母，却把乾坤做自家父母看。且如"民吾同胞"，与自家兄弟同胞，又自别。[③]

"民吾同胞"，同胞里面便有理一分殊底意；"物吾与也"，吾与里面便有理一分殊底意。"乾称父，坤称母"，道是父母，固是天气而地质；然与自家父母，自是有个亲疏；从这处便"理一分殊"了。看见伊川说这意较多。龟山便正是疑"同胞"、"吾与"为近于墨氏，不知他"同胞"、"吾与"里面，便自分"理一分殊"了。如公所说恁地分别分殊，"殊"得也不

① 朱熹：《朱子语类·卷第九十八》，中华书局 1994 年版，第 2521 页。
② 唐文明：《仁感与孝应》，载《哲学动态》2020 年第 3 期。
③ 朱熹：《朱子语类·卷第九十八》，中华书局 1994 年版，第 2524 页。

大段。这处若不仔细分别，直是与墨氏兼爱一般！[①]

“理一分殊”能够实现非个人观点与个人观点的统一，一是因为对自然秩序和自然之情的坚守。爱人之理是一个，但是在面对不同的对象时，爱的程度和方式又是不同的。爱亲人与爱陌生人肯定是不同的，这是符合自然秩序的，也是符合天道的。二是因为共同体中个人与社会的相辅相成关系。郑家栋指出：在儒家视野中，“个人”是一个具体的关系性概念。个人只能存在于某种具体而特殊的社会关系和社会情境中。自我的完善和身份的建构是一个统一且不可分割的过程。[②]

总之，儒家通过“理一分殊”思想表达了仁爱与偏爱具有理论与实践的内在统一性，二者都具有道德价值，体现了道德的非个人观点与个人观点的统一，为解决平等与偏爱问题提供了一种可能路径。

四、启示之四：儒家的“仁”需要纳入平等的内涵

平等是现代社会的共识。马克思主义始终以平等为价值目标，马克思通过批判资本主义社会的伪善彰显自己的平等理念。平等也是最能体现社会主义性质的道德观念。在平等与偏爱的争论中，道德不偏不倚理论最根本的承诺是平等。尽管偏倚论者批判道德不偏不倚的观点，但是他们也不否认平等。任何一种合理的道德理论都应该把平等作为一个首要原则，它体现了道德的非个人性。平等是指每一个道德主体都同等重要。这并不意味着所有的人、在所有方面、在所有情况下都是平等的，而是指每一个人必须作为平等的个体被对待。尽管儒家“仁爱”思想具有与现代对接的可能性，“理一分殊”思想也因其独特的理论优势为解决平等与偏爱问题提供了可能的进路，但是其对现代平等的忽视导致了很多问题。“现代社会普遍平等的追求和价值导向，从根本上否定和冲击了美德伦理所内含的优越价值等级秩序，这实际上是一种价值或者意义的危机。……中国传统美德伦理

---

① 朱熹：《朱子语类・卷第九十八》，中华书局 1994 年版，第 2525 页。

② 参见郭齐勇编：《儒家伦理争鸣集——以亲亲互隐为中心》，湖北教育出版社 2004 年版，第 499 页。

有一个基本的前提，就是它与人伦秩序、等级直接相关，是有明确等级秩序的。”[①]为了实现创造性转化和创新性发展，更好地解决平等与偏爱关系问题，“理一分殊”中的“理”即“仁”应该吸纳平等作为其有机组成部分。

传统儒家伦理的“仁”蕴含着某种平等的含义。第一，人格平等。这突出体现在“己所不欲，勿施于人”以及“己欲立而立人，己欲达而达人”之中。前者是从否定意义上表达一个人对别人的道德义务[②]，即不用自己不喜欢的或反对的方式去对待别人；后者则是从正面意义上表达一个人的道德义务。这两者合起来就是孔子所说的“忠恕之道”。“忠恕之道”的重点是，个体的人格是平等的，我们应尊重他人的人格，平等待人。第二，人性平等。儒家认为人性中有善根。这突出体现在孟子的“四心”思想中。孟子说：“恻隐之心，人皆有之；羞恶之心，人皆有之；恭敬之心，人皆有之；是非之心，人皆有之。恻隐之心，仁也；羞恶之心，义也；恭敬之心，礼也；是非之心，智也。仁义礼智，非由外铄我也，我固有之也，弗思耳矣。故曰：‘求则得之，舍则失之。’或相倍蓰而无算者，不能尽其才者也。”[③]每个人都有“四心”，都有道德的萌芽或开端，这说明人性是平等的。当然，由于古代社会的阶级局限性，这里的“平等”不包含近现代社会中的权利、地位等平等。正如陈来所说：“古代儒家之所以只提出人性平等、人格平等，而未能提出政治权利平等，也是因为既有的社会制度体系约束着它。”[④]

既然如此，平等观念需要与传统儒家伦理有机结合。近现代以来的思想家做了积极努力，试图实现从传统向现代的转化，比如康有为、谭嗣同等思想家把现代平等的观念纳入对“仁”的理解之中。陈来指出：“应该说，仁在本质上是要求平等的，在实践上也是必然主张平等的，古语所谓‘一视同仁’，已经充分显明了仁的平等取向。从康有为到谭嗣同，显示出近代儒学

---

① 万俊人：《传统美德伦理的当代境遇与意义》，载《南京大学学报(哲学·人文科学·社会科学)》2017年第3期。

② “韩诗外传解释说：‘己恶饥寒焉，则知天下之欲饮食也；己恶劳苦焉，则知天下之欲安佚也；己恶衰乏焉，则知天下之欲富足也。知此三者，圣王所以不降席而匡天下。故君子之道，忠恕而已矣。’”(于承武：《论语衍释》，北京出版社2005年版，34页)

③ 杨伯峻：《孟子译注》，中华书局2008年版，第200页。

④ 陈来：《仁统四德——论仁与现代价值的关系》，载《江苏社会科学》2016年第4期。

士大夫已经把平等作为仁之一义，吸收为儒学政治论的基本价值了。”[①]《大同书》依然以“人的相同性”为预设，但是其重点已经不再停留在道德修养层面，而是将“平等”理解为一个基本的价值和行动规范。现代平等观念的着力点在于改变社会制度和社会生活中的不平等关系。[②]

在前人研究的基础上，我们需要进一步促进“仁爱”与平等的融合。“仁者爱人”应该具有平等待人的含义。平等待人不是一视同仁地给予每个人同等程度的爱，而是把每个人当作平等的个体来对待。这意味着，“仁爱”需要与权利观念结合。干春松说：“一个合理的出路是将儒家的仁爱观念和个人的权利意识相结合，这样既可以保留儒家仁爱的可实践维度，又可以避免将仁爱限于家庭关系而难以扩展之困境，治国平天下的‘君子境界’便可以转化为每一个人都可以落实的实践。”[③]为实现这一目标，我们需要划分不同层次的“平等待人”。底线意义上的“平等待人”是指每个人拥有平等的政治权利、平等的机会等。因为受到出生地、家庭环境、个人的体力和智力等因素的影响，权利平等和机会平等可能会造成实质上的不平等，进而威胁个体的权利和机会平等。为了改变这个问题，我们需要确立“平等待人”的第二层含义，即通过削弱偶然因素对个体的影响，实现起点平等、结果平等和实质平等。可见，“仁爱”伦理应保证政治权利的平等、机会的平等、社会的平等乃至经济的平等。在现代社会中，“爱人”意味着尊重他人的权利。在偏爱关系内部，爱也意味着尊重家人、朋友的平等权利，尊重其人格。偏爱之情也要符合现代“义”的要求。

“仁爱”观念并入平等理念之后，并不会否定“爱有差等”，也不会流于“兼爱”。因为这里的“平等”不是指一视同仁地对待每一个人，不是以同样的程度和方式爱每一个人。前文已论述过，这是违背人性的，结果往往流于空谈。批评者认为，西方的不偏不倚理论正是犯了这个错误，“兼爱”也犯了同样的错误。为了避免这个问题，我们需要对“平等”进行区分划界。“仁爱”观念并入的平等主要是尊严人格的平等、政治权利的平等、机会的平等。

---

① 陈来：《仁统四德——论仁与现代价值的关系》，载《江苏社会科学》2016年第4期。

② 参见高瑞泉：《平等主义的纲领及其衍绎：〈大同书〉〈仁学〉的一种解读》，载《社会科学》2011年第11期。

③ 干春松：《多重维度中的儒家仁爱思想》，载《中国社会科学》2019年第5期。

在这些涉及个人生命、基本生存和发展利益的事物上，仁爱他人意味着设置相应的制度保障这些重要利益，保障每个人的平等权利。除此之外的其他领域，尤其是在家庭、友谊等偏爱关系领域，偏爱不但是被允许的，还是一种道德价值。此时的“爱有差等”并不意味着不平等，因为“爱有差等”与等级秩序没有必然联系。偏爱只是人类一种正常的自然现象而已，在每个社会之中的每个人身上，一般都存在这种偏爱情感。道德一方面要肯定它，另一方面要矫正它，使其在合理的范围内发挥作用。

可见，在理论层面，融入平等观念的“仁爱”与处理偏爱关系的“孝悌”等道德规范之间没有冲突。即使在具体的冲突事例中，二者也不是非此即彼的关系，可能同时共存，或者成全其中一方。个体作出何种选择取决于具体情境中平等的层次性。如果亲人或朋友违反了严重的社会正义，那么个体以消极方式尽量成全正义和孝，如“窃负而逃”“封象有庳”的例子。黄启祥指出：“舜封象而是孝亲与正义两全。孟子论舜既非主张血缘亲情至上，也非称赞违法悖理之举，他对‘封象有庳’和‘窃负而逃’的解释是内在一致的。”[①]如果涉及积极的帮助，在只有一块饼可以救命的情况下，给自己的孩子不给邻人的孩子是天经地义的。因为这不是道德义务，在此情况下偏爱自己的孩子并没有违反道德。如果不给自己的孩子，才是违背了人伦。王阳明说：“至亲与路人同是爱的，如箪食豆羹，得则生，不得则死，不能两全，宁救至亲，不救路人，心又忍得。这是道理，合该如此。”[②]涉及类似的基本生命或基本福祉需要时，主体可以优先满足自己孩子的需要。此时偏爱是道德上要求的行为。但是，在满足自己孩子不太重要的利益和别人孩子的必需品之间作出选择时，主体就应该优先帮助别人的孩子。因为人们有道德上的义务帮助他人实现基本的生存权利，这是十分必要的，是对底线意义上平等待人义务的捍卫。

---

① 黄启祥：《不可弃的亲情与不可犯的公义——论“封象有庳”和“窃负而逃”的伦理意蕴》，载《浙江学刊》2018年第4期。

② 王守仁：《王阳明全集》上卷，上海古籍出版社1992年版，第108页。

第三节　对当前公德私德建设的启示

道德不偏不倚理论与偏爱关系的争论其实是社会观点与个人观点之间的争论。二者争论的前提是随着社会经济的发展产生的西方公共生活领域与私人生活领域二分的社会结构。在此基础上，道德不偏不倚理论强调道德主要是社会性的、公共性的，聚焦于维系社会生活的最小条件，从而忽略了对个人生活至关重要的家庭、友谊等偏爱关系。只有建立一种合理的道德理论，才有可能解决二者之间的争论。这种合理的道德理论是非个人观点与个人观点的统一。它在首要意义上承诺了道德平等，并且赋予了偏爱关系重要的道德价值。

在当前的道德建设中，我们取得了一系列的成就。首先，人民对于国家、民族的道德责任感日益增强，彻底摆脱了当年梁启超对中国人没有群体、国家和民族意识的批评。其次，公民道德建设也取得了长足进步。继2001年党中央颁布《公民道德建设实施纲要》之后，为了适应新时代需要，于2019年进一步出台《新时代公民道德建设实施纲要》。但是，目前我们还存在亟须治理的突出道德问题，如道德冷漠、道德绑架、道德规则体系尚待健全、道德义务尚需明确、公共责任意识淡漠、公共精神匮乏等现实问题。李建华等认为："伴随改革开放的脚步，公共领域急速拓展，如何培育公共精神、培养公共道德成为维持社会健康有序发展的根本问题。从以私德为主要约束的社会到以公德为基本协调手段的社会伦理图式变革也对伦理学提出了新的挑战。"[①]公德建设问题是解决这些问题的根本着力点，尤其从理论上处理公德与私德关系问题是关键问题。

近些年，尤其是2020年，学术界对公德与私德关系问题进行了激烈的讨论，发表了一系列成果。陈来指出，中国近代以来重公德轻私德。从梁启超开始强调公德，一直到新中国成立以后注重政治公德，忽视社会公德和个人道德。恢复个人道德的重要性和独立性，并且倡导社会公德，是解决当前

① 李建华、姚文佳：《改革开放40年中国伦理学的回顾与前瞻》，载《湖北大学学报（哲学社会科学版）》2019年第1期。

中国道德问题的关键。[①] 蔡祥元指出，简单地提升私德并不能解决问题，导致儒家公德缺失的原因是公私不分，因此需要通过规则区分公领域与私领域，明确家国界限。[②] 任剑涛认为，公德私德讨论的前提条件是古今之变，之前的讨论恰恰忽视了这一点，公德私德问题与现代社会的公私领域划分密不可分。在现代社会，公德具有优先性，私德不能直接贯通公德。[③] 肖群忠指出，传统社会不区分公私领域，因此更关注公德与私德的联系；现代中国应并重公共道德与个体美德。[④] 基于美德统一性视域，陈乔见指出，梁启超、马君武、章太炎等思想家都主张公德私德实为道德一体之两面，因此当前的道德建设应该走出梁启超前期的重公德轻私德误区，公德私德并举。[⑤] 唐文明指出，公德与私德之争实际是古代美德伦理学传统与现代规则伦理学传统之争。[⑥] 赵炎主张，公私德之辨的背后不是古今之变，而是中西之争，中国古代并不缺少公德，只是没有现代西方意义上的公德。[⑦] 可见，我国的道德建设面临着与西方截然不同的问题意识。这些成果为进一步研究提供了坚实的基础。在此基础上，为了解决道德建设中的理论与现实问题，我们应借鉴平等与偏爱争论中的积极因素，慎重对待公德私德之区分，重视道德规则，强调对公共精神的培育。"公德""私德"概念是东亚文明独创的概念。日本思想家福泽谕吉受西方近现代道德理论中个人道德与社会道德的启发，创造了"公德""私德"概念，而后通过梁启超的引入，"公德""私德"概念在中国开始兴起。解决公德私德问题需强调道德规范体系的建立，为强化规则意识提供理论前提。

---

① 参见陈来：《中国近代以来重公德轻私德的偏向与流弊》，载《文史哲》2020年第1期。

② 参见蔡祥元：《儒家"家天下"的思想困境与现代出路——与陈来先生商榷公私德之辨》，载《文史哲》2020年第3期。

③ 参见任剑涛：《古今之变与公私德行的现代理解》，载《文史哲》2020年第4期。

④ 参见肖群忠：《现代中国应并重公共道德和个体美德——对陈来、蔡祥元两位先生的回应》，载《文史哲》2020年第4期。

⑤ 参见陈乔见：《清末民初的"公德私德"之辩及其当代启示——从"美德统一性"的视域看》，载《文史哲》2020年第5期。

⑥ 参见唐文明：《美德伦理学、儒家传统与现代社会的普遍困境——以陈来"儒学美德论"为中心的讨论》，载《文史哲》2020年第5期。

⑦ 参见赵炎：《儒家公私一德与家国一体的形而上学基础——从中西之争而非古今之变的角度看》，载《文史哲》2021年第1期。

西方道德不偏不倚理论的目的是寻找道德的最高原则，即道德正确性标准。为了实现对道德平等的根本承诺，道德正确性标准是必要的。没有道德正确性标准，人们就不知道如何平等待人，如何真正尊重、考虑他人利益。正如万俊人所说："现代社会结构化转型的日趋公共化使得人们越来越依赖于普遍有效的规则与秩序。"①在不同的西方近现代道德理论中，道德正确性标准各不相同：功利主义的标准是最大化幸福原理，康德式的义务论的正确性标准是可普遍化原则。此外，道德的最高原则不能直接应用于每个行为中，它的作用是论证和筛选具体的道德准则，它是一切道德准则的共同基础。密尔指出："应当存在一个根本性的道德原则或法则，作为一切道德的根据。"②义务论指出，绝对命令是一个关于具体准则的过滤器，能通过可普遍化原则检验的才是道德准则。另外，最高的道德正确性标准是用来解决不同道德准则发生冲突时的标准。"我们必须记住，唯有在次要的原则之间发生冲突时，才需要诉诸第一原理。"③

中国特色社会主义道德的最高原则是集体主义。集体主义一般被理解为具体行为决策的标准，这引发了对集体主义要求过高的质疑，以致不易被人们施行。作为最高道德原则的集体主义是抽象的，在很多情况下不能直接应用于具体的行为之中，它需要借助一些具体的、中间性的道德准则才能落地。密尔指出："无论我们认为根本的道德原理是什么，都需要一些次要的原则来应用它；一切道德体系都不可能没有次要的原则。"④所以，道德建设应在最高道德原则集体主义的指导下，学习借鉴西方的优秀道德资源，确立具体的道德准则。具体的道德准则直接指导人们的行为，使其行之有度，合于道德。孔子说："非礼勿视，非礼勿听，非礼勿言，非礼勿动。"⑤"礼"就涵盖了行、处、坐、卧等的具体道德规范。"仁"的道德理想要通过"礼"才能实现。"道德仁义，非礼不成；教训正俗，非礼不备；分争辨讼，非礼不决。"⑥"礼

---

① 万俊人：《传统美德伦理的当代境遇与意义》，载《南京大学学报（哲学·人文科学·社会科学）》2017年第3期。

② ［英］约翰·穆勒：《功利主义》，徐大建译，商务印书馆2014年版，第4页。

③ ［英］约翰·穆勒：《功利主义》，徐大建译，商务印书馆2014年版，第31页。

④ ［英］约翰·穆勒：《功利主义》，徐大建译，商务印书馆2014年版，第29页。

⑤ 刘宝楠：《论语正义·颜渊第十二》，中华书局1990年版，第484页。

⑥ 王文锦：《礼记译解·曲礼上第一》，中华书局2001年版，第3页。

之用，和为贵。先王之道，斯为美，小大由之。有所不行，知和而和，不以礼节之，亦不可行也。"[①]社会和谐依赖于"礼"，依赖于规则体系。"若无礼，则手足无所错，耳目无所加，进退揖让无所制。"[②]目前，我们的具体道德规则体系尚待进一步完善，除了确立最高的道德原则集体主义之外，还需确立各种具体的道德规范，明晰具体的道德义务，尤其是明晰公共生活领域与私人生活领域中属于道德义务层面的道德要求。只有先知善后行善，我们才能逐步改变道德冷漠、道德绑架、公共责任缺失、道德底线丧失等问题。

在确立道德规范体系的基础上，道德建设需强化人们的规则意识、公共责任意识，培育公共精神。首先，只有主体不断按照规则去做，才有可能成为有规则意识、公共责任意识的人。亚里士多德指出：道德德性通过习惯而养成，只有先运用德性才能获得德性，一个人的实现活动怎样，他的品质就怎样。[③] "在行为上公正便成为公正的人，在行为上节制便成为节制的人。如果不去这样做，一个人就永远无望成为一个好人。"[④]中国传统儒学的"格物致知""知行合一"思想也强调，要成为仁人必须不断地按照礼仪制度或者道德规则进行实践活动。其次，道德建设要强化道德规则中蕴含的尊重他人之精神内核。规则表达了对别人的尊重，如"礼"的精髓就是敬。敬是尊重他人。遵守礼仪制度关键是拥有诚敬之心。"居上不宽，为礼不敬，临丧不哀，吾何以观之哉？"[⑤]《曲礼》曰："毋不敬，俨若思，安定辞。安民哉！"[⑥]礼仪制度的初衷是为了尊重他人，尊重人与人之间的界限。"夫礼者，自卑而尊人。虽负贩者，必有尊也，而况富贵乎？富贵而知好礼，则不骄不淫；贫贱而知好礼，则志不慑。"[⑦]"恭近于礼，远耻辱也。因不失其亲，亦可宗也。"[⑧]对人尊重应合于礼节，如果不合于礼节，过犹不及，就会自取其辱，丧失自己的

---

① 刘宝楠：《论语正义·学而第一》，中华书局1990年版，第29页。

② 王文锦：《礼记译解·仲尼燕居第二十八》，中华书局2001年版，第743页。

③ 参见[古希腊]亚里士多德：《尼各马可伦理学》，廖申白译，商务印书馆2003年版，第35～37页。

④ [古希腊]亚里士多德：《尼各马可伦理学》，廖申白译，商务印书馆2003年版，第42页。

⑤ 刘宝楠：《论语正义·八佾第三》，中华书局1990年版，第137页。

⑥ 王文锦：《礼记译解·曲礼上第一》，中华书局2001年版，第1页。

⑦ 王文锦：《礼记译解·曲礼上第一》，中华书局2001年版，第4页。

⑧ 刘宝楠：《论语正义·学而第一》，中华书局1990年版，第30页。

人格与尊严。最后，道德建设应加强平等待人的意识。每个人都是平等的，除了政治权利、机会等方面的平等之外，更为基础的是尊严平等。每个人的人格都是平等的，每个人都是目的自身，因此每个人都享有平等的尊严权，在此基础上，才能培育良好的公共精神。

结 语

本书的主要任务是解决道德不偏不倚理论能否容纳偏爱关系的问题。近现代道德理论承诺了道德不偏不倚的观点。功利主义和义务论是道德不偏不倚理论的主要代表。道德不偏不倚理论面临的一个主要批评是基于偏爱关系的批评。批评者认为，道德不偏不倚理论忽略甚至贬低了家庭、友谊等偏爱关系的道德价值，因此道德的不偏不倚理论和偏倚性关系之间是一种紧张的冲突关系。本书的主要目的是通过讨论二者争论中的一些问题，在某种程度上解决二者之间的冲突，进而推进对道德本质的理解。

合理的道德理论应在个人观点与非个人观点之间寻求恰当的平衡。因为偏爱关系是人类好生活的重要组成部分，是一种重要的道德价值。既然道德是为了人而不是人为了道德，那么合理的道德理论就应该承认和肯定被恰当理解的偏爱关系。

在历史梳理的基础上，辨析道德不偏不倚理论的三个基本特征：平等、无偏私性和道德正确性标准。据此，道德不偏不倚理论与偏爱关系的冲突从三个层面体现出来：第一个层面是道德不偏不倚理论忽视或否定偏爱关系的道德价值；第二个层面是道德不偏不倚理论导致了道德主体的异化状态；第三个层面是两者在具体情境中发生冲突时，道德不偏不倚理论始终占据优先地位。

为了解决上述冲突，道德不偏不倚理论的支持者提出了一些策略试图包含偏爱关系。这些策略包括：两个层次区分的思想、对“善”的精致化理解的思想、二者冲突在道德之外而不在道德之内的思想、谢弗勒的“以主体为中心的特权”思想。但是，这些策略都没能充分解决道德不偏不倚理论与偏爱关系的冲突问题。不过，这些回应方式中存在着可以借鉴的内容，为建立合理的道德理论作了理论准备。

一种具有义务论特征的人权理论看来较有可能承认并肯定合理的偏爱关系。当然，对这一人权理论也须给予恰当的界定和解释。在某些基本方面，合理的道德理论应坚持平等的非个人观点；在其他方面，合理的道德理论应保证个人观点的优先性和道德地位。总之，合理的道德理论所坚持的原则或标准不是只有一个，而是一个有着内在次序的层级式的原则体系。

西方关于平等与偏爱的争论为中国特色社会主义伦理学建设提供了重要的启发和借鉴意义。在汲取西方优秀道德资源的基础上，当前的道德建设应挖掘马克思主义伦理学关注个人和平等的相关思想；重新解读和诠释传统儒家伦理的"仁爱"思想，为平等与偏爱冲突的解决提供某种中国思路；慎重对待公德私德之区分，重视道德规则，强调对公共精神的培育。

主要参考文献

一、中文部分

(一)中文著作

1.刘宝楠:《论语正义》,中华书局1990年版。

2.张永祥、肖霞:《墨子译注》,上海古籍出版社2015年版。

3.杨伯峻:《孟子译注》,中华书局2008年版。

4.王文锦:《礼记译解》,中华书局2001年版。

5.程颢、程颐:《二程集》,中华书局1981年版。

6.朱熹:《朱子语类》,中华书局1994年版。

7.朱熹:《四书章句集注》,中华书局2016年版。

8.王守仁:《王阳明全集》,上海古籍出版社1992年版。

9.梁漱溟:《梁漱溟全集》,山东人民出版社2005年版。

10.庞朴:《儒家辩证法研究》,中华书局2009年版。

11.何怀宏:《契约伦理与社会正义——罗尔斯正义论中的历史与理性》,中国人民大学出版社1993年版。

12.王恩来:《人性的寻找》,中华书局2005年版。

13.徐向东:《自我、他人与道德——道德哲学导论》,商务印书馆2007年版。

14.袁贵仁、杨耕:《当代学者视野中的马克思主义哲学·中国学者卷》(上),北京师范大学出版社2012年版。

15.陈来:《仁学本体论》,生活·读书·新知三联书店2014年版。

16.白奚:《先秦哲学沉思录》,中国社会科学出版社 2007 年版。

17.蔡尚思:《十家论孔》,上海人民出版社 2006 年版。

18.邓晓芒:《儒家伦理新批判》,重庆大学出版社 2010 年版。

19.郭齐勇:《〈儒家伦理新批判〉之批判》,武汉大学出版社 2011 年版。

20.郭齐勇编:《儒家伦理争鸣集——以亲亲互隐为中心》,湖北教育出版社 2004 年版。

21.徐向东编:《后果主义与义务论》,浙江大学出版社 2011 年版。

22.徐向东编:《美德伦理与道德要求》,江苏人民出版社 2007 年版。

23.徐向东编:《实践理性》,浙江大学出版社 2011 年版。

24.苏舆:《春秋繁露义证·仁义法二十九》,中华书局 1992 年版。

(二)中文译著

1.《马克思恩格斯选集》第 1 卷,人民出版社 2012 年版。

2.《马克思恩格斯选集》第 3 卷,人民出版社 2012 年版。

3.《马克思恩格斯全集》第 1 卷,人民出版社 1995 年版。

4.《马克思恩格斯全集》第 42 卷,人民出版社 1979 年版。

5.[古希腊]柏拉图:《柏拉图全集》,王晓朝译,人民出版社 2002 年版。

6.[古希腊]亚里士多德:《尼各马可伦理学》,廖申白译,商务印书馆 2003 年版。

7.[英]休谟:《道德原则研究》,曾小平译,商务印书馆 2004 年版。

8.[英]休谟:《人性论》,关文运译,商务印书馆 1997 年版。

9.[英]亚当·斯密:《道德情操论》,蒋自强等译,商务印书馆 1997 年版。

10.[英]约翰·密尔:《功用主义》,唐钺译,商务印书馆 1957 年版。

11.[英]约翰·穆勒:《功利主义》,徐大建译,商务印书馆 2014 年版。

12.[英]约翰·密尔:《精神科学的逻辑》,李涤非译,浙江大学出版社 2009 年版。

13. [英]约翰·密尔:《论自由》,许宝骙译,商务印书馆 1959 年版。

14.[英]亨利·西季威克:《伦理学方法》,廖申白译,中国社会科学出版社 1993 年版。

15.[英]伯纳德·威廉斯:《道德运气》,徐向东译,上海译文出版社 2007 年版。

16.[德]康德：《道德形而上学原理》，苗力田译，上海人民出版社 1986 年版。

17.[美]露丝·本尼迪克特：《文化模式》，王玮等译，生活·读书·新知三联书店 1988 年版。

18.[德]诺贝特·埃利亚斯：《个体的社会》，翟三江等译，译林出版社 2003 年版。

19.[加]威尔·金里卡：《当代政治哲学》，刘莘译，上海三联书店 2004 年版。

20.[美]詹姆斯·P.斯特巴：《实践中的道德》，李曦等译，北京大学出版社 2006 年版。

21.[加]凯·尼尔森：《马克思主义与道德观念》，李义天译，人民出版社 2014 年版。

22.[美]罗伯特·诺齐克：《无政府、国家与乌托邦》，何怀宏等译，中国社会科学出版社 1990 年版。

（三）期刊论文

1.冯书生：《我国伦理学的研究传统及未来面向》，载《华中科技大学学报（社会科学版）》2019 年第 1 期。

2.龚群：《个人与社会的关系——伦理学基本问题及其范例》，载《道德与文明》2020 年第 1 期。

3.高国希、叶方兴：《当代中国马克思主义伦理学的价值理路》，载《伦理学研究》2020 年第 5 期。

4.肖祥：《建构中国马克思主义伦理精神：期许、问题与理路——新中国 70 年精神激励的伦理逻辑》，载《天津社会科学》2019 年第 6 期。

5.叶昌友：《论马克思、恩格斯“个人与社会关系”思想的逻辑起点》，载《科学社会主义》2006 年第 4 期。

6.周世兴：《“个人”：创新发展马克思哲学的当代视域》，载《哲学研究》2012 年第 8 期。

7.刘森林：《何为“现实的个人”之现实性？》，载《马克思主义理论学科研究》2017 年第 4 期。

8.万光侠：《马克思“现实的个人”的唯物史观审思》，载《中国高校社会科学》2021 年第 1 期。

9.江畅、范蓉:《论当代中国道德体系的构建》,载《湖北大学学报(哲学社会科学版)》2015 年第 1 期。

10.汪习根:《马克思主义人权理论中国化及其发展》,载《法制与社会发展》2019 年第 2 期。

11.杨国荣:《论伦理共识》,载《探索与争鸣》2019 年第 2 期。

12.陈培永:《平等问题的唯物史观透视与马克思主义平等论的当代建构》,载《求索》2020 年第 5 期。

13.李义天:《马克思的平等概念:质疑与重构》,载《湖南师范大学社会科学学报》2018 年第 1 期。

14.李义天、杨磊:《为平等而辩——马克思主义平等观念面临的挑战及其回应》,载《学术交流》2020 年第 4 期。

15.常泓:《柯亨对社会主义平等观的重构及其现实意义》,载《湖北社会科学》2016 年第 4 期。

16.韦庭学:《21 世纪以来英语学界的马克思主义伦理学研究新动向》,载《马克思主义与现实》2020 年第 2 期。

17.牛小侠:《论马克思对"社会伦理"的批判与建构》,载《江汉论坛》2020 年第 8 期。

18.李佃来:《马克思政治哲学的构建何以可能?》,载《哲学研究》2019 年第 5 期。

19.吴向东、高影:《劳动、可行能力与人的尊严——马克思与纳斯鲍姆的尊严观对勘》,载《山东社会科学》2020 年第 6 期。

20.林育川:《分配平等与社会平等的关系——兼及马克思主义平等观的特质》,载《山东社会科学》2020 年第 6 期。

21.杜帮云:《马克思主义自由平等观与社会主义自由平等的实现》,载《理论月刊》2016 年第 12 期。

22.谢伟光:《从马克思主义平等观看共享发展》,载《红旗文稿》2016 年第 15 期。

23.干春松:《多重维度中的儒家仁爱思想》,载《中国社会科学》2019 年第 5 期。

24.陈乔见：《普遍之爱与特殊之爱的统一如何可能——以宋明儒者仁义说为中心的考察》，载《华东师范大学学报(哲学社会科学版)》2012 年第 1 期。

25.唐纪宇：《道德实践的形而上学基础——论程颐的“理一”思想》，载《天津社会科学》2015 年第 5 期。

26.黄勇、蒋艳艳：《二程的道德哲学：在普遍主义与特殊主义之间》，载《东南大学学报(哲学社会科学版)》2018 年第 6 期。

27.李景林：《孟子的“辟杨墨”与儒家仁爱观念的理论内涵》，载《哲学研究》2009 年第 2 期。

28.蒙培元：《朱熹关于世界的统一性与多样性——“理一分殊说”》，载《北京大学学报(哲学社会科学版)》2008 年第 3 期。

29.唐文明：《仁感与孝应》，载《哲学动态》2020 年第 3 期。

30.万俊人：《传统美德伦理的当代境遇与意义》，载《南京大学学报(哲学·人文科学·社会科学)》2017 年第 3 期。

31.陈来：《仁统四德——论仁与现代价值的关系》，载《江苏社会科学》2016 年第 4 期。

32.高瑞泉：《平等主义的纲领及其衍绎：〈大同书〉〈仁学〉的一种解读》，载《社会科学》2011 年第 11 期。

33.黄启祥：《不可弃的亲情与不可犯的公义——论“封象有庳”和“窃负而逃”的伦理意蕴》，载《浙江学刊》2018 年第 4 期。

34.李建华、姚文佳：《改革开放 40 年中国伦理学的回顾与前瞻》，载《湖北大学学报(哲学社会科学版)》2019 年第 1 期。

35.陈来：《中国近代以来重公德轻私德的偏向与流弊》，载《文史哲》2020 年第 1 期。

36.蔡祥元：《儒家“家天下”的思想困境与现代出路——与陈来先生商榷公私德之辨》，载《文史哲》2020 年第 3 期。

37.任剑涛：《古今之变与公私德行的现代理解》，载《文史哲》2020 年第 4 期。

38.肖群忠：《现代中国应并重公共道德和个体美德——对陈来、蔡祥元两位先生的回应》，载《文史哲》2020 年第 4 期。

39.陈乔见:《清末民初的“公德私德”之辨及其当代启示——从“美德统一性”的视域看》,载《文史哲》2020年第5期。

40.唐文明:《美德伦理学、儒家传统与现代社会的普遍困境——以陈来“儒学美德论”为中心的讨论》,载《文史哲》2020年第5期。

41.赵炎:《儒家公私一德与家国一体的形而上学基础——从中西之争而非古今之变的角度看》,载《文史哲》2021年第1期。

42.国务院新闻办公室:《1991年:中国的人权状况》,国务院新闻办公室网站,http://www.scio.gov.cn/ztk/dtzt/90/11/Document/1253739/1253739.htm。

43.国务院新闻办公室:《为人民谋幸福:新中国人权事业发展70年白皮书》,国务院新闻办公室网站,http://www.scio.gov.cn/ztk/dtzt/39912/41810/index.htm。

二、英文部分

(一)英文著作

1. Allan Wood, *Kantian Ethics*, London: Cambridge University Press, 2008.

2. Alasdair MacIntyre, *Whose Justice? Which Rationality?* London: Duckworth, 1988.

3. Kurt Baier, *The Moral Point of View: A Rational Basis of Ethics*, New York: Cornell University Press, 1958.

4. Brian Barry, *Justice as Impartiality*, New York: Oxford University Press, 1995.

5. David O. Brink, *Moral Realism and the Foundations of Ethics*, Cambridge: Cambridge University Press, 1989.

6. Lawrence Blum, *Friendship, Altruism, and Morality*, London: Routledge and Kegan Paul, 1980.

7. Ronald Dworkin, *Taking Rights Seriously*, Cambridge: Harvard University Press, 1977.

8. Bernard Gert, *Morality: Its Nature and Justification*, New York: Oxford University Press, 2005.

9.Shelley Kagan, *The Limits of Morality*, Oxford: Clarendon Press, 1989.

10.D. D. Raphael, *The Impartial Spectator*, New York: Oxford University Press, 2007.

11.John Rawls, *A Theory of Justice*, Cambridge: Harvard University Press, 1971.

12.Samuel Scheffler, *The Rejection of Consequentialism*, New York: Oxford University Press, 1982.

13.J. J. C. Smart and Bernard Williams, *Utilitarianism: For and Against*, London: Cambridge University Press, 1973.

14.Henry Sidgwick, *The Methods of Ethics*, Cambridge: Cambridge University Press, 2012.

15.Barbara Herman, *The Practice of Moral Judgment*, Cambridge: Harvard University Press, 1993.

16.William Godwin, *Enquiry Concerning Political Justice and its Influence on General Virtue and Happiness*, New York: Raymond Preston, 1926.

17.John Stuart Mill, *Utilitarianism*, London: Longmans, Green and Co., 1901.

18.R. Hare, *Moral Thinking*, New York: Oxford University Press, 1981.

19.Susan Mendus, *Impartiality in Moral and Political Philosophy*, New York: Oxford University Press, 2002.

20.P. W. Taylor, *Normative Discourse*, Englewood Cliffs: Prentice Hall, 1961.

21.Thomas Nagel, *Equality and Partiality*, New York: Oxford University Press, 1991.

22.Thomas Nagel, *The View from Nowhere*, New York: Oxford University Press, 1986.

23.Troy A. Jollimore, *Friendship and Agent-Relative Morality*, New

York: Garland Publishing, 2001.

24. Bernard Williams, *Moral Luck*, London: Cambridge University Press, 1981.

25. Bernard Williams, *Ethics and the Limits of Philosophy*, Cambridge: Harvard University Press, 1985.

26. H. J. Paton, *The Categorical Imperative: A Study in Kant's Moral Philosophy*, Philadelphia: University of Pennsylvania Press, 1971.

27. Robert E. Goodin, Philip Pettit and Thomas Pogge (eds.), *A Companion to Contemporary Political Philosophy*, Oxford: Blackwell Publishing Ltd., 2007.

28. Carol Gilligan, *In a Different Voice: Psychological Theory and Women's Development*, Cambridge: Harvard University Press, 1982.

29. Nel Noddings, *Caring: A Feminine Approach to Ethics and Moral Education*, Berkeley: University of California Press, 1984.

30. Iris Marion Young, *Justice and the Politics of Difference*, Princeton: Princeton University Press, 1990.

(二)期刊论文

1. Adrian M. S. Piper, "Moral Theory and Moral Alienation", *The Journal of Philosophy*, Vol.84, No.2, February 1987.

2. Albert W. Musschenga, "The Debate on Impartiality: An Introduction", *Ethical Theory and Moral Practice*, Vol.8, No.1/2, April 2005.

3. Barbara Herman, "Agency, Attachment and Difference", *Ethics*, Vol.101, No.4, July 1991.

4. Marcia Baron, "Impartiality and Friendship", *Ethics*, Vol. 101, No.4, July 1991.

5. Richard Brandt, "The Definition of an 'Ideal Observer' Theory in Ethics", *Philosophy and Phenomenological Research*, Vol.15, No.3, 1955.

6. Cynthia A. Stark, "Decision Procedures, Standards of Rightness and Impartiality", *Noûs*, Vol.31, No.4, December 1997.

7. David O. Brink, "Utilitarian Morality and the Personal Point of

View", *The Journal of Philosophy*, Vol.83, No.8, August 1986.

8. Dean Cocking and Justin Oakley, "Indirect Consequentialism, Friendship, and the Problem of Alienation", *Ethics*, Vol. 106, No. 1, October 1995.

9. Diane Jeske, "Friendship, Virtue, and Impartiality", *Philosophy and Phenomenological Research*, Vol.57, No.1, March 1997.

10. Richard Double, "Morality, Impartiality, and What We Can Ask of Persons", *American Philosophical Quarterly*, Vol.36, No.2, April 1999.

11. Elinor Mason, "Can an Indirect Consequentialist Be a Real Friend?", *Ethics*, Vol.108, No.2, January 1998.

12. F. M. Kamm, "Non-Consequentialism, the Person as an End-in-Itself, and the Significance of Status", *Philosophy & Public Affairs*, Vol.21, No.4, Autumn 1992.

13. Frank Jackson, "Decision-Theoretic Consequentialism and the Nearest and Dearest Objection", *Ethics*, Vol.101, No.3, 1991.

14. W. K. Frankena, "Moral-Point-of-View Theories", in C. L. Stevenson et al. [edited and introduced by N.E. Bowie], *Ethical Theory in the Last Quarter of the Twentieth Century*, Indianapolis: Hackett, 1983.

15. Lawrence C. Becker, "Impartiality and Ethical Theory", *Ethics*, Vol.101, No.4, July 1991.

16. Marilyn Friedman, "The Impracticality of Impartiality", *Journal of Philosophy*, Vol.86, No.11, November 1989.

17. Marilyn Friedman, "The Practice of Partiality", *Ethics*, Vol.101, No.4, 1991.

18. G. E. M. Anscombe, "Modern Moral Philosophy", *Philosophy*, Vol.33, No.124, 1958.

19. M. C. Henberg, "Impartiality", *Canadian Journal of Philosophy*, Vol.8, No.4, 1978.

20. Alasdair MacIntyre, "What Morality Is Not", *Philosophy*, Vol.32, No.123, 1957.

21.John Cottingham, "Partiality, Favoritism, and Morality", *Philosophical Quarterly*, Vol.36, No.144, July 1986.

22.John Cottingham, "Ethics and Impartiality", *Philosophical Studies*, Vol.43, No.1, January 1983.

23.John Kekes, "Morality and Impartiality", *American Philosophical Quarterly*, Vol.18, No.4, 1981.

24.Michael Stocker, "The Schizophrenia of Modern Ethical Theories", *The Journal of Philosophy*, Vol.73, No.14, August 1976.

25.Neera Badhwar Kapur, "Why It Is Wrong to be Always Guided by the Best: Consequentialism and Friendship", *Ethics*, Vol.101, No.3, April 1991.

26.Peter Railton, "Alienation, Consequentialism, and the Demands of Morality", *Philosophy and Public Affairs*, Vol.13, No.2, Spring 1984.

27.Philip Pettit and Geoffrey Brennan, "Restrictive Consequentialism", *Australasian Journal of Philosophy*, Vol.64, No.4, 1986.

28.P. R. Foot, "When is a Principle a Moral Principle?", *Proceedings of the Aristotelian Society Supp*, Vol.28, 1954.

29.Susan Wolf, "Morality and Partiality", *Ethics*, Vol.6, 1992.

John Taurek, "Should the Numbers Count?" *Philosophy and Public Affairs*, Vol.6, No.4, Summer 1977.

30.Margaret Urban Walker, "Partial Consideration", *Ethics*, Vol.101, No.4, 1991.

31.Thomas Nagel, "Moral Conflict and Political Legitimacy", *Philosophy and Public Affairs*, Vol.16, No.3, Summer 1987.

32.Bernard Williams, "Person Character and Integrity", in Bernard Williams, *Moral Luck*, London: Cambridge University Press, 1981.

33.Bernard Williams, "A Critique of Utilitarianism", in J. J. C. Smart and Bernard Williams, *Utilitarianism: For and Against*, London: Cambridge University Press, 1973.

34.Susan Wolf, "Moral Saints", *The Journal of Philosophy*, Vol.79,

No.8，August 1982.

35.Troy Jollimore，“Impartiality”，*The Stanford Encyclopedia of Philosophy*，Summer 2020，https://plato.stanford.edu/archives/sum2020/entries/impartiality/.

36.Roger Crisp，“Well-Being”，*The Stanford Encyclopedia of Philosophy*，Fall 2017，https://plato.stanford.edu/archives/fall2017/entries/well-being/.

37.Stefan Gosepath，“Equality”，*The Stanford Encyclopedia of Philosophy*，Summer 2021，https://plato.stanford.edu/archives/sum2021/entries/equality/.

后 记

本书是在博士学位论文基础上扩展修改完成的，是教育部人文社科青年基金项目“平等与偏爱：道德不偏不倚理论与偏爱性关系研究”（批准号：13YJC720007）的最终成果。书稿得以完成和出版得益于太多人的付出和辛劳。借此出版之际，向所有关心、支持、帮助过我的人致以最诚挚的谢意。

感谢导师何怀宏教授的谆谆教诲。三生有幸，承蒙何老师厚爱，得入何老师门下求学。何老师宽广的胸怀、上善若水的品德、温和宽容的风度、渊博的学识、严谨的治学态度、敏锐的思想穿透力深深影响着我，是我毕生努力学习的楷模。

从论文的选题、开题、写作和定稿，何老师无不一一悉心指导。何老师提纲挈领式的引领使我没有在大方向上迷失自己，何老师细致入微的意见使我获得了如何写作的具体经验，何老师字斟句酌的修改使我明白了要认真对待每一个字、每一句话，何老师一次次的宽容大度使我内心无比愧疚。总之，内心的感动无以言表，只能用不断的努力和奋进回报深厚师恩。

感谢北京大学哲学系的徐向东教授、陈少峰教授、李猛教授、刘哲教授等，他们在我博士学位论文开题、预答辩、写作等过程中提出了很多宝贵意见，使我能够进一步完善论文的结构和内容。感谢同门的师兄师姐、师弟师妹以及同窗好友给予的关心、帮助、陪伴与畅谈，因为有了你们，让我的求学生涯更加温暖丰富。

感谢山东大学马克思主义学院（威海）的吴文新、郝书翠、马秋丽、焦佩、李洋修、王晓宏、房世刚、鲁法芹、陈永刚、张磊、陈宾、夏卫国、马莲等各位领导和老师们为本书的完成提供的诸多指导、帮助和便利。感谢博后导师付文忠教授对本书写作和课题申报的悉心指导和大力支持。感谢学院为本书出版提供的丰厚资助。感谢教育部人文社科基金的大力资助。感谢山东大学出版社的谭学秋编辑为本书出版付出的细致且辛苦的劳动。感谢李雅洁、李田田为本书所做的校对工作。

特别感谢含辛茹苦养育我的父母，正是因为你们无私的爱与付出，一路支持我走到今天。在本该颐养天年之际，你们却背井离乡，帮我打理家务和照顾孩子，免除我的后顾之忧，为我顺利完成书稿提供坚强后盾。每每想起这些，内心都无比愧疚，只能心怀感恩，用更大的努力回报你们的艰辛与不易。感谢公公婆婆、丈夫和孩子对我一直以来的支持与理解。

由于我资质愚钝，才疏学浅以及水平有限，本书肯定存在诸多不足，敬请各位专家学者批评指正。

崔　微

2021 年 8 月